LES AIGLES ET LES LIONS

DU MÊME AUTEUR

MISSY, REINE DE ROUMANIE, Éditions France-Empire, 1994.

LES RELATIONS FRANCO-ROUMAINES DE 1916 À 1926, Paris IV-Sorbonne, 1995.

GUY GAUTHIER

Les Aigles et les Lions

Histoire des monarchies balkaniques
de 1817 à 1974

ÉDITIONS FRANCE-EMPIRE
13, rue Le Sueur, 75116 Paris

ISBN 2-7048-0801-5

IMPRIMÉ EN FRANCE

À Monsieur le professeur Georges-Henri Soutou.

1

La couronne sanglante de Serbie (1817-1918)

« Depuis Kossovo, les corbeaux ne cessent de voler
au-dessus des chevaux fatigués, sans cavalier. »
Dobritsa TCHOSITCH

Le 28 juin 1389, jour de la Saint-Guy orthodoxe, le sultan Mourad Ier écrasait l'armée serbe à Kossovo Polje (le Champ des Merles), non loin d'Uskub. Le sultan ne profita guère de sa victoire puisqu'il fut tué dans sa tente par le chevalier serbe Miloch Obilitch, mais son successeur, Bajazet, se vengea en faisant décapiter le prince Lazare, chef des Serbes, devant le cadavre de Mourad.

L'empire serbe fondé par Stefan Douchan cinquante ans auparavant devint progressivement vassal des Ottomans qui n'achevèrent pourtant sa conquête que plus d'un siècle après Kossovo, en s'emparant définitivement de Belgrade, ou Beli Grad, la Ville Blanche, en 1521. La capitale serbe, devenue le « Rempart de la Chrétienté », avait subi un premier assaut et une occupation éphémère en 1459, sous Mahomet II, vainqueur de Constantinople, mais ce n'est que Soliman II qui réussit à la soumettre à l'autorité de la Sublime Porte.

Il n'est pas inutile de signaler cette chronologie des événements dans la mesure où elle rappelle que, contrairement aux idées reçues, l'invasion mahométane n'a pas déferlé sur l'Europe après que le verrou de Constantinople eut sauté en 1453, mais que l'Empire byzantin avait déjà, bien avant la chute de la Seconde Rome, été partiellement investi et tourné à revers dans les Balkans. Par ailleurs, l'exemple serbe démontre nettement que l'invasion ne s'est pas faite « à la vitesse d'un cheval au galop », mais qu'il a fallu un siècle ou plus pour qu'elle atteigne les rives du Danube. C'est seulement donc après une résistance féroce que les nations chrétiennes furent écrasées. Cette lutte longue et cruelle marquera à jamais la mentalité balkanique qui, aux yeux des Occidentaux, apparaîtra toujours comme singulièrement barbare.

Si l'occupation ottomane ne fut pas de tout repos pour les envahisseurs harcelés constamment par des résistants serbes qui, fidèles au sang de leur race, étaient de fiers batailleurs, ce n'est qu'au début du XIXe siècle que la guerre de libération put commencer à triompher d'un Empire ottoman dont la léthargie marquait à l'évidence qu'il ne croyait plus en son destin.

La Révolution française et l'épopée napoléonienne provoquèrent dans l'Europe entière, et particulièrement dans la péninsule balkanique, deux secousses sismiques qui stimulèrent les nations chrétiennes sous le joug depuis les XIVe-XVe siècles et les incitèrent à recouvrer leur liberté. Les idées de 1789 et les conceptions de l'empereur Napoléon sur l'émancipation des peuples furent véhiculées dans les Balkans avec d'autant plus de facilité qu'après la victoire d'Austerlitz la France devint elle-même une puissance balkanique par l'annexion de la Dalmatie, arrachée comme le Frioul et l'Istrie à l'empire des Habsbourg. En termes contemporains, précisons que l'autorité française s'étendait ainsi à la Croatie maritime actuelle et à une portion de la Slovénie. Après l'effondrement de l'empire napoléonien, deux maréchaux de France, Soult, duc de Dalmatie, et Marmont, duc de Raguse (Dubrovnik), restèrent grâce à leurs titres flamboyants les seuls témoins de l'aventure balkanique de la France.

Profitant d'une dissension entre les troupes turques d'occupation, un premier chef de la résistance serbe, Georges Petrovitch, ancien sous-officier dans l'armée autrichienne et marchand de porcs de son état, rassembla autour de lui une armée de hors-la-loi et de paysans, et défit les troupes du sultan à Michar en 1806. Un peu plus tard, Belgrade était libérée par les insurgés.

Les Serbes étaient convaincus que, du fait de leur appartenance au monde slave et orthodoxe, la Russie d'Alexandre Ier se porterait à leur aide militairement et diplomatiquement pour mater définitivement les Turcs et les repousser de tous les territoires historiques de la Serbie. Mais le tsar, l'un des vaincus d'Austerlitz, préoccupé des ambitions napoléoniennes, inquiet des victoires françaises de Friedland et d'Eylau, puis menacé directement par Napoléon en 1812, signa le premier Traité de Bucarest avec le sultan. Celui-ci cédait à la Russie une partie de la Bessarabie roumaine et acceptait d'octroyer une certaine autonomie à la Serbie contre la promesse formelle de non-intervention de l'armée russe dans les Balkans.

Abandonné à lui-même, Georges Petrovitch, devenu Karageorges ou Georges le Noir, surnom qu'il devait, paraît-il, à la couleur de son poil, tenta de créer un Etat serbe doté d'une armée nationale et d'une assemblée populaire : la Skouptchina. Cependant, conscients de l'isolement diplomatique et militaire de leur ennemi, les Turcs reprirent l'offensive. Karageorges fut vaincu en 1813 et s'enfuit en Autriche. Belgrade, de nouveau, fut occupée tandis que la fuite de Karageorges laissait la place libre à une autre grande figure de la résistance serbe, un éleveur de porcs du nom de Miloch Obrenovitch.

La guerre des porchers

Si aucun historien sérieux n'admet plus aujourd'hui la fable inventée par Dante selon laquelle les Capétiens descendraient d'un boucher de Paris, en revanche nul ne peut contester que les deux dynasties qui se sont disputé le pouvoir en Serbie pendant tout le XIXe siècle étaient issues, l'une et l'autre, d'un porcher. Relevons à ce propos que la profession de porcher était hautement estimable dans les Balkans chrétiens. Les musulmans dédaignant cet animal, le porc devint à la fois la nourriture de base des Balkaniques mais aussi, d'une certaine façon, par la consommation qu'on en faisait, le signe d'une appartenance culturelle et religieuse fièrement revendiquée.

Profitant du discrédit que la fuite de Karageorges avait jeté sur son auteur, Miloch Obrenovitch, moins brillant soldat mais plus fin politique, remplit avec bonheur un vide providentiel. Loin de se heurter de front avec les Turcs, Miloch composa avec eux, les flatta, leur inspira une confiance telle qu'ils le laissèrent s'affubler en 1817 du titre de « prince de Serbie ».

Le porcher devenu prince ne laissa pas échapper l'extraordinaire aubaine que constitua pour lui l'assassinat de son rival Karageorges qui était rentré secrètement en Serbie, et en tira profit pour asseoir une influence qu'il croyait définitive. Ayant obtenu en 1820 de la Sublime Porte le titre ronflant de « prince des Serbes du pachalik de Belgrade », Miloch devint le souverain autocrate d'une Serbie toujours théoriquement vassale du sultan.

Mais l'assassinat de Karageorges en 1817, assassinat que les partisans de la victime attribuèrent sans preuve formelle à Miloch qui eut, c'est vrai, le mauvais goût d'envoyer la tête de l'infortuné à Constantinople, fut à l'origine d'une stupéfiante guerre dynastique qui allait ensanglanter la Serbie jusqu'en 1903. Dès lors, l'ennemi héréditaire ottoman fut relégué au second plan et une guerre civile serbo-serbe, partisans des Obrenovitch contre partisans des Karageorgevitch, empoisonna l'existence de la malheureuse Serbie renaissante après cinq siècles d'occupation musulmane.

Ayant l'idée fixe de fermer tout avenir aux descendants de Karageorges, Miloch, ce « Louis XI de village » comme l'appela l'historien Ernest Denis, ne chercha pas à prêter main-forte aux Grecs qui, à leur tour, aspiraient à s'affranchir du joug turc. En récompense de cette neutralité un peu choquante, le sultan, par un firman impérial de 1830, concéda l'hérédité du pouvoir en Serbie à la famille Obrenovitch. De la sorte, sans éclat, sans héroïsme, mais avec une souplesse admirable, sinon condamnable, Miloch, devenu Miloch Obrenovitch Ier, était parvenu à ses fins.

Le retour des Karageorgevitch

Usant d'une autorité brutale, Miloch, en dépit de quelques acquis : lutte contre le brigandage, amélioration des routes, développement de l'enseignement et du commerce, suscita contre lui la colère des Serbes, inversement proportionnelle à la confiance qu'accordait le sultan à ce « pacha chrétien ».

Si l'Eglise serbe, qui lui devait son émancipation du patriarcat de Constantinople, le protégea, les oppositions, elles, se raffermirent. La façon cavalière dont le prince traitait la Skouptchina et les doléances continuelles dont les chefs des grandes familles assaillaient le tsar Nicolas Ier finirent par provoquer l'intervention du « grand frère russe » qui, en accord avec le sultan, imposa à Miloch, en 1837, une constitution. Voyant que les ministres qu'on l'obligeait à prendre, et surtout le nouveau Sénat, étaient des freins à son despotisme, le prince tenta de s'en défaire en suscitant des manifestations populaires en sa faveur.

Toutefois, soit par lassitude, soit plus vraisemblablement parce qu'il avait été menacé de destitution par le tsar et le sultan, Miloch abdiqua en 1839 en faveur de son fils Milan qui, devenu Milan Obrenovitch II, mourut de phtisie quelques semaines plus tard. Le Sénat désigna alors comme successeur le prince Michel Obrenovitch III, second fils de Miloch, âgé de seize ans.

Il importe ici de noter, pour une bonne compréhension du sujet, que la numérotation des princes Obrenovitch se fondait sur le patronyme et non sur le prénom. Ainsi, Michel, qui aurait dû, en bonne logique, monter sur le trône sous le nom de Michel Ier, devint en réalité Michel Obrenovitch III car il était de fait le troisième Obrenovitch à régner.

La minorité du jeune Michel favorisa les visées du fils de Karageorges, Alexandre, qui, en 1842, après l'expulsion du prince régnant par ses sujets, monta sur le trône de Serbie. Il y était appelé, il faut le dire, plus par la ferveur populaire dont jouissait la mémoire de son père que par ses capacités politiques propres.

La vengeance de Miloch

Devenu prince de Serbie avant d'avoir eu le temps de comprendre ce qui se passait, comme le prétendirent des contemporains malveillants, le fade Alexandre Ier était loin d'avoir la prestance et l'autorité du vieux renard qu'était Miloch. Les Turcs s'en rendirent bien vite compte et le sultan ne lui accorda son investiture qu'à titre viager. Alexandre, peu fier, s'en contenta et manifesta même une certaine gratitude au sultan. Cette gratitude alla-t-elle, comme l'affirmèrent ses adversaires, jusqu'à coiffer le fez ? Il est difficile de trancher ce point d'histoire controversé. Ce qui est certain, c'est que le désir de ne pas indisposer le sultan conduisit Alexandre à proclamer sa neutralité lors de la guerre de Crimée et que cette neutralité fut ressentie comme une trahison par les Russes et par les patriotes serbes.

Pour parfaire ce portrait négatif, relevons encore qu'Alexandre, trop soumis aux Turcs selon ses compatriotes, était accusé également de subir sans broncher les volontés de l'Autriche qui, du reste, le méprisait. L'anecdote du consul d'Autriche à Belgrade soufflant la fumée de son cigare au visage du prince n'est peut-être qu'un ragot, mais, colporté dans le peuple, il eut un effet plus dévastateur qu'une bataille perdue. Ce qu'on ne peut nier, c'est qu'Alexandre, lors de la révolution de 1848, envoya des troupes serbes à l'empereur d'Autriche pour mater l'insurrection hongroise et que ce soutien apporté aux Habsbourg ne pouvait qu'accréditer la thèse de son inféodation à leur politique.

Pendant qu'Alexandre travaillait à Belgrade à ruiner sa réputation, Miloch, en exil à Paris, ressassait sa rancœur. Bien que totalement illettré, le vieux porcher était parfaitement informé de ce qui se passait en Serbie, en Russie et à Constantinople. En effet, il obligeait ses aides de camp à lui lire toutes les gazettes européennes et, lorsqu'un article attirait son attention, il le faisait, par prudence, relire par une autre personne.

Miloch comprit vite que le motif pour lequel la Russie et l'Empire ottoman avait poussé à son exclusion, à savoir son despotisme, n'était qu'un prétexte. Les informations qu'il recevait de toute l'Europe et les livres qu'il se faisait lire l'éclairaient suffisamment sur le « libéralisme » d'un Nicolas Ier ou d'un Abdul-Medjid.

Le pendule de l'Histoire revint ainsi tout naturellement vers les Obrenovitch, et Alexandre Ier, sommé d'abdiquer par un Comité de Salut public qui avait pris le pouvoir à Belgrade en 1858, ne demanda pas son reste et se réfugia piteusement au sein de la garnison turque de la capitale avant de partir pour l'exil.

De retour à Belgrade en janvier 1859, Miloch, qui n'avait rien appris et rien oublié, redevint le despote naturel qu'il avait toujours été, mais un despote prêt à satisfaire la fierté d'un peuple que la trop grande soumission d'Alexandre à la Porte avait révolté. Miloch fit savoir aux Turcs qu'il reprenait ses droits de souverain héréditaire, ne pouvant en aucun cas se satisfaire d'une couronne en viager.

Le second règne de Miloch fut un chant du cygne. Epuisé, le prince s'éteignit quelques mois après sa restauration, laissant le pouvoir à son fils Michel, celui-là même qui avait régné brièvement de 1839 à 1842. Le sultan accepta le fait accompli de cette prise de pouvoir et, dès lors, le principe de l'hérédité des Obrenovitch ne fut plus remis en question.

Michel le Grand

Le nouveau prince, instruit par ses dix-huit années d'exil et formé à l'occidentale, fut un souverain de grande qualité. Erudit, marqué par l'œuvre de Vouk Karadjitch, rénovateur de la langue serbe, Michel manifesta deux ambitions : réunir en un seul Etat tous les pays peuplés de Serbes, c'est-à-dire la Bosnie, l'Herzégovine et le Monténégro, et faire entrer la Serbie dans la modernité par des réformes de grande ampleur. A cela s'ajoutait la volonté d'affranchir définitivement la principauté de la suzeraineté ottomane.

Michel fit porter ses efforts sur l'armée, outil indispensable à la réalisation de ses projets nationalistes. Plus habitués à la guérilla qu'au combat classique, les soldats serbes, encadrés par des instructeurs français, formèrent bientôt une armée disciplinée, entraînée à l'européenne, correctement équipée en matériel moderne venant directement du Creusot, de la Manufacture de Saint-Etienne ou de celle de Châtellerault.

Les ambitions de Michel alertèrent les Turcs qui réagirent violemment. En 1862, à la suite de manifestations antiottomanes consécutives à la mort d'un jeune garçon serbe au cours d'un accrochage entre chrétiens et musulmans, la garnison turque canonna Belgrade. Ce grave incident, véritable casus belli, alerta les Grandes Puissances qui, à l'initiative de la France, réunirent leurs représentants à Constantinople pour évoquer le retrait des garnisons turques restant sur le territoire serbe.

Le sultan accepta d'ahord de retirer la garnison de Belgrade puis toutes les autres troupes disséminées sur le territoire de la principauté. En contrepartie, Michel promettait simplement de faire hisser le drapeau ottoman à côté du drapeau serbe sur tous les édifices publics.

En dépit des succès de sa politique d'indépendance nationale et de modernisation du pays, le prince eut de nombreux adversaires à l'intérieur où les clans Karageorgevitch et Obrenovitch poursuivaient leur lutte fratricide. Cette guerre civile larvée fut la cause de la mort du souverain. En 1868, Michel Obrenovitch III fut assassiné par des inconnus dans le parc de Toptchider, à Kochutniak, aux environs de la capitale. On prétendit alors que le prince avait été victime d'un complot tramé par l'Autriche avec la complicité de partisans des Karageorgevitch. Selon cette thèse, les ambitions que nourrissait Michel de constituer une Grande Serbie en annexant la Bosnie, l'Herzégovine et le Monténégro, avaient alarmé Vienne et provoqué son élimination.

Mort sans postérité, Michel se vit choisir pour successeur par la Skouptchina son petit-cousin Milan. Rapatrié en urgence du lycée Louis-le-Grand où il poursuivait ses études secondaires, le prince Milan, âgé de quatorze ans, devint à Belgrade Milan Obrenovitch IV.

La marche à l'indépendance

Elevé à Paris, Milan Obrenovitch IV qui fut, dans les premiers temps de son règne, flanqué d'un Conseil de Régence présidé par le libéral Jovan Ristitch, garda la nostalgie de la France et de sa capitale. Peu porté à gouverner et surtout à apprécier son pays natal qu'il trouvait particulièrement sauvage, Milan s'échappait souvent de Belgrade pour rejoindre Paris où il se fit remarquer par une vie précocement dissolue et tout entière consacrée au jeu et à la débauche.

Si cette attitude discréditait moralement la dynastie Obrenovitch, en revanche, laissant le champ libre à Belgrade à des hommes aussi éclairés que Ristitch, elle permit de démocratiser la vie politique serbe par l'introduction du suffrage universel masculin, par une réforme fiscale plus égalitaire, enfin par une meilleure représentation populaire à la Skouptchina.

En 1875, la Bosnie et l'Herzégovine s'insurgèrent contre les Turcs. Craignant de voir l'Autriche-Hongrie, qui occupait déjà la Croatie et la Slovénie, faire main basse sur ces deux provinces peuplées de Serbes islamisés, Ristitch poussa le prince Milan à entrer en guerre contre les Turcs pour placer la Serbie en position favorable. Les hésitations du prince, préférant ses plaisirs parisiens à la vie sévère d'un officier général en campagne, furent levées lorsque le tsar Alexandre II mit son poids dans la balance en proposant de placer l'armée serbe sous le commandement d'un des meilleurs soldats de l'armée russe : le général Tchernaiev.

Mécontents sans doute de ne pas être conduits par un compatriote, les Serbes se firent battre par les Turcs qui envahirent leur pays en 1876 puis l'évacuèrent après une intervention diplomatique du tsar. Peu glorieux de leur équipée et assez ingrats à l'égard des Russes, les Serbes s'abstinrent de participer à la guerre russo-turque de 1877 qui permit à la Roumanie, alliée de la Russie, d'arracher sa propre indépendance au sultan.

Au Congrès de Berlin de 1878, les Puissances proclamèrent l'indépendance de la Serbie mais, pour ne pas froisser Vienne, autorisèrent l'Autriche-Hongrie à établir une sorte de protectorat sur la Bosnie et l'Herzégovine. Satisfaits de voir leur indépendance enfin reconnue, les Serbes furent néanmoins mortifiés lorsqu'ils surent que l'armée autrichienne allait occuper deux provinces qu'ils convoitaient et qui leur auraient permis d'accéder à la mer Adriatique.

Assez absent durant tous ces événements cruciaux pour l'avenir de son pays, Milan, toutefois, et suivant en cela l'exemple donné par Carol Ier de Roumanie l'année précédente, se proclama roi de Serbie en 1882 et troqua son nom de Milan Obrenovitch IV contre celui de Milan Ier.

Le titre royal donna des ailes et des appétits au monarque qui décida de gouverner par lui-même, de suspendre la constitution et de se passer dorénavant de tout contrôle parlementaire. Le coup d'Etat royal de 1883, dont fut victime surtout le parti radical, composé essentiellement de libéraux, engendra des désordres sanglants et des procès politiques d'une totale iniquité qui durèrent plusieurs années.

Ayant déclaré la guerre à la Bulgarie en 1885 en raison du rattachement de la Roumélie qui doublait la superficie du territoire bulgare, Milan fut vaincu en dépit d'une armée permanente de 25 000 hommes. Cette défaite, sanctionnée par le deuxième Traité de Bucarest, accrut l'impopularité du roi qui, de plus, se trouvait empêtré dans des querelles privées. Voulant divorcer de son épouse, Nathalie Kechko, Roumaine fort digne et fort considérée, alliée à l'illustre famille des princes Ghika, Milan se heurta à l'intransigeance de l'Eglise serbe qui refusa de consentir au divorce. Renouvelant alors le geste d'Henri VIII d'Angleterre, Milan Ier se divorça lui-même, achevant ainsi de ruiner sa réputation.

Lucide malgré tout, il évita une guerre civile à son pays en abdiquant en 1889 en faveur de son fils Alexandre. Il est vrai que la Serbie paya chèrement son abdication par une rente de 2 000 000 de francs-or qu'elle consentit à verser au roi déchu. Milan reprit bien vite le chemin de Paris où il continua de mener cette vie légère qu'il affectionnait tant.

La fin des Obrenovitch

Roi à douze ans, Alexandre Ier Obrenovitch, qu'on ne doit pas confondre avec le prince Alexandre Ier Karageorgevitch (1842-1859), fut lui aussi, comme son père dans les premières années de son règne, assisté par un Conseil de Régence présidé par l'incontournable Ristitch.

Cependant, la valeur n'attendant pas le nombre des années, Alexandre Ier, marchant sur les traces de son géniteur, procéda en 1893, à l'âge de seize ans, à un coup d'Etat en règle qui lui permit, à l'occasion d'un banquet au palais royal, de faire arrêter régents et ministres, de se proclamer majeur et de suspendre la constitution.

Toute l'affaire avait été en réalité manigancée par l'ex-roi Milan qui, revenu secrètement d'exil, avait influencé son dadais de fils. Pour remercier l'ancien souverain de ses conseils précieux, Alexandre fit de son père le chef d'une police parallèle qui, profitant de complicités dans l'armée et l'administration, favorisa l'instauration d'un régime arbitraire.

Couvrant cette lamentable situation de son manteau royal, Alexandre Ier, par une espèce de surenchère dans la provocation, se coupa des partis nationalistes et gouverna avec des hommes favorables à l'Autriche-Hongrie comme Christitch.

Enfin, pour couronner le tout, Alexandre se ridiculisa en épousant Draga Maschin, dame d'honneur de sa mère, la reine Nathalie, qui vivait en exil à Biarritz. Draga Maschin, qui préfigure une autre personnalité balkanique du même type dans les années 30, la sulfureuse Magda Lupescu, maîtresse de Carol II de Roumanie, était divorcée d'un officier serbe et avait une réputation plus que douteuse. Le mariage d'Alexandre et de Draga ajouta donc le mépris à la haine, et le couple royal fut désormais totalement coupé du pays.

Le 10 juin 1903, à la suite d'un complot militaire, le roi et la reine furent massacrés dans leurs appartements du Vieux Palais de Belgrade et leurs corps, atrocement mutilés par les balles, jetés par les fenêtres. L'un des chefs du complot n'était autre que l'ex-mari de Draga qui avait ainsi trouvé une vengeance à sa mesure et débarrassé du même coup la Serbie d'un couple royal qui, par sa conduite publique et privée, salissait l'image du pays.

Le double assassinat de Belgrade, malgré l'affreuse réputation d'Alexandre, frappa l'Europe civilisée de consternation. Le communiqué officiel ainsi rédigé : « Le roi, dans un accès de colère ou de démence, a tué deux de ses aides de camp, puis la reine, puis s'est suicidé », ne trompa personne et bientôt la presse étrangère fut admise à constater par elle-même les traces du drame.

Cela étant, une fois l'émotion dissipée, les observateurs conclurent au caractère inévitable, sinon de la boucherie, du moins de l'élimination par la force d'un roi dépravé et alcoolique qui avait instauré en Serbie un régime de terreur. Le journaliste français Gustave Babin a pu ainsi écrire : « On nous a appris, jadis, à honorer des meurtres héroïques qui étaient moins justifiés que celui-ci. C'est essentiellement le meurtre patriotique. Sans parler des holocaustes qui se préparaient au Palais, la Serbie agonisait, la Serbie était condamnée, comme les proscrits dont on a trouvé les listes dans les papiers royaux, si ce qui vient de s'accomplir n'avait pas été. »

Lorsque la nouvelle de l'assassinat de Belgrade parvint à Biarritz, la reine mère Nathalie se fit religieuse du Tiers Ordre et, jusqu'à sa mort en 1934, pria pour l'âme de son fils.

Le triomphe final des Karageorgevitch

La preuve n'a pas été rapportée que les Karageorgevitch aient trempé dans le complot ayant abouti à la mort du dernier des Obrenovitch. Mais, là encore, comme ce fut le cas au moment de l'assassinat de Karageorges en 1817, des soupçons naquirent. En effet, la disparition d'Alexandre laissait définitivement le champ libre aux Karageorgevitch qui, en la personne de Pierre Ier, désigné à l'unanimité par la Skouptchina cinq jours après la tragédie de Belgrade, revenaient sur le trône de Serbie après une éclipse de quarante-quatre ans.

Pierre Ier qui, sans doute pour laisser le temps à l'opinion d'oublier les atrocités de 1903, ne fut couronné qu'en septembre 1904 en la cathédrale Saint-Michel de Belgrade, n'était pas un inconnu pour les Français. Ancien de Saint-Cyr, il avait, en 1870, participé à la défense du territoire contre l'invasion prussienne et sa conduite héroïque à la bataille de Villersexel fut unanimement saluée. Blessé et fait prisonnier, il s'évada pour rejoindre l'Armée de la Loire et fut décoré de la Légion d'honneur sur le front des troupes.

Intelligent, cultivé, passionné d'histoire et de philosophie, ayant vécu longtemps en exil à Genève où il avait adopté les mœurs paisibles du peuple helvétique et passé une grande partie de son temps à traduire *La Liberté* de Stuart Mill, Pierre avait pour son pays des vues d'Occidental.

Pour effacer l'horreur que le meurtre de son prédécesseur avait suscitée dans le monde, il s'employa à donner, constitutionnellement parlant et avec l'aide du ministre radical Pachitch, une image exemplaire de la Serbie. Simplifiant le protocole, respectant le parlement, favorisant des élections loyales, réorganisant les finances publiques obérées par Alexandre et accordant toute son attention à l'instruction et au commerce, il fut incontestablement le premier souverain serbe qui appliqua avec résolution et conviction les règles démocratiques du parlementarisme. Alors que tous ses prédécesseurs s'étaient servis de la constitution à des fins personnelles, Pierre Ier, homme honnête et monarque scrupuleux, s'attacha, lui, à la servir.

La France, qui était sa seconde patrie, ne resta pas sourde à son appel lorsqu'il souhaita libérer la Serbie de la tutelle économique de l'Autriche-Hongrie. Paris accorda des emprunts au royaume serbe, l'arma avec générosité, acheta même une grande partie de sa production de bétail, de volailles et de fruits lorsqu'en 1905 l'Autriche-Hongrie tenta d'asphyxier l'économie du pays en fermant sa frontière.

Par ailleurs, reprenant les idées panserbes de Michel Obrenovitch III, Pierre Ier envisagea pour la Serbie la possibilité de jouer, à l'égard des Slaves des Balkans, le rôle du Piémont dans l'unité italienne un demi-siècle plus tôt. La situation de la Bosnie-Herzégovine, annexée purement et simplement par l'Autriche-Hongrie en 1908, le préoccupait singulièrement. Comme tous les Serbes nationalistes avant lui, il condamnait l'enfermement de la Serbie dans ses frontières terrestres et rêvait d'une ouverture sur la mer Adriatique.

Dans ce but, Pierre favorisa l'expansion de la Serbie vers le Kossovo et l'Albanie, toujours sous domination ottomane au début du XXe siècle. Pour ce qui est du Monténégro, terre peuplée de Slaves, son mariage avec la princesse Zorka Petrovitch Niegoch qu'il avait épousée en 1883 pouvait être, du moins le pensa-t-il, la justification d'une annexion future du petit Etat qui bénéficiait d'un avantage magnifique : la possession d'une zone côtière de cent kilomètres sur l'Adriatique.

Les guerres balkaniques

La décomposition accélérée de l'Empire ottoman dans la première décennie du XXe siècle aiguisa l'appétit de toutes les nations balkaniques qui, depuis le début du XIXe siècle, avaient acquis leur autonomie puis leur indépendance. Trois provinces ottomanes : l'Albanie, la Thrace et la Macédoine représentaient un superbe et tentant gâteau territorial que Serbes, Monténégrins, Grecs et Bulgares convoitaient avec une envie croissante.

En 1912, les Etats balkaniques s'associèrent et, malgré les appels au calme des Grandes Puissances, mais secrètement encouragés par la Russie qui, pour sa part, lorgnait Constantinople, se jetèrent sur la Turquie d'Europe. Après s'être unis dans une alliance « défensive », Serbes et Bulgares, ces derniers étant eux-mêmes alliés aux Grecs, lancèrent le 1er octobre 1912 un ultimatum au sultan en exigeant l'autonomie de la Macédoine. La Turquie, agacée sans doute par l'agression provocatrice du petit Monténégro le 8 octobre, répliqua par une déclaration de guerre générale.

Le 24 octobre 1912, l'armée serbe, sous le commandement du prince héritier Alexandre, second fils de Pierre Ier, écrasa les Turcs à Koumanovo. Les Bulgares, de leur côté, remportèrent les victoires de Kir Kilissé le 24 octobre et de Lulle Burgas le 29. Les Grecs, ne voulant pas être en reste, s'emparèrent de Salonique. Les Grandes Puissances tentèrent de s'interposer mais les alliés balkaniques maintinrent leur pression. Skodar assiégée par les Monténégrins, Janina par les Grecs, Durazzo par les Serbes et Andrinople par les Bulgares, la Turquie céda partiellement sur le plan diplomatique en accordant l'autonomie de l'Albanie. Refusant cependant une paix de déshonneur, elle poursuivit le combat sur le terrain. Mal lui en prit car, au printemps de 1913, la victoire des nations balkaniques était totale.

Les Grandes Puissances intervinrent de nouveau. Elles entérinèrent les conquêtes mais imposèrent l'indépendance de l'Albanie. La Serbie, frustrée d'une province qu'elle convoitait, se tourna alors vers la Macédoine dont elle voulut, après un accord secret avec la Grèce, s'emparer au détriment des Bulgares.

Cette rivalité pour le partage de la Macédoine fut la cause de la seconde guerre balkanique qui aboutit, en juillet 1913, à l'écrasement de la Bulgarie par la Serbie et la Grèce auxquelles la Roumanie s'était jointe. Le troisième Traité de Bucarest attribua à la Grèce 34 600 km^2 de l'ancienne Macédoine ottomane, tandis que la Serbie en obtenait 26 700 km^2 et la Bulgarie 6 800 km^2 seulement. La Roumanie, pour prix de sa tardive intervention et en contrepartie de sa renonciation aux droits qu'elle pouvait avoir sur les Koutzo-Valaques, population macédonienne d'origine roumaine, annexa la forteresse de Silistrie sur le Danube et la partie méridionale de la Dobroudja.

Les guerres balkaniques s'achevèrent donc par un succès de la Serbie et accrurent le prestige de la dynastie en raison du rôle éminent joué pendant le conflit par le prince héritier Alexandre qui, par ses qualités humaines et militaires, s'était montré un digne successeur du fondateur de sa race.

Né à Cettigné, capitale du Monténégro, le 17 décembre 1888, Alexandre, fils de Pierre Karageorgevitch et de Zorka de Monténégro, était le second fils du prétendant Karageorgevitch au trône de Serbie. Cette seconde place, après son frère aîné Georges, ne le prédisposait donc pas à régner au cas où sa famille, par un retournement du sort, serait appelée à nouveau sur le trône de Belgrade.

Cet événement imprévu se produisit, on le sait, le 10 juin 1903. Le jeune prince Alexandre, alors à l'Ecole des Pages de Saint-Pétersbourg, visitait ce jour-là un monastère russe où, dans la pénombre, il heurta avec son front une veilleuse qui répandit de l'huile sur sa tête. Cette onction accidentelle parut un présage à tous ceux qui croyaient aux signes de la Providence.

De fait, Pierre, devenu roi de Serbie, et inquiet de l'équilibre mental de son fils aîné qui, depuis son enfance, donnait des signes de dérèglement, résolut de faire de son cadet l'héritier du trône lorsque la presse accusa le prince Georges d'avoir, sur un coup de folie, tué son valet de chambre Kolarovitch. Le prince héritier, signalons-le tout de même, était aussi très mal vu du Quai d'Orsay car, en 1908, au moment de l'annexion de la Bosnie-Herzégovine par l'Autriche-Hongrie, il avait adopté une attitude belliqueuse qui allait à l'encontre de la volonté de reculade des diplomates français. Quoi qu'il en soit, écarté de la succession en 1909, Georges vécut dans un anonymat tranquille jusqu'à sa mort, en 1972.

Le prince Alexandre, quant à lui, reçut à l'université de Belgrade puis, comme son père, à Saint-Cyr, la formation d'un futur roi. Les talents militaires qu'il manifesta pendant les guerres balkaniques lui valurent le respect de l'armée et la dévotion du peuple. Vainqueur à Koumanovo, Uskub, Prilep, Monastir et Durazzo, Alexandre entra ainsi de plain-pied dans le panthéon des gloires de la Serbie du vivant même de son père et sans pourtant porter ombrage au vieux roi qu'il chérissait plus que tout au monde depuis la mort précoce de sa mère.

Rassuré par ce fils exemplaire sur l'avenir du royaume de Serbie qui, grâce aux victoires d'Alexandre, s'était considérablement accru sur le plan territorial, Pierre Ier décida, le 11 juin 1914, d'abandonner le pouvoir pour se retirer au cœur de la Vieille Serbie, à Vranjska Banja, aux confins de la Morava. Ce roi, tant aimé pour avoir donné enfin la démocratie à la Serbie, n'abdiqua pas. On lui refusa cet effacement que la nation jugeait excessif et le prince Alexandre devint régent du royaume.

Dix-sept jours plus tard, l'assassinat de l'archiduc héritier François-Ferdinand d'Autriche-Este à Sarajevo allait plonger la Serbie d'abord, l'Europe ensuite, le monde enfin dans la plus meurtrière des tourmentes de l'Histoire.

L'attentat de Sarajevo

« Il faut que la Serbie soit turque ou autrichienne », avait dit un jour le prince de Metternich dans une formule brutale, peu diplomatique, mais d'une étonnante franchise.

Tout le conflit austro-serbe est ici contenu. L'Autriche éprouvait depuis la renaissance de la nation serbe une profonde antipathie pour ce petit pays. La raison en est triple : d'abord, la Serbie, Etat slave et orthodoxe, lui apparaissait, si l'on peut se permettre d'adopter un langage contemporain, comme un satellite de la Russie dans les Balkans, satellite d'observation pouvant se transformer rapidement en missile d'attaque dangereux pour les frontières balkaniques de l'empire austro-hongrois. Cette analyse n'était pas fausse et la fraternité ethnique, religieuse et culturelle serbo-russe, sans cesse brandie par les panslavistes de Belgrade et de Saint-Pétersbourg, ne pouvait qu'être perçue comme une provocation, susceptible de devenir une menace réelle ; ensuite, la Serbie, en tant que nation slave du Sud indépendante, risquait d'exercer une attraction sur les Slaves du Sud toujours sous tutelle austro-hongroise, c'est-à-dire les Croates et les Slovènes ; enfin, le caractère belliqueux du peuple serbe, son désir séculaire et légitime de donner à son pays un débouché sur la mer Adriatique, faisaient craindre une rivalité austro-serbe pour la possession de la Bosnie et de l'Herzégovine. Ces craintes se justifièrent, du reste, et le protectorat autrichien sur ces provinces slavo-musulmanes en 1878 comme surtout l'annexion arbitraire de 1908 furent pour la Serbie des motifs justifiés de conflit que la diplomatie russe, conseillée en cela par la France, dut, à contre-cœur, apaiser.

L'attentat de Sarajevo fut le prétexte que trouva l'Autriche pour solder définitivement ses comptes avec la Serbie. Arguant du fait que les assassins de l'archiduc héritier et de sa femme, la duchesse de Hohenberg, Gavrilovitch et Princip, étaient des Serbes de Bosnie, Vienne accusa formellement Belgrade d'avoir commandité le crime. D'exigences excessives en ultimatum inacceptable, l'Autriche-Hongrie fit monter la pression internationale jusqu'à la conflagration générale. Il est inutile de rappeler ici le déroulement précis des événements qui, du 28 juin 1914 au 1er août 1914, précipitèrent l'Europe dans le sang. Citons simplement, pour évoquer une fois encore les responsabilités dans le déclenchement du conflit, l'opinion de l'un des chefs d'Etat balkaniques les plus avisés de l'époque, le roi Carol Ier de Roumanie qui, bien qu'appartenant à la dynastie Hohenzollern et bien qu'il fût l'allié de l'Autriche depuis 1883, écrivit dans son journal intime ces mots terriblement accusateurs pour les bellicistes de Vienne : « Je sais que le gouvernement serbe est étranger à l'attentat ; il n'est pas établi que l'assassinat ait été préparé à Belgrade. »

L'agression autrichienne

Le 28 juillet 1914, le comte Berchtold, ministre des Affaires étrangères d'Autriche-Hongrie, mécontent du refus des Serbes d'accepter que des enquêteurs autrichiens se substituent à la police et à la justice serbes sur le territoire de la Serbie, télégraphia à Belgrade le texte suivant : « Le gouvernement royal de Serbie n'ayant pas répondu d'une manière satisfaisante à la note remise précédemment, le gouvernement impérial et royal se trouve dans la nécessité de pourvoir lui-même à la sauvegarde de ses droits et intérêts et de recourir, à cet effet, à la force. » Cette déclaration de guerre en bonne et due forme précéda de quelques heures seulement le début du pilonnage d'artillerie de Belgrade par les batteries autrichiennes positionnées sur la rive gauche du Danube et de la Save.

Le régent Alexandre lança immédiatement un appel à l'armée serbe : « Soldats, il n'y a pas de devoir plus sacré au monde que celui de défendre son foyer, les vieillards et les faibles. Espérant donc dans la grâce de la Providence et dans notre droit, marchons en avant, convaincus que nous aurons la victoire qui ornera nos drapeaux de nouveaux lauriers », et se mit à la tête des troupes comme il l'avait fait au moment des guerres balkaniques.

De son côté, refusant l'inaction, le vieux roi Pierre, âgé de soixante-dix ans, sortit de sa retraite en mettant à la porte les médecins qui lui interdisaient de partir. « La parole n'est plus aux médecins, elle est aux canonniers », s'écria-t-il et, montant sur son cheval, s'en alla galvaniser les troupes.

Les Autrichiens, qui pensaient ne faire qu'une bouchée de la petite Serbie, furent vaincus à la bataille de la Tser, le 19 août 1914. Toutefois, à l'automne, reconstituant leurs forces pour venger l'affront subi, ils lancèrent une nouvelle offensive qui, en dépit de la résistance acharnée des Serbes, aboutit à la prise de Belgrade le 2 décembre. Refusant la défaite, le roi Pierre se mit à la tête de ses soldats et fit lui-même le coup de feu en première ligne. L'héroïsme du vieil homme et l'exemple admirable donné par son fils, constamment dans les tranchées, redonnèrent espoir aux Serbes qui, à Roudnik, le 10 décembre 1914, triomphèrent de l'ennemi et libérèrent la capitale. Médusés par ce succès, les alliés français de la Serbie exultèrent. Le gouvernement de la République envoya le général Pau à Belgrade pour décorer le prince Alexandre de la médaille militaire.

Le martyre de la Serbie

Après quelques mois de relative accalmie, les opérations militaires reprirent. Les Autrichiens, toujours désireux de faire plier la petite Serbie, auraient sans doute mordu la poussière si, en octobre 1915, ils n'avaient reçu le soutien presque inespéré du roi Ferdinand Ier de Bulgarie qui, après d'interminables tergiversations, était passé dans le camp des Empires centraux.

Dès lors, la Serbie fut assaillie au nord par l'armée autrichienne et au sud, en Macédoine, par l'armée bulgare qui, n'ayant pas combattu auparavant, était en pleine possession de ses forces et dotée d'un armement performant venu directement des usines Krupp. Ecrasée sous le nombre des assaillants, l'armée serbe recula. Les Autrichiens réinvestirent Belgrade le 9 octobre 1915 et les Bulgares s'emparèrent d'Uskub le 30 octobre.

Complètement isolée en raison de l'impossibilité de l'armée alliée de Salonique de se porter à son secours, l'armée serbe, sous le commandement d'Alexandre, fit retraite à travers l'Albanie. Le terrible hiver de 1915-1916 vit l'agonie de la Serbie dont les derniers défenseurs se traînaient dans la neige des montagnes albanaises. Désespéré, Pierre Ier s'écria : « La vieillesse m'a arraché l'épée des mains. Moi qui suis votre roi, je n'ai plus la force de me mettre à la tête de mon armée. Je ne survivrai pas à la défaite. » Contre sa volonté, on le fit évacuer. L'armée ne possédant plus de véhicule de transport utilisable, on l'installa sur un attelage de bœufs. Son vieux ministre radical Pachitch, monté sur un mulet, le suivit fidèlement dans sa retraite.

Réfugié à Durazzo, le prince Alexandre envoya ce message au président Raymond Poincaré : « La Serbie n'est plus, mais son armée reste. Nous sommes prêts à venir continuer la lutte sur le sol français. » Leur royaume détruit, les Karageorgevitch n'oubliaient pas leur seconde patrie, la France, et leur prince, comme son père l'avait fait en 1870, était tout disposé à y poursuivre la guerre contre l'ennemi commun.

La Serbie ressuscitée

En réalité, ce n'est pas en France que les restes de l'armée serbe continuèrent le combat, mais dans les rangs de l'armée alliée de Salonique devenue entre-temps l'Armée d'Orient. Les troupes serbes permirent de renforcer un contingent que le général Sarrail avait trouvé insuffisant pour se porter au secours de la Serbie en 1915, puis de la Roumanie en 1916.

Réorganisée par le général Guillaumat, l'Armée d'Orient qui, bien que multinationale, n'était un outil fiable que grâce aux troupes françaises et serbes, fut prise en charge par le général Franchet d'Esperey à l'été 1918. Ce général était convaincu de pouvoir, par une offensive vigoureuse, culbuter l'armée bulgare qui tenait la Thrace et la Macédoine. Il envisageait ensuite de libérer la Serbie et la Roumanie puis de poursuivre sa marche vers la Hongrie. Bien que ce projet cyclopéen inquiétât Clemenceau qui voulait à tout prix gagner la guerre sur le front occidental, Franchet reçut le feu vert pour lancer l'offensive à laquelle il aspirait. Le 15 septembre 1918, les Franco-Serbes attaquèrent les Bulgares. Le choc fut si violent que quatorze jours après, le 29 septembre, la Bulgarie mettait bas les armes et que le roi Ferdinand abdiquait. Ce succès fulgurant permit, exactement comme l'avait prévu Franchet d'Esperey, de libérer dans la foulée la Serbie en octobre puis la Roumanie en novembre. Mais, contraint par Clemenceau de ralentir l'élan de ses armées qui allaient naturellement se porter contre la Hongrie, Franchet se vit frustrer de la victoire finale. En effet, l'armistice fut d'abord, comme le souhaitait Clemenceau, signé à Rethondes le 11 novembre 1918, puis en Orient le 13 novembre.

Le prince Alexandre de Serbie qui, de Corfou où le gouvernement royal serbe se trouvait en exil, était venu seconder étroitement Franchet d'Esperey à Salonique, eut l'honneur de participer à la grande offensive de l'automne 1918 et de libérer son pays à la tête des troupes franco-serbes. Sa silhouette mince, revêtue d'une capote grise, ornée de la seule médaille militaire française et portant en sautoir une paire de jumelles, devint aussi célèbre que celle de Napoléon avec sa redingote et son petit chapeau. Le 1er novembre 1918, Alexandre atteignit Belgrade. La Serbie était ressuscitée, mais 400 000 de ses fils étaient morts pour permettre cette résurrection.

De la Serbie à la Yougoslavie

Pierre Ier, comme son prédécesseur Michel Obrenovitch III au XIXe siècle, rêvait d'unir autour de la Serbie toutes les nations slaves du Sud. C'était pour empêcher la réalisation de ce projet que l'Autriche-Hongrie avait tenté d'abattre la Serbie. A partir du moment où l'Autriche elle-même était vaincue par les Alliés, il était naturel que la Serbie martyre, que la Serbie résistante et finalement victorieuse tirât profit d'une guerre qui avait failli la rayer de la carte de l'Europe.

Cependant, et contrairement à ce que l'on pense parfois et à ce que l'on colporte souvent en cette fin du XXe siècle pour nuire au peuple serbe, l'unification des Slaves du Sud autour de la Serbie ne fut pas le résultat d'un obscur complot franco-serbe, mais l'expression d'une volonté bien réelle des nationalités slaves opprimées ou, pour le moins, ne supportant plus la tutelle de l'Autriche-Hongrie.

Dès 1905, le Croate Ante Troumbitch, maire de Split, avait pris l'initiative de manifestations en faveur de l'union des Croates, des Slovènes et des Serbes. Chef du parti national croate en exil, Troumbitch alla rejoindre le gouvernement royal serbe, lui-même en exil à Corfou après la défaite de 1915. En accord avec le serbe Pachitch, ministre de Pierre et d'Alexandre, il forma le projet d'une patrie commune des Slaves du Sud. La déclaration de Corfou en juillet 1917 prévoyait la création d'un Etat unique et démocratique sous l'autorité des Karageorgevitch. De leur côté, les Slovènes, par la voix de leur chef, l'abbé Korochetz, émettaient le même vœu lors d'un congrès à Laybach (Ljubljana). Enfin, en octobre 1918, alors que l'Empire austro-hongrois était en pleine désagrégation et que l'empereur Charles Ier, successeur de François-Joseph, tentait vainement de sauver ce qui pouvait l'être en promettant l'autonomie à toutes les nationalités de l'empire des Habsbourg dans un cadre fédéral, se tint à Agram (Zagreb) un congrès des Slaves du Sud réunissant des délégués croates, slovènes, dalmates, bosniaques et herzégoviniens. Ce congrès adopta une résolution d'union à la Serbie et la transmit au prince Alexandre, régent de Serbie qui, le 1er décembre 1918, accepta de déférer au vœu émis par les délégués d'Agram. Quelques semaines auparavant, le 13 novembre, l'assemblée du royaume de Monténégro, déçue par l'attitude ambiguë du roi Nicolas Ier pendant la guerre, avait elle-même voté la destitution de sa dynastie nationale, les Petrovitch Niegoch, et décidé le rattachement du pays à la Serbie. Le fait que le prince Alexandre de Serbie était, par sa mère, Zorka de Monténégro, le petit-fils de Nicolas Ier, le roi destitué, qu'il était né à Cettigné, capitale du Monténégro, et qu'il avait vécu une partie de son enfance auprès de ses grands-parents maternels facilita certainement la décision des députés monténégrins. A cela s'ajoutait aussi le rappel, opportun en la circonstance, de l'origine monténégrine de Jovan, premier ancêtre connu des Karageorgevitch.

Ainsi, le royaume de Serbie, après le royaume de Monténégro, disparaissait à son tour pour se fondre dans une entité étatique plus vaste qui prit le nom de « Royaume des Serbes, Croates et Slovènes » avant de devenir le « Royaume de Yougoslavie » en 1929.

Depuis que le gardien de porcs Miloch Obrenovitch s'était proclamé prince de Serbie en 1817, un siècle s'était écoulé. Un siècle au cours duquel le rêve de l'unité yougoslave avait lentement germé dans les esprits avant de prendre corps dans une Europe en ruine, sur le cadavre de deux empires séculaires qui, à Vienne comme à Constantinople, avaient cru détenir pour l'éternité, au nom de Dieu ou au nom d'Allah, la force et la vérité.

Les Grandes Puissances alliées, la France et les Etats-Unis en particulier, n'imposèrent rien et ne firent que sanctionner ce « droit des peuples à disposer d'eux-mêmes » que la

Révolution française, à la fin du XVIIIe siècle, puis l'empereur Napoléon III, au milieu du XIXe siècle, avaient érigé en principe sacré de la communauté internationale démocratique.

Ire Maison princière et royale de Serbie
Obrenovitch

Théodore

Miloch OBRENOVITCH Ier
(1780-1860)
Prince de Serbie
(1817-1839) (1858-1860)

JOVAN

OBREN

EPHRAÏM

MILOCH

Milan OBRENOVITCH II
(1819-1839)
Prince de Serbie
(1839)

Michel OBRENOVITCH III
(1823-1868)
Prince de Serbie
(1839-1842) (1860-1868)

Milan OBRENOVITCH IV
(1854-1901)
Prince de Serbie
(1868-1882)
Roi de Serbie (Milan Ier)
(1882-1889)
ép. 1875 Nathalie Kechko
(1859-1934)
(divorce prononcé par le roi
en 1889)

ALEXANDRE Ier
(1876-1903)
Roi de Serbie
(1889-1903)
ép. 1900 Draga MASCHIN
(1867-1903)
S.P.

IIe Maison princière et royale de Serbie
Ire Maison royale de Yougoslavie
Karageorgevitch

- PIERRE († 1787)
  - GEORGES PETROVITCH (KARA GEORGES) (1752 † 1817) ép. HÉLÈNE IOVANOVITCH (1764 † 1842)
    - ALEXA (1801 † 1830) ép. MARIE TROTKIN († 1827) (princes KARAGEORGEVITCH éteints en 1920)
    - ALEXANDRE KARAGEORGEVITCH (1806-1885) Prince de Serbie (1842-1860) ép. 1830 PERSIDA NENADOVITCH (1813 † 1873)
      - PIERRE Ier, roi de SERBIE (1844 † 1921) ép. 1883 ZORKA princesse de MONTÉNÉGRO (1864 † 1890)
        - HÉLÈNE de SERBIE (1884 † 1962) ép. 1911 IVAN, prince de RUSSIE (1886 † 1918)
        - GEORGES de SERBIE (1887 † 1972) ép. 1950 RADMILA RADONYICH (1907)
        - ALEXANDRE Ier, roi de YOUGOSLAVIE (1888 † 1934) ép. 1922 MARIE, princesse de ROUMANIE (1900 † 1961)
          - PIERRE II, roi de YOUGOSLAVIE (1923 † 1970) ép. 1944 ALEXANDRA de GRÈCE (1921)
            - ALEXANDRE, prince héritier de YOUGOSLAVIE (1945) ép. 1972 MARIA da GLORIA d'ORLÉANS-BRAGANCE
              - PIERRE (1980)
              - PHILIPPE (1982)
              - ALEXANDRE (1982)
          - TOMISLAV (1928) ép. 1957 1er MARGUERITE de BADE (1932) ép. 1982 2e LINDA BONNEY
            - du 2e lit: GEORGES (1984)
            - du 1er lit: NICOLAS (1958), CATHERINE (1959)
          - ANDRÉ (1929) ép. 1956 1er CHRISTINE de HESSE (1933) ép. 1963 2e KIRA de LEININGEN (1930)
            - du 1er lit: TATIANA (1957), CHRISTOPHER (1960)
            - du 2e lit: VLADIMIR (1964), DIMITRI (1965)
      - ARSENE de SERBIE (1859 † 1980) ép. 1892 AURORA princesse DEMIDOFF de SAN DONATO (1873 † 1904)
        - PAUL, de YOUGOSLAVIE, régent (1893 † 1976) ép. 1923 OLGA, princesse de GRÈCE, (1903)
          - ALEXANDRE (1924) ép. 1955 1er MARIA-PIA de SAVOIE (1934) ép. 1973 2e BARBARA de LIECHTENSTEIN (1942)
            - du 1er lit: DIMITRI (1958), MICHEL (1958), SERGE (1963), HÉLÈNE (1963)
            - du 2e lit: DUSHAN (1977)
          - NICOLAS (1928 † 1954)
          - ÉLISABETH (1936) ép. 1960 1er HOWARD OXENBERG (1919) ép. 1970 2e NEIL BALFOUR (1944)

2

Les aigles couronnés du Monténégro (1852-1918) (1941)

A la suite de la défaite serbe de Kossovo en 1389, puis de la lente progression de l'invasion ottomane jusqu'à la prise définitive de Belgrade au début du XVIe siècle, un grand nombre de résistants serbes se réfugièrent dans la région de Tcherna Gora, la Montagne Noire, au sud de la Serbie.

Cette région des Alpes dinariques, au relief tourmenté, aux sommets impressionnants et aux cols infranchissables fut peuplée de Slaves, comme la Serbie du reste, à partir du VIe siècle. Son histoire propre est, aujourd'hui encore, difficile à distinguer de celle de la Serbie, pour ce qui concerne l'époque médiévale au moins où nous savons que coexistèrent deux Etats serbes : la Rascie, qui correspond à peu près à la Serbie actuelle, et la Zeta, c'est-à-dire le Monténégro.

En revanche, à partir de l'invasion ottomane, les choses se firent plus nettes. Inquiets du sort de leurs frères de race de Serbie, les Monténégrins demandèrent l'appui de la Sérénissime République de Venise contre les Turcs, et la protection de la flotte vénitienne permit à la petite nation de sauver son indépendance jusqu'à l'extrême fin du XVe siècle.

Cela étant, et en raison même de la configuration physique du pays, la domination ottomane fut ici toute théorique. Avec sagesse, le sultan se contenta d'une suzeraineté de principe sur les zones montagnardes qu'il aurait été d'ailleurs bien incapable de soumettre par la force tant il craignait de voir les francs-tireurs monténégrins, tels des aigles de légende, fondre sur ses armées. Ainsi, vassalité juridique mais quasi-autonomie de fait, tel fut le sort du Monténégro jusqu'au début du XIXe siècle.

Autre particularité de ce pays, les Turcs y laissèrent gouverner des évêques orthodoxes qui, d'oncles à neveux, assumaient le véritable pouvoir tout en ayant à leur côté un gouverneur civil qui, théoriquement, agissait au nom du sultan. Ces évêques se recrutèrent dans la famille d'un certain Niegoch, vivant au XVIe siècle, et commencèrent à se manifester dans l'Histoire au début du XIXe siècle. A cette époque, en effet, se signala particulièrement l'évêque Pierre Petrovitch Niegoch qui, allié du tsar Alexandre Ier, mena la vie dure aux soldats de Napoléon égarés sur ses terres. Seuls les sapeurs de la Garde eurent droit à sa clémence car, en raison de leurs barbes opulentes, les Monténégrins les prenaient pour des popes.

En fait, le premier représentant illustre des Niegoch fut Pierre II Petrovitch, poète et fin politique qui, au pouvoir de 1830 à 1851, adopta une attitude plus patriotique et nationaliste que ses prédécesseurs en soutenant ouvertement le soulèvement des Slaves en Herzégovine et en Albanie. Décidé à s'affranchir du joug turc, ce que les Serbes avaient entrepris depuis 1804, Pierre II, qui avait déjà supprimé à son profit le gouvernorat civil, mourut trop tôt pour mettre son projet à exécution.

L'avènement d'une principauté

Son neveu Danilo, qui lui succéda et qui n'était pas, lui, membre du clergé, résolut, en 1852, avec l'appui de la Russie, de se faire proclamer prince séculier de Monténégro. Ce coup de force constitutionnel déplut au sultan qui envoya une armée réduire le prétentieux Danilo. Malheureusement pour lui, les Monténégrins opposèrent une farouche résistance et le corps expéditionnaire turc fut vaincu.

Détenant un pouvoir désormais presque absolu à l'intérieur et tranquillisé à l'extérieur tant par la défaite militaire des Turcs que par le soutien paternaliste du tsar, Danilo modernisa sa principauté avec une autorité qui ne souffrait pas d'opposition. Le brigandage et la vendetta entre tribus furent prohibés, un code civil fut promulgué sur le modèle français. Mais les Turcs, ne renonçant pas à leur idée fixe de rayer de la carte cette nouvelle monarchie chrétienne des Balkans, revinrent à la charge. Mal leur en prit car, à Grabovo, en 1858, le prince Mirko Petrovitch Niegoch, frère de Danilo, écrasa les 20 000 hommes du sultan. Cette défaite retentissante eut pour effet de donner des idées aux voisins herzégoviniens qui, pour ajouter encore à la fureur du sultan, se soulevèrent contre la Sublime Porte.

Toutefois, en dépit de ces succès, Danilo Ier ne put réaliser sa grande ambition qui était de prendre la tête de tous les Slaves du Sud. En effet, il fut assassiné en 1860, sans qu'on sache encore qui fut l'instigateur de ce meurtre perpétré à Cattaro par un exilé monténégrin. Son neveu, Nicolas Ier, alors lycéen à Louis-le-Grand comme Milan de Serbie, lui succéda. Le nouveau prince étant mineur, son père Mirko, grand-duc de Grabovo, assura la régence.

A l'extérieur, les choses ne s'arrangeaient pas. De plus en plus entêté, le sultan, mortifié par ses précédentes défaites et irrité de voir les Monténégrins approvisionner en armes les révoltés herzégoviniens, envoya en 1863 le général Omer Pacha mater le Monténégro à la tête d'une armée de 60 000 soldats. Cette fois, conscients qu'une lutte de fantassins leur serait à nouveau défavorable, les Turcs changèrent de tactique et firent porter leurs efforts sur l'artillerie. De fait, le plan réussit car, malgré une résistance acharnée de quatre mois dans leurs nids d'aigle, les Monténégrins fléchirent sous l'avalanche d'obus dont les gratifiait généreusement l'artillerie de montagne de l'armée ottomane et, dans une sorte de baroud d'honneur, se concentrèrent autour de Cettigné, leur capitale, pour y mourir les armes à la main.

L'extraordinaire résistance du peuple monténégrin incita les Grandes Puissances à intervenir pour exiger des Turcs un assouplissement des conditions de paix que le sultan Abdul-Aziz voulait imposer au pays. Les Monténégrins se sentant soutenus par la communauté internationale et au comble du bonheur d'avoir bloqué l'offensive turque contre Cettigné, négocièrent presque en position de force alors que leur pays était aux trois quarts occupé. Ils refusèrent ainsi d'appliquer les stipulations de paix concernant la présence de garnisons ottomanes sur leur territoire et nul ne put les faire changer d'avis.

Quelques années plus tard, en 1875, sous l'autorité de Nicolas Ier devenu majeur entre-temps, les Monténégrins, incorrigibles, apportèrent une aide militaire à la Bosnie qui, à son tour, se soulevait contre les Turcs. Une nouvelle guerre enflamma les Balkans. Nicolas Ier s'allia avec Milan Obrenovitch IV de Serbie, son condisciple de Louis-le-Grand, mais les Serbes furent vaincus. La Russie, protectrice traditionnelle des Slaves orthodoxes, empêcha l'irréparable et, après s'être assurée de la neutralité de l'Autriche-Hongrie, déclara elle-même la guerre à la Turquie en 1877. L'armée russo-roumaine triompha des troupes du sultan et le Traité de San Stefano puis le Congrès de Berlin de 1878 vinrent enfin reconnaître l'indépendance du Monténégro. Un bonheur ne venant jamais seul, les Monténégrins, en compensation de leurs dommages de guerre, reçurent le port d'Antivari.

Travailleur infatigable et libéré des soucis extérieurs, Nicolas Ier, reprenant et approfondissant les réformes de Danilo, réorganisa l'Etat monténégrin sur le plan administratif et judiciaire. Cependant, son autoritarisme, marqué par le refus de convoquer le parlement qui, comme en Serbie, portait le nom de Skouptchina, lui attira des antipathies féroces. Dans les universités d'Europe et les usines des Etats-Unis, les Monténégrins protestèrent violemment contre les procédés dictatoriaux et patriarcaux du prince. Devant ce mécontentement, Nicolas, qui avait le souci de sauver les apparences, au moins vis-à-vis de l'étranger, octroya libéralement à son peuple, en 1905, une constitution qui avait ceci de particulier qu'elle concentrait pratiquement tous les pouvoirs entre les mains du monarque. Cette véritable provocation accrut la désaffection du peuple à l'égard de la dynastie.

Une agence matrimoniale bien gérée

Pourtant, sur le plan dynastique précisément, Nicolas Ier obtint de brillants succès. Issu d'une famille peu considérée dans le Gotha, et s'étant lui-même uni à Milena Vukovitch, femme d'origine aussi modeste qu'obscure, il réussit néanmoins à marier fort honorablement ses cinq filles. Sa fille aînée, Zorka, épousa en 1883 Pierre Karageorgevitch, devenu en 1903 Pierre Ier de Serbie ; sa cadette, Militsa, convola avec le grand-duc Pierre de Russie en 1889 ; Anastasia, la troisième, eut pour premier mari le duc Georges de Leuchtenberg en 1889 avant d'épouser en secondes noces le grand-duc Nicolas de Russie en 1907 ; la cinquième fille, Anne, devint en 1897 la femme du prince François-Joseph de Battenberg. Si la quatrième fille de Nicolas, la princesse Hélène, a été volontairement oubliée dans cette énumération c'est, en réalité, pour mieux mettre en valeur l'éclat de son union. En effet, en 1896, Hélène épousa le prince Victor-Emmanuel de Savoie, fils du roi Humbert Ier d'Italie, et lui-même roi d'Italie en 1900 sous le nom de Victor-Emmanuel III après l'assassinat d'Humbert Ier à Monza. Ce dernier mariage, il est vrai, suscita de nombreux commentaires malveillants et fut considéré à l'époque comme une mésalliance. Aux yeux des sceptiques, seules des vues hégémoniques du royaume d'Italie sur le petit Monténégro pouvaient justifier l'union de la Maison de Savoie, l'une des plus illustres dynasties européennes, avec une famille qui n'était sortie de l'obscurité de l'histoire que depuis la première moitié du XIXe siècle.

Un cadeau d'anniversaire vraiment royal

En 1910, pour célébrer dignement le cinquantième anniversaire de son accession au trône, Nicolas se fit décerner par la Skouptchina, qu'il traitait pourtant avec beaucoup de désinvolture, le titre de roi. Cette dignité le mettait enfin sur le même pied que ses gendres de Serbie et d'Italie, ainsi que de tous les souverains balkaniques, mais fit rire l'Europe entière qui, dans les théâtres parisiens notamment, se gaussait des roitelets des Balkans devenus les personnages incontournables de certains vaudevilles.

Mis en appétit par sa nouvelle couronne dont il était certainement le seul à ne pas se moquer, Nicolas entreprit de se lancer dans une grande politique balkanique que sa récente dignité lui paraissait imposer. Singeant son beau-fils Victor-Emmanuel en guerre contre la Turquie en Afrique, et peut-être même manipulé par lui, Nicolas se mit à brandir son sabre au nez du sultan et ne fut pas le dernier à faire monter la pression dans la région. Il joua tant et si bien les boutefeux, du reste, que c'est lui qui déclencha la première guerre balkanique le 8 octobre 1912. Guerre, soit dit en passant, fort providentielle pour le roi d'Italie qui se vit offrir la paix et la province de Tripolitaine par une Turquie peu désireuse de se battre sur deux fronts et d'éparpiller ses troupes en Afrique et en Europe orientale.

Les Monténégrins, vaillants soldats, participèrent brillamment aux deux conflits balkaniques de 1912 et 1913. Leurs succès militaires, comme celui, par exemple, du siège et de la capitulation de Scutari, permirent à Nicolas de prélever sa part sur les dernières dépouilles européennes de l'Empire ottoman et de se voir confirmer, par le troisième Traité de Bucarest, des agrandissement territoriaux conséquents du côté de l'Albanie et du Kossovo.

Grisé par ce qu'il considérait comme un triomphe personnel dans une guerre somme toute régionale et très localisée où, malgré tout, il n'avait joué que les seconds rôles face à des alliés de poids comme la Serbie, la Grèce ou la Bulgarie, le roi de Monténégro allait se montrer nettement moins chanceux, et surtout moins bien inspiré, au moment de la guerre de 1914-1918.

Nicolas perd la main

Nicolas qui, adolescent, avait écrit des poèmes et des drames exaltant la naissance d'une grande nation yougoslave, ne s'entendait pas avec son gendre Pierre Ier de Serbie dont il craignait que les aspirations identiques à la création d'une union des Slaves du Sud ne viennent entraver ses propres ambitions et l'avenir de sa jeune dynastie. C'est cette ambition qui l'avait conduit à marier deux de ses filles avec des membres de la famille impériale de Russie afin de profiter des bonnes grâces du tsar Alexandre III qui l'appelait d'ailleurs « le seul véritable ami de la Russie », ce qui, au vrai, n'était pas très aimable pour le roi de Serbie.

En dehors de la Russie, pourtant, la personnalité de Nicolas Ier de Monténégro était beaucoup plus discutée. Son goût de l'intrigue, notamment, l'avait fait surnommer « la vieille fripouille » par Ferdinand de Bulgarie, et le Français Raymond Poincaré se plaisait à dire que Nicolas « était plein de précipices, comme le Monténégro ». Par ailleurs, des suspicions de vénalité ont constamment pesé sur lui et l'historien Maurice Baumont n'a pas hésité à écrire : « Sa politique, loin d'être droite, comprenait surtout le langage de l'argent ».

C'est donc un personnage éminemment contrasté qui, à la tête du Monténégro, allait affronter la Première Guerre mondiale. Il semble qu'il y ait eu, dès le début du conflit, en août 1914, ce que l'on pourrait appeler pudiquement une différence de sensibilité entre le roi Nicolas et le peuple monténégrin. Enthousiastes et ardents au combat, les Monténégrins qui, rappelons-le, sont une fraction du peuple serbe, s'enflammèrent pour la cause de la Serbie. Beaucoup plus réservé, Nicolas, qui pressentait bien qu'une victoire de la Serbie et de la dynastie Karageorgevitch signerait, par la création d'un Etat yougoslave, l'arrêt de mort de son petit royaume, préféra de loin adopter une attitude plus expectante. Sans forcer le trait, on peut dire qu'objectivement Nicolas de Monténégro et François-Joseph d'Autriche avaient la même hantise : l'émergence d'une Grande

Serbie qui, englobant le Monténégro, attirerait à elle tous les Slaves de Croatie, de Slovénie et de Bosnie-Herzégovine, sujets de la Double Monarchie.

Le Monténégro suivit absolument le sort de la Serbie, partageant ses succès et ses épreuves. Du fait de son éloignement de la frontière austro-hongroise, son territoire ne fut toutefois pas atteint par le désastre serbe avant les premières semaines de 1916. A ce moment-là, les Autrichiens, irrités par l'alliance militaire serbo-monténégrine, décidèrent d'envahir le Monténégro comme ils avaient envahi la Serbie. En février 1916, à la bataille du Mont Lovan, les troupes monténégrines furent défaites par un ennemi qui n'avait ménagé ni les hommes ni le matériel pour venir à bout du petit royaume.

Affolé par cet effondrement, le roi Nicolas tenta de négocier une paix séparée avec l'Autriche-Hongrie. Son but était de dissocier le sort de son pays de celui de la Serbie qui, pratiquement, avait été rayée de la carte depuis la fin de 1915. Cette attitude du monarque fut sévèrement condamnée par les patriotes monténégrins qui y voyaient, fort justement au demeurant, un acte de trahison à l'égard des Slaves du Sud. Nicolas, cessant alors de prendre des initiatives intempestives, s'embarqua à Cattaro pour se réfugier chez son gendre, le roi d'Italie.

Le vieux roi ne devait jamais revoir le Monténégro. Après l'Italie, la paix venue, il se réfugia en France. A Mérignac, près de Bordeaux d'abord, puis au cap d'Antibes. De son exil, il condamna solennellement la Skouptchina monténégrine qui, le 1er décembre 1918, l'avait déchu de son trône, proclamé la déchéance de sa dynastie et voté l'union du Monténégro à la Serbie sous le sceptre des Karageorgevitch. Nicolas, approuvé par certains nationalistes, affirma que le vote du parlement avait été faussé par la présence des troupes serbes à Cettigné. C'était oublier un peu vite ses propres responsabilités dans la faillite de la monarchie, son attitude ambiguë à l'égard de la Serbie et surtout l'erreur que constitua la tentative de paix séparée. En outre, si en criant au coup de force serbe de décembre 1918, Nicolas voulait avant toute chose préserver l'avenir de sa dynastie, il ne se rendait pas compte — du moins faut-il l'espérer — qu'il forgeait des arguments pour son gendre Victor-Emmanuel III d'Italie, arguments que le gouvernement fasciste de Rome saura un jour exploiter contre la Yougoslavie.

Nicolas Ier de Monténégro, « l'une des figures les plus pittoresques de l'histoire balkanique », comme le qualifiait la presse, mourut en exil aux « Liserons », sa villa du cap d'Antibes, le 1er mars 1921. La reine Milena, qui l'avait suivi dans son exil, le suivit dans la mort en 1923. Ni ses gendres, Victor-Emmanuel d'Italie et Pierre de Serbie, ni son petit-fils, le prince régent Alexandre de Yougoslavie, n'assistèrent à ses funérailles. Il n'y eut autour de son cercueil que les grands-ducs russes auxquels il avait allié sa famille. Survivants d'un monde disparu, ils firent cortège au dernier souverain d'un royaume qu'on qualifierait volontiers d'opérette si la vaillance légendaire de son petit peuple ne méritait la plus extrême considération.

Une résurrection éphémère

Au printemps 1941, la Yougoslavie ayant été démembrée par Hitler, le royaume de Monténégro fut reconstitué sous protectorat italien. Le trône fut offert par Mussolini au prince Michel de Monténégro, fils du prince Mirko, second garçon de Nicolas Ier, et de la princesse Nathalie Konstantinovitch. Le prince, démocrate de conviction, et se refusant à jouer les fantoches, déclina l'aimable proposition du Duce. Cette impertinence lui valut un internement en Allemagne pour la durée de la guerre. L'Italie fut contrainte d'administrer elle-même le royaume de Monténégro qui, du fait de l'abstention du prétendant Petrovitch Niegoch, devait, lors de la victoire finale de l'Axe, revenir à un prince de la Maison de Savoie, héritière des droits de la dynastie monténégrine par la reine Hélène d'Italie, épouse de Victor-Emmanuel III et fille de Nicolas Ier.

Maison princière et royale de Monténégro
Petrovitch Niegoch

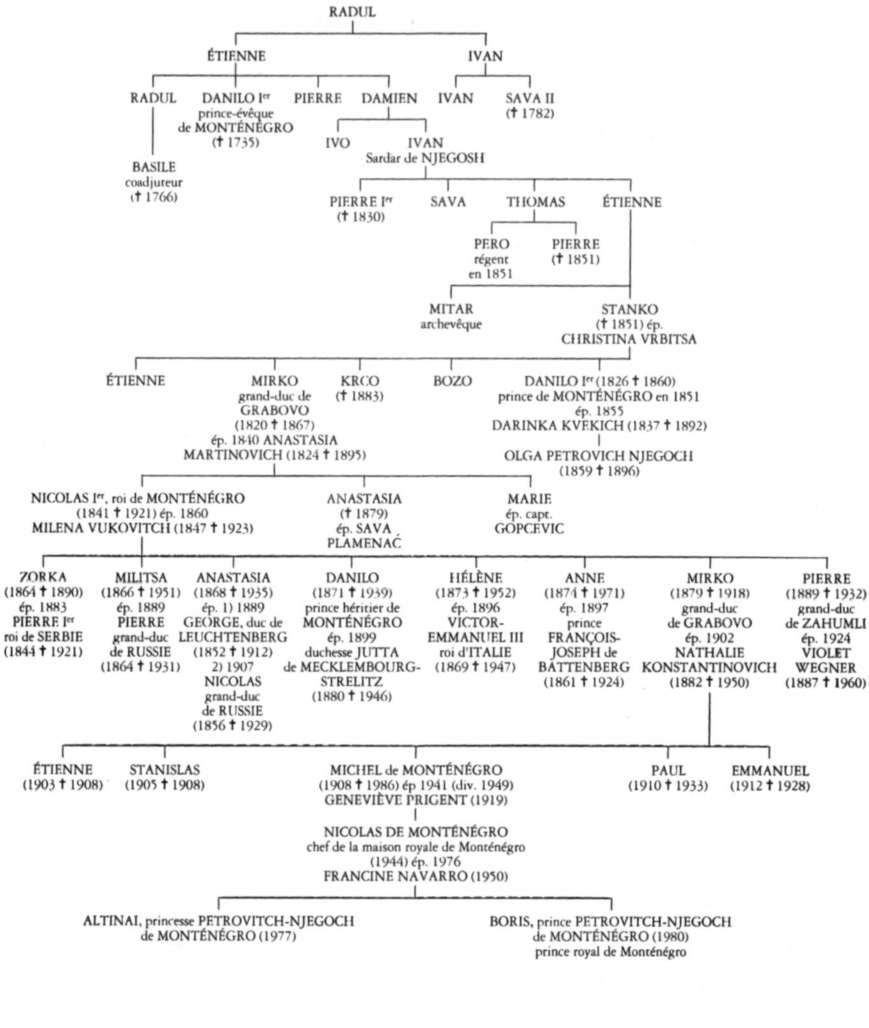

3

Le royaume de Yougoslavie au péril de la haine (1918-1945)

« Il me semble être né barbouillé de sang. »
Milovan DJILAS

L'agrément donné par le régent Alexandre de Serbie à l'union des nations slaves du Sud le 1er décembre 1918 puis la sanction de cette union par la Skouptchina de Belgrade en mars 1919 avaient fondé un nouvel Etat en Europe orientale. L'appellation choisie pour cette entité originale : « Royaume des Serbes, Croates et Slovènes », semblait signifier que dans l'esprit de ses promoteurs le nouvel Etat n'effaçait pas les particularismes des nations ainsi unifiées.

En réalité, il y eut, dès l'origine, un malentendu énorme entre les Slaves du Sud sur la nature même de l'Etat qu'ils venaient de constituer. Pour les Serbes, vainqueurs de la guerre et premiers combattants historiques de l'unité yougoslave, il s'agissait avant tout de la fondation d'une Grande Serbie, alors que pour les Croates et les Slovènes, le « Royaume S.C.S. » ne devait pas être le creuset d'une nation unique mais la libre association de peuples égaux en droit. Deux conceptions radicalement opposées se heurtèrent donc, celle des centralistes et celle des fédéralistes. Relevons que si la vision centraliste et hégémonique des Serbes était excessive, la vision fédéraliste des Croates et des Slovènes, qui impliquait également la possibilité de quitter l'union à tout moment en cas de désaccord, n'était pas non plus particulièrement réaliste. C'était s'engager dans un mariage en stipulant qu'on ferait chambre à part et qu'on repartirait chacun chez soi en cas d'incompatibilité d'humeur. Cette vision « libertaire » des institutions politiques avait déjà été condamnée par un grand nombre de nations démocratiques, et les Etats-Unis d'Amérique eux-mêmes avaient refusé cette conception au moment de la sécession des Etats sudistes. Du reste, on peut s'interroger alors sur la pertinence du choix par les délégués yougoslaves de l'union étatique quand une simple entente diplomatique ou une communauté économique aurait suffi.

A ce malentendu fondamental venaient s'ajouter des clivages historiques, sociologiques et culturels qui n'étaient pas minces. Si Serbes, Croates et Slovènes étaient issus des mêmes peuplades slaves installées dans cette région des Balkans à partir du VIe siècle, leur évolution historique avait été sensiblement différente depuis. Croates et Slovènes avaient été soumis à l'influence de l'Occident qui leur avait apporté le catholicisme et l'alphabet latin, tandis que les Serbes, et les peuples qui étaient issus d'eux, c'est-à-dire les Monténégrins, les Bosniaques et les Herzégoviniens, avaient constamment dépendu, avant l'invasion ottomane, de l'empire byzantin qui leur avait donné l'orthodoxie et l'alphabet cyrillique.

Le drame du nouveau royaume de 1918 était donc de se trouver à la jonction de deux civilisations et d'avoir été bâti sur une zone de fracture culturelle qui, telle une faille dans l'écorce terrestre, pouvait provoquer à tout moment un séisme de grande amplitude. Si l'on observe, au surplus, que les Serbes étaient essentiellement un peuple de paysans et de montagnards alors que les Croates et les Slovènes, à côté de leur paysannerie, possédaient une aristocratie marquée par la domination austro-hongroise et une bourgeoisie aisée et cultivée, on aboutira à la conclusion objective que le mariage des Slaves du Sud était bien inégal et que, comme tout mariage inégal, il risquait, les premiers feux de la passion éteints, de se dissoudre dans des querelles sordides.

La monarchie aurait pu, certes, dans ce contexte délicat, jouer un rôle pacificateur et unificateur — c'était d'ailleurs la volonté clairement exprimée du prince régent Alexandre —, mais elle manqua d'un appui sérieux en dehors de la Serbie et du Monténégro. Croates et Slovènes, qui avaient connu les fastes de l'empire austro-hongrois — fastes qui, ne l'oublions pas tout de même, avaient servi à camoufler, avant 1914, les excès d'une administration omniprésente, tatillonne, désuète et pleine de morgue — snobèrent immédiatement la dynastie serbe d'origine rurale et de peu d'ancienneté historique. Mieux encore, certains d'entre eux, comme le Croate Stefan Raditch, affichèrent d'emblée et hautement des idées républicaines. Non pas, certes, par républicanisme sincère, mais par mépris des Karageorgevitch et dans un souci de déstabilisation de l'Etat.

Cette attitude outrageante ne pouvait naturellement que froisser les Serbes qui, depuis la guerre, vénéraient le vieux roi Pierre Ier et son fils Alexandre, considérés par tous — et, disons-le, par le monde entier — comme des héros nationaux.

Les premières fractures

Le gouvernement nommé par Alexandre en décembre 1918 fut un gouvernement d'union dirigé par le radical serbe Stojan Protitch. Le président du Conseil était assisté du Slovène Korochetz, prêtre catholique de son état, et du Croate Ante Trumbitch, ancien maire de Split, unioniste convaincu depuis 1905 au moins, et qui, en juillet 1917, avait signé la déclaration de Corfou avec Nicolas Raditch. Trumbitch détenait le portefeuille des Affaires étrangères, poste considérable qu'il cumulait avec celui de délégué à la Conférence de la Paix. L'entente de ces hommes éclairés permit en quelques mois au gouvernement d'engager, sous l'autorité du régent, grand administrateur et grand soldat, des réformes d'envergure qui dotèrent le nouvel Etat d'une administration civile et militaire efficiente, même si certains Croates extrémistes se plaisaient à répéter : « Aux Serbes les situations, à nous les impôts », formule excessive et simpliste qui devint rapidement le slogan des séparatistes. Le régent Alexandre impulsa également la réforme agraire et la réforme religieuse qui, l'une supprimant les grands domaines, l'autre établissant l'égalité des trois religions : orthodoxe, catholique et musulmane, et ôtant de ce fait le statut de religion d'Etat à l'Eglise orthodoxe, instaurèrent une société plus démocratique.

Malheureusement, la nécessité de doter le royaume d'une nouvelle constitution engendra des querelles frisant la guerre civile. Centralistes et fédéralistes, quelques-uns de ceux-ci étant en fait de véritables séparatistes croates ou slovènes, s'affrontèrent avec une violence inouïe. Stefan Raditch, chef du parti paysan croate, fut à plusieurs reprises incarcéré en raison des attaques antigouvernementales dont il était l'instigateur. Des troubles éclatèrent dans tout le pays, attisés encore par un parti communiste de création récente et qui, bien que composé pour partie de soldats croates ayant déserté l'armée austro-hongroise à partir de 1917, prônait la création d'une république soviétique de Yougoslavie. Ainsi, au moins pour ce qui a trait au renforcement du caractère unitaire du pays, les monarchistes grands serbes et les communistes furent des alliés objectifs bien que, naturellement, leur philosophie et leurs méthodes fussent radicalement opposées et que le parti communiste menât une opposition farouche à la monarchie.

Cette ambiance souvent insurrectionnelle n'empêcha pourtant pas le gouvernement de poursuivre sa tâche et de convoquer pour la fin de l'année 1920 une assemblée constituante chargée de régler la question constitutionnelle. Après des débats aussi houleux que stériles, une constitution centraliste, donc proche des thèses serbes, fut votée. Cette constitution établissait une monarchie parlementaire où le pouvoir législatif était détenu par une seule chambre et où le roi possédait l'arbitrage suprême lui permettant non seulement de dissoudre le parlement mais également d'exercer, dans des circonstances exceptionnelles, une pleine autorité personnelle. Cette constitution, au vote de laquelle d'ailleurs la plupart des délégués croates ne participèrent pas, fut appelée « Constitution du Vidovdan », c'est-à-dire de la Saint-Guy, car elle vit le jour le 28 juin 1921. Après la bataille de Kossovo en 1389 et l'attentat de Sarajevo en 1914, une troisième « Saint-Guy » historique s'inscrivait ainsi dans les annales des Slaves du Sud.

Grands succès et petits revers diplomatiques

Grâce à l'attitude exemplaire de sa dynastie pendant la Grande Guerre, le royaume des Serbes, Croates et Slovènes bénéficia de la bienveillance des Alliés, notamment des Français, lors de l'élaboration des traités de paix. Comme le faisait la reine Marie de Roumanie, le prince Alexandre de Serbie se déplaça fréquemment à Paris pendant la Conférence de la Paix pour s'entretenir directement avec les chefs d'Etat et de gouvernement alliés et soutenir son ministre Trumbitch qui défendait les intérêts du pays. C'est d'ailleurs dans les couloirs du Ritz que le prince régent croisa à plusieurs reprises la famille royale de Roumanie et que, sans doute alors, l'idée d'une union avec une princesse roumaine germa dans l'esprit de ce célibataire endurci.

Les traités de paix, en dépit de l'hostilité de l'Italie qui voyait d'un mauvais œil la Serbie atteindre l'Adriatique, officialisèrent l'union des Slaves du Sud autour du royaume serbe. Par le Traité de Saint-Germain du 10 septembre 1919, l'Autriche abandonnait la Slovénie, tandis que le Traité de Trianon du 4 juin 1920 obligeait la Hongrie à céder la Croatie. A l'issue d'une médiation de la France, inquiète de voir deux de ses alliés, le royaume de Roumanie et le royaume S.C.S., contester furieusement la possession du Banat de Temesvar, province anciennement sous tutelle hongroise mais peuplée de Roumains et de Serbes, ce territoire fut partagé entre Bucarest et Belgrade. Les Roumains héritaient de Temesvar, devenue depuis Timisoara, tandis que les Serbes, grâce à la partie méridionale du Banat qui leur était attribuée, étaient désormais en mesure d'assurer efficacement la protection de leur capitale. Enfin, le Traité de Neuilly du 27 mars 1919, le premier chronologiquement mais le moins âprement discuté en fait, permit au royaume S.C.S. de rectifier ses frontières avec la Bulgarie en Macédoine où les intérêts stratégiques de Belgrade furent satisfaits.

La seule ombre au tableau des traités de paix fut, pour le royaume S.C.S., l'annexion de l'Istrie, de Trieste et de quelques îles dalmates par l'Italie. Cette annexion avait été promise aux Italiens par les Alliés en 1915 pour les convaincre de rejoindre le camp de l'Entente, ce qu'ils firent effectivement. Malgré le fait que ces régions étaient peuplées majoritairement de Slaves, Belgrade dut accepter de les céder par le Traité de Rapallo du 12 novembre 1920. De la sorte, un Etat allié « à intérêts secondaires », selon la classification adoptée par les organisateurs de la Conférence de la Paix, devait s'incliner devant les prétentions d'un « Grand » qui, avec la France, l'Angleterre et les Etats-Unis, siégeait au Conseil des Quatre. Cette affaire manifestait aussi, et surtout, que la rivalité italo-serbe pour la possession de la rive gauche de l'Adriatique était toujours vivace et certainement loin de s'apaiser. La conséquence intérieure du Traité de Rapallo fut la démission du chef de la diplomatie de Belgrade, Trumbitch, qui, originaire de Dalmatie, était sans doute plus sensible que d'autres aux menaces de l'hégémonisme italien.

La mort de Pierre Ier

En août 1921, Alexandre, qui était à Paris, tomba gravement malade. Au même moment, la dynastie était frappée par un autre drame : la mort du vieux roi Pierre qui, à soixante-dix-huit ans, affaibli par les terribles épreuves de la guerre, s'éteignit le 16 août.

Immobilisé à Paris, Alexandre ne put suivre l'agonie de son père et serrer dans ses bras pour la dernière fois cet homme pour lequel, liens du sang mis à part, il avait la plus profonde vénération. De France, le prince fit savoir qu'il souhaitait, par respect pour les non-Serbes de son royaume, régner sous le nom d'Alexandre Ier plutôt que sous celui d'Alexandre II de Serbie, roi du royaume des Serbes, Croates et Slovènes. Au XIXe siècle, les rois de Prusse, devenus empereurs d'Allemagne, et les rois de Piémont, devenus rois d'Italie, préférèrent, eux, conserver leur numérotation prussienne et piémontaise. Le nouveau roi

Alexandre Ier n'assista pas aux funérailles émouvantes et magnifiques de son père mais, à peine convalescent, se précipita en Vieille Serbie, au monastère de Topola, pour baiser la terre dans laquelle Pierre Ier avait été enseveli.

C'est peut-être le journaliste et historien français Faure-Biguet qui dépeignit le mieux l'homme qui accédait au trône en août 1921 : « Moralement, c'est un homme solide. On a dit quelquefois qu'il était dur. Ce n'était pas exact. C'était un chef, et devant une tâche ingrate, il n'admettait pas que ses ordres fussent discutés. Mais, avant de prendre une décision, il s'entourait des meilleurs conseils, écoutait les techniciens, accueillait toutes les suggestions. On ne songeait guère, d'ailleurs, à ne pas lui obéir. Parce qu'il était bon, et parce qu'il avait incontestablement ce magnétisme individuel qui impose les personnalités. Chaque fois que l'occasion lui en était offerte, et qu'il pouvait dire un mot qui touchât, faire un geste aimable ou courtois, il ne manquait jamais de le faire. Spontanément, par une sorte d'automatisme du cœur qui lui attachait les sympathies. »

Les alliances extérieures

Le royaume d'Alexandre Ier possédait des ennemis à l'extérieur de ses frontières. Sans parler de la rivalité italienne, il fallait compter aussi sur le danger potentiel que représentaient pour l'avenir les grands vaincus de la guerre en Europe centrale et orientale : la Hongrie et la Bulgarie.

Les traités de paix avaient arraché à la Hongrie les provinces de Croatie et du Banat méridional ; à l'Autriche, la Slovénie ; à la Bulgarie, d'importants territoires en Macédoine. Si l'Autriche adopta rapidement une politique extérieure pacifiste, au contraire, Hongrois et Bulgares ressassèrent constamment leurs regrets d'avoir été privés de portions non négligeables de leurs anciens territoires. C'est donc exclusivement dans ces deux pays que persistait le fameux « esprit revanchard », seul susceptible de remettre en cause les frontières que le Traité de Versailles et les traités annexes avaient fixées dans les Balkans.

Pour se prémunir contre la Hongrie, le royaume des Serbes, Croates et Slovènes s'allia à la Tchécoslovaquie par la Convention de Belgrade d'avril 1920. Les Tchèques, ayant eux-mêmes hérité de la Slovaquie sous tutelle hongroise avant 1914, avaient intérêt à s'assurer, par une alliance de revers, de la tranquillité de la Hongrie.

En 1921, à deux reprises, en mars et octobre, l'ex-empereur Charles Ier d'Autriche-Hongrie, peut-être imprudemment conseillé par Aristide Briand qui, bien que socialiste, avait toujours manifesté un certain penchant pour les monarchies, et qui pensait, avec une certaine pertinence au demeurant, que la reconstruction d'une Europe danubienne sous l'autorité des Habsbourg pouvait empêcher la mainmise de l'Allemagne ou des bolcheviks sur cette région stratégique du continent, tenta une restauration en Hongrie. Charles, naïvement, avait cru que la Hongrie, qui avait conservé le régime monarchique, se donnerait à lui sans coup férir. C'était sans compter sur les ambitions du régent, l'amiral Michel Horthy, qui s'était taillé à Budapest un royaume à sa mesure et qui n'entendait pas céder la place à son ancien souverain. Horthy manœuvra si bien, lorsque Charles fut sur le territoire hongrois, qu'il réussit à susciter la peur de la Tchécoslovaquie, de la Roumanie et du royaume des Serbes, Croates et Slovènes, persuadés que l'ex-empereur voulait, à partir de Budapest, reconstituer par la force l'ancien empire austro-hongrois. Cette crainte consolida l'alliance entre Prague et Belgrade, et favorisa une nouvelle alliance entre Belgrade et Bucarest. Les Roumains, en effet, ne voulaient pas que les Habsbourg restaurés puissent revendiquer la province roumaine de Transylvanie qui, sous tutelle austro-hongroise depuis des siècles, avait été enfin récupérée en 1918. De la sorte une « triple alliance » se forma en Europe centrale et orientale, et cette combinaison diplomatique et militaire, qui porta bientôt le nom de Petite Entente, permit de neutraliser la Hongrie. De plus, la Roumanie et le royaume S.C.S., étant voisins de la Bulgarie, pouvaient également parer à toute agression du côté de Sofia. De la sorte, le malheureux empereur Charles, dont le projet n'était, après avoir récupéré son trône hongrois, que de contracter des accords diplomatiques et économiques avec tous les Etats de la région, fut à l'origine d'un renforcement des liens des pays d'Europe centrale et orientale vainqueurs de la guerre.

Un beau mariage

L'alliance du royaume des Serbes, Croates et Slovènes avec la Roumanie eut ceci de particulier qu'elle se doubla d'une union dynastique. En effet, la reine Marie de Roumanie, petite-fille bien-aimée de la reine Victoria d'Angleterre, et ayant hérité de cette prestigieuse aïeule le goût des combinaisons matrimoniales, avait conçu l'idée de marier le roi célibataire des Slaves du Sud avec sa seconde fille, la princesse Marie, dite « Mignon » parce que née à Gotha alors que sa mère assistait à la représentation de l'œuvre d'Ambroise Thomas. La reine, pendant la Conférence de la Paix, avait été séduite par le sérieux d'Alexandre qui, comme elle, était un allié révéré des Français. Cette union dynastique, bénie du reste par le Quai d'Orsay, permettait de renforcer le bloc des nations orientales favorables à la France et d'effacer les vilaines querelles de Belgrade et de Bucarest relatives à la partition du Banat de Temesvar, mal acceptée par le gouvernement roumain.

Alexandre Ier, bien conscient qu'un célibat prolongé, et donc l'absence de postérité directe, mettrait fin à l'œuvre des Karageorgevitch et peut-être même à l'union des Slaves du Sud, se rallia au projet de la belle et volontaire Missy, et demanda officiellement la main de Mignon. Notons, toutefois, qu'Alexandre, alors qu'il était à l'Ecole des Pages de Saint-Pétersbourg au temps de son adolescence, avait été éperdument amoureux de la grande-duchesse Olga, fille aînée de Nicolas II. Cet amour juvénile, que la révolution russe et le massacre d'Ekaterinbourg empêchèrent de se concrétiser, fut pour le prince la cause non seulement de cette mélancolie que l'on observait souvent chez lui, mais aussi de cet attachement à un célibat dangereux pour l'avenir dynastique. Rappelons également, car cela a été oublié, que le président de la République française, Raymond Poincaré, tout bon républicain qu'il fût, avait songé, pour renforcer l'amitié de la France et du royaume S.C.S., à favoriser le mariage de la princesse Françoise d'Orléans, fille du duc de Guise et sœur de l'actuel comte de Paris, avec le prince Alexandre. Ce projet devait échouer en raison essentiellement de motifs religieux.

A la Noël 1921, Alexandre Ier se fiança au château de Sinaïa, résidence des rois de Roumanie dans les Carpates, à la princesse Marie de Hohenzollern-Sigmaringen. Au printemps suivant, la princesse fut accueillie à la frontière roumano-serbe par le prince Paul, cousin du roi, et remonta le Danube sur un yacht blanc jusqu'à Belgrade où, en juin, eut lieu le mariage royal. Les Français les plus républicains saluèrent cet événement comme s'il s'agissait véritablement pour eux d'une affaire de famille.

L'arrivée de Mignon à Belgrade modifia l'ambiance un peu morose d'une cour marquée, jusque-là, par la personnalité d'un monarque célibataire et tout entier accaparé par ses devoirs. Belle et souriante comme sa mère, ayant hérité d'elle une passion pour les jardins et les fleurs, la nouvelle reine, qui tenait aussi de son père, Ferdinand Ier de Roumanie, un goût prononcé pour la simplicité, préféra à l'austère palais royal de Belgrade la villa de Dédigné, proche de la capitale, qu'elle transforma en un nid familial douillet et chaleureux, propre à détendre un roi qui, depuis sa majorité, n'avait connu que la guerre et les querelles politiques. Le nid, d'ailleurs, fut bien vite peuplé car Mignon, bonne génitrice comme Missy et Victoria, donna à Alexandre trois superbes petits garçons : Pierre, en 1923 ; Tomislav, en 1928 et André, en 1929. La dynastie Karageorgevitch était ainsi consolidée et, en quelque sorte, légitimée sur le plan monarchique par l'apport prestigieux du sang des Saxe-Cobourg-Gotha et des Hohenzollern qui faisait d'elle l'alliée de nombreuses familles régnantes d'Europe, particulièrement de la famille royale d'Angleterre. Au demeurant, la présence à Belgrade, pour le baptême du prince Pierre, du duc et de la duchesse d'York, futurs George VI et reine Elisabeth d'Angleterre, symbolisa cette accession des Karageorgevitch à un rang supérieur du Gotha européen.

Le royaume dans la tempête

Alexandre avait bien besoin de la douceur du foyer familial pour affronter une crise intérieure quasi permanente. Mal acceptée, la constitution de 1921 ne put fonctionner de manière satisfaisante. Les gouvernements qui tenaient d'elle leur légitimité furent ballottés au gré des émeutes ou des frondes parlementaires. En dix ans, le royaume des Serbes, Croates et Slovènes usa vingt-trois cabinets et tout son personnel politique. Pachitch, Davidovitch, Protitch, Vesnitch, Pribitchevitch essayèrent tour à tour des combinaisons qui se révélèrent inefficaces et éphémères. Pour accentuer encore ce climat d'anarchie, les meurtres politiques, assez répandus dans l'ancien royaume de Serbie, reprirent. Le ministre de l'Intérieur, Drachkovitch, fut assassiné et, l'attentat ayant été imputé aux communistes, le parti communiste fut interdit. En 1925, le Croate Raditch, emprisonné à plusieurs reprises, puis rallié à la monarchie, enfin agitant de nouveau des idées contradictoires allant de l'indépendance de la Croatie, de la Slovénie et de la Macédoine à la création d'une fédération de républiques soviétiques, fut tué à coups de revolver par un député monténégrin en pleine séance de la Skouptchina. Ce regrettable incident, qui mettait fin il est vrai à la carrière d'un véritable agitateur professionnel dont les revirements politiques mériteraient d'être attentivement examinés sous l'angle de la corruption intérieure ou étrangère, incita les députés croates à quitter ce qu'ils appelaient désormais la « Skouptchina sanglante ».

Par ailleurs, la mort — naturelle cette fois — du vieil homme d'Etat radical Pachitch en 1926, priva le royaume d'une personnalité qui, bien que trop âgée pour constituer un recours, aurait peut-être pu tenter une dernière fois de sauver la démocratie en déshérence. A partir de juin 1928, le pays sombra dans une totale anarchie. Le gouvernement se trouvait absolument incapable de faire face aux désordres de la rue et à une opposition parlementaire pratiquant la violence verbale et le blocage législatif systématique. Il ne restait donc qu'une seule issue pour sauver l'Etat de l'effondrement : la dictature. Elle aurait certes pu venir d'un quelconque général nationaliste, comme cela s'était déjà produit en Europe, ou encore s'incarner dans un leader prétendument charismatique, mais Belgrade n'était ni Varsovie, ni Lisbonne, ni Madrid, ni Athènes, ni Rome. Ici, ce fut le roi lui-même qui s'improvisa dictateur à titre temporaire. De fait, le 6 janvier 1929, Alexandre suspendit la constitution, renvoya le parlement et assuma les pleins pouvoirs civils et militaires. Pour faire bonne mesure et marquer le début d'une ère nouvelle, il modifia également le nom du pays. Désormais le royaume des Serbes, Croates et Slovènes serait la « Yougoslavie ».

La dictature royale

Le danger d'un pouvoir centralisé entre les mains du monarque est naturellement de faire de celui-ci l'objet, ou, mieux encore, la cible de tous les mécontentements. C'est ce qui advint à Alexandre Ier. Bien que le roi prît la précaution de nommer rapidement un président du Conseil en la personne du loyal général Givkovitch, cette mesure ne trompa personne. C'est Alexandre, et lui seul, qui fut tenu pour responsable de la suspension des libertés civiles et des excès qu'engendra l'Etat d'exception. On peut s'interroger, toutefois, sur le libre exercice de la démocratie avant la dictature royale, dans un pays que de véritables saboteurs s'acharnaient à détruire par tous les moyens sans savoir précisément par quoi ils voulaient le remplacer.

Plus gravement encore s'il se peut, le nom même que le roi

avait choisi pour le pays laissait présager aux ennemis de l'Etat une volonté de gommer les particularismes régionaux pour fondre en une seule nation les anciennes provinces de la nouvelle Yougoslavie. C'est cet aspect des choses surtout qui attira sur le roi la haine des séparatistes croates. Raditch, assassiné en 1925, avait trouvé un successeur en la personne de Matchek, aussi extrémiste que lui et emprisonné, comme lui, à plusieurs reprises, ce qui contribua à lui donner également une auréole de martyr du régime.

Les séparatistes croates entretenaient depuis toujours, en tout cas depuis l'accession au pouvoir de Mussolini à Rome en 1922, des liens secrets avec l'Italie. Le roi Victor-Emmanuel III lui même, en sa qualité de gendre de l'ex-roi Nicolas Ier de Monténégro, rêvait parfois à ce royaume disparu que ses héritiers, issus des Petrovitch Niegoch par la reine Hélène, pouvaient un jour revendiquer. Dans ce contexte, il est clair que la déstabilisation puis l'éclatement du royaume de Yougoslavie entraient dans les perspectives d'expansion de la domination italienne dans les Balkans et que les fascistes avaient le plus grand intérêt à aider les séparatistes de tout poil à combattre le régime de Belgrade.

Devant ce danger dont il était informé par les services secrets français, Alexandre favorisa en 1927 une alliance étroite entre Paris et Belgrade, alliance qui devint, à partir de 1929, la pierre angulaire de la politique extérieure de la Yougoslavie. L'alliance franco-yougoslave s'inscrivait également dans le réseau plus vaste que constituaient déjà l'alliance franco-polonaise de 1921, l'alliance franco-tchécoslovaque de 1924 et l'alliance franco-roumaine de 1926. A cette époque, notons-le, la France était fière de ses alliés orientaux et les soutenait sans réserve contre les anciens ennemis de la Grande Guerre et également contre une Italie fasciste qui cherchait constamment à rivaliser avec elle dans cette région hautement stratégique de l'Europe balkanique.

Alexandre Ier, après avoir doté son pays d'une nouvelle constitution en 1931, constitution qui restructura le royaume en neuf régions, ou bakovines, portant, à l'exemple des départements français, les noms des fleuves ou des rivières les traversant, accentua son action diplomatique en doublant la Petite Entente unissant déjà la Yougoslavie, la Tchécoslovaquie et la Roumanie, d'une Entente balkanique, fruit de ses conversations avec son beau-frère Carol II qui, au même titre que lui, en assume la paternité. Cette Entente balkanique englobait la Yougoslavie, la Roumanie, la Turquie et la Grèce. Ce dernier pays, bien qu'en république depuis 1924, possédait une forte opposition monarchique qui réclamait le retour sur le trône de Georges II, beau-frère lui aussi d'Alexandre Ier de Yougoslavie par sa femme Elisabeth de Roumanie.

Dès lors, la Bulgarie, alliée dynastiquement en 1930 avec la Maison royale d'Italie par le mariage du roi Boris III et de la princesse Jeanne de Savoie, fille de Victor-Emmanuel III, était isolée dans les Balkans et l'Italie fasciste presque entièrement rejetée de cette partie du continent européen. La France, grâce à ses petits alliés balkaniques de 1914-1918, restait maîtresse des cartes dans la région.

On comprendra que, de ce fait, le roi Alexandre de Yougoslavie était pour Paris un allié de poids qu'il convenait de soutenir sans réserve et sans état d'âme, et surtout sans se préoccuper des querelles intérieures d'un pays qui, en dépit des efforts d'unification et de pacification des Karageorgevitch, restait une poudrière.

L'Italie fasciste chercha à se venger d'Alexandre et de la France en s'appuyant sur les séparatistes croates qui, regroupés au sein d'organisations terroristes plus ou moins secrètes, voulaient libérer la Croatie prétendument opprimée. Les terroristes croates, plus connus sous le nom d'Oustachis, fomentèrent des complots dont le plus spectaculaire devait atteindre la personne même du roi. Pour ce faire, un dirigeant oustachi du nom d'Ante Pavelitch, ami de Mussolini et protégé par lui, chercha à fédérer les ennemis d'Alexandre. Il se rapprocha d'une organisation séparatiste macédonienne, l'O.R.I.M., ou Organisation de Résistance Intérieure Macédonienne, qu'on assure avoir été financée par des fonds secrets italiens et bulgares. La Bulgarie, on le sait, avait vu, par le Traité de

Bucarest de 1913, puis par le Traité de Neuilly de 1919, considérablement réduites ses prétentions territoriales sur la Macédoine.

Cependant, l'activité diplomatique débordante d'Alexandre contraignit les terroristes à précipiter les événements. En effet, le roi de Yougoslavie, conscient que l'isolement de la Bulgarie dans les Balkans était un danger pour la sécurité de la région et le moyen pour l'Italie fasciste d'agiter la péninsule, décida de tenter un rapprochement avec Sofia. Avant de se rendre en visite officielle en France, en octobre 1934, il effectua un séjour en Bulgarie du 27 au 30 septembre. Contre toute attente, l'accueil des Bulgares et de leur souverain fut extrêmement chaleureux. Alexandre, il est vrai, avait pris soin de se faire accompagner de sa femme qui, par sa mère la reine Marie de Roumanie, née de Saxe-Cobourg-Gotha, était petite cousine de Boris III. Le roi de Bulgarie, de son côté, avait également contribué au réchauffement des relations bulgaro-yougoslaves en interdisant l'O.R.I.M. sur son territoire et en faisant saisir son armement. Il est plus que vraisemblable que la normalisation des rapports des deux pays, du fait du bouleversement des plans des fascistes italiens et des terroristes croates qu'elle provoquait, signa l'arrêt de mort du roi Alexandre.

Le 4 octobre 1934, Alexandre et Marie de Yougoslavie quittaient Belgrade pour embarquer, à Zelenika, sur le contre-torpilleur *Dubrovnik* qui devait les conduire à Marseille. L'état de la mer étant particulièrement mauvais, la reine Marie, qui craignait de ne pouvoir supporter la traversée, demanda au roi de retarder l'embarquement. Soucieux tout à la fois de ne pas désobliger les Français par un report inopiné de son voyage et d'accéder au vœu d'une épouse qu'il adorait, Alexandre, dont la courtoisie et la délicatesse étaient légendaires, prit la décision de ne rien changer à ses projets personnels, mais autorisa la reine à retourner à Belgrade puis à rallier la France par le chemin de fer. Ce contretemps imprévu devait apparaître ultérieurement comme un signe du destin.

Le drame de Marseille

Alexandre était heureux de se rendre en France. Cette visite d'Etat imposée par l'évolution de la situation politique dans les Balkans était aussi pour lui un voyage d'agrément lui permettant de renouer des amitiés anciennes. Lorsque le chargé d'Affaires de France à Belgrade, M. Knobel, vint le saluer à son départ, il échangea avec lui les propos suivants qui illustrent parfaitement ce climat cordial :

— Au nom du gouvernement français, je remercie Votre Majesté de l'honneur qu'elle fait à mon pays et lui souhaite un excellent voyage.

— Excellence, je me rends avec joie en France où je compte de nombreux amis.

— J'en connais au moins quarante-deux millions, Sire.

Les paroles du diplomate n'étaient pas de simple complaisance, mais exprimaient une réalité remontant à l'époque où le prince régent de Serbie, vaincu par les armées des Empires centraux, s'était offert à venir combattre sur le front de France avec les restes de ses troupes.

Le 8 octobre 1934, une escadre française composée du croiseur *Colbert*, du croiseur *Duquesne*, de trois torpilleurs, de trois contre-torpilleurs et de douze sous-marins se porta au-devant du *Dubrovnik* pour l'escorter jusqu'à Marseille. Le ministre de la Marine, Pietri, était à bord du *Colbert* et monta sur le navire royal pour présenter au monarque les hommages de la France.

Sur le quai des Belges, à Marseille, Louis Barthou, ministre des Affaires étrangères, accueillit le roi à son débarquement le 9 octobre à 16 heures. Des survivants français de l'Armée d'Orient formaient l'escorte d'honneur et Alexandre échangea avec ces anciens combattants quelques paroles amicales. Puis, le cortège officiel, le roi étant en automobile avec Louis Barthou et le général Georges, se dirigea vers le monument aux morts d'Orient en empruntant la Canebière. Soudain, au coin du square de la Bourse, un individu, bousculant le service d'ordre, se précipita vers l'automobile royale, monta sur le marchepied et tira plusieurs coups de feu. Alexandre s'affaissa immédiatement, mortellement blessé. Barthou, lui, avait été atteint au bras, et le général Georges à la poitrine. Avant que le service d'ordre n'ait eu le temps d'intervenir pour arrêter l'assassin, le lieutenant-colonel Piollet, qui chevauchait à la portière de l'automobile du roi, lui porta des coups de sabre qui le blessèrent grièvement. Comme il continuait cependant à se démener et à menacer de son arme, un fonctionnaire de police l'abattit. Il s'agissait d'un terroriste macédonien d'origine bulgare, Vlado Tchernozemsky, alias Petrus Kalemen, qui avait loué ses services aux Oustachis croates et à leur chef, Ante Pavelitch.

Le 9 octobre 1934, à 17 heures, Alexandre Ier de Yougoslavie expirait dans le cabinet du préfet de Marseille où il avait été transporté. Une demi-heure plus tard, Louis Barthou décédait à son tour à l'Hôtel-Dieu à la suite d'une hémorragie importante provoquée par l'extraction d'une balle.

Bien qu'il eût des conséquences moindres que celui de Sarajevo vingt ans plus tôt, l'attentat de Marseille frappa l'opinion publique qui y vit la marque d'une terrible fatalité s'acharnant sur les Balkans. La question qu'on se posa immédiatement fut de savoir si la Yougoslavie qui, d'une certaine manière, était née de l'assassinat de l'archiduc François-Ferdinand, survivrait à celui d'Alexandre Ier. A cette question, les terroristes croates avaient par avance répondu affirmativement, convaincus qu'ils étaient que la mort du roi-fondateur de la Yougoslavie entraînerait inéluctablement l'effondrement de son œuvre politique. Le pire n'étant jamais certain, ils furent heureusement démentis par l'Histoire.

Un roi de onze ans

Depuis la rentrée scolaire d'octobre 1934, le jeune prince héritier Pierre de Yougoslavie étudiait sagement dans un collège anglais du Surrey, à Sandroyd très précisément. En le quittant quelques semaines auparavant, son père lui avait dit : « Ces dernières années, j'ai été obligé de dissoudre le Parlement et de prendre des responsabilités étrangères à ma nature parce que l'unité du pays était en jeu. Mais ce n'est pas cela que je souhaite maintenant. Si l'évolution politique prend, comme je l'espère, une bonne direction, nous aurons chez nous, bientôt, une démocratie parlementaire comparable à celle de l'Angleterre ou de la Scandinavie. C'est pourquoi je t'envoie en Angleterre pour y faire tes études. » Ces paroles devaient rester pour Pierre II le testament politique d'un grand roi qui était aussi un père attentif.

Ce n'est pas un diplomate ou un ministre du gouvernement yougoslave qui vint quérir le nouveau roi en Angleterre mais sa grand-mère maternelle, la reine Marie de Roumanie, qui se trouvait à ce moment-là à Londres pour assurer la promotion du premier tome de ses Mémoires qui venaient de paraître. Faisant faux bond à son éditeur, la reine se rendit à Sandroyd, salua son petit-fils du titre de roi et l'emmena à Paris où sa mère était venue l'attendre. En effet, tandis que la dépouille d'Alexandre Ier était rapatriée en Yougoslavie sur le *Dubrovnik* escorté par une division de torpilleurs français dont le pavillon était en berne, la reine s'était rendue directement à Paris à la rencontre de son fils venant de Londres. Dans la capitale française, elle reçut les condoléances du président de la République Albert Lebrun, du président du Conseil Gaston Doumergue et de l'ensemble des ministres du gouvernement. Les Français, mortifiés de ce que le drame se soit produit sur leur territoire, étaient affreusement gênés devant la reine de Yougoslavie. Toutefois, comme le nota sa mère la reine Marie de Roumanie : « Le sang royal de Mignon s'est révélé dans ces terribles circonstances. Elle a été d'une grande dignité, pleine de compréhension pour le désespoir et l'humiliation du président Lebrun. »

Accompagné des deux reines, Pierre II rallia Belgrade par train spécial à travers la Suisse et l'Autriche. En gare de Ljubljana, il fut accueilli par une délégation du gouvernement et de la Skouptchina qui se joignit à son triste cortège en route vers la capitale. Arrivée à Belgrade, la reine Marie de Roumanie fut stupéfaite d'apprendre que, par testament royal, la régence de Pierre II était confiée non pas à sa fille, veuve du souverain, mais à un conseil présidé par le prince Paul de Yougoslavie, cousin d'Alexandre. Le prince Paul, ancien d'Oxford, homme raffiné et amateur d'art éclairé, fondateur d'ailleurs du musée de peinture moderne de Belgrade, était le fils du prince Arsène de Serbie, frère de Pierre Ier, et de la princesse Aurora Demidoff de San Donato. Figure parisienne bien connue, le prince Arsène de Serbie avait servi dans la Légion étrangère et traînait derrière lui une réputation flatteuse d'aventurier.

Il peut paraître surprenant qu'Alexandre ait exclu de la régence une femme qu'il adorait. On a beaucoup supputé sur cette affaire et l'on est souvent arrivé à la conclusion que la décision du défunt monarque avait pour but d'écarter de la politique yougoslave la reine mère Marie de Roumanie, dont le charisme et la personnalité auraient pu influencer sa fille. Sans doute, il n'est pas impossible qu'Alexandre ait été circonvenu sur ce point par son beau-frère Carol II de Roumanie qui, depuis toujours, proclamait haut et fort que sa mère était une ambitieuse et une faiseuse d'embrouilles. Pour un roi qui avait lui-même déserté en pleine guerre, insulté la mémoire de son père, détrôné son fils sans scrupule et donné à la monarchie roumaine une image pour le moins contestée, cette critique était assez mal venue. Alexandre y fut-il sensible et s'inquiéta-t-il de la malléabilité d'une épouse qui, de fait, avait conservé pour sa mère, la « Reine-Soleil », une admiration et une affection sans bornes ? L'hypothèse est plausible mais n'a jamais été confirmée par les archives privées ou officielles. En revanche, l'objectivité impose d'observer que le gouvernement direct des femmes n'était pas dans la tradition de la monarchie serbe et, qu'au contraire, le rôle que celles-ci avaient parfois joué dans le privé avait toujours été source de difficultés pour les souverains. Depuis l'intelligente reine Nathalie qui s'appuya sur le clergé et sur l'opinion pour s'opposer au divorce que voulait lui imposer son mari Milan Ier — et qui avait peut-être dans l'esprit de faire chasser le roi pour s'emparer de la régence —, jusqu'à la reine Draga qui, aux dires de ses ennemis, versait des philtres mystérieux dans la boisson d'Alexandre Ier Obrenovitch pour mieux tenir ce roi sous une tutelle à la fois sensuelle et politique, la réputation des souveraines de Serbie fut souvent extrêmement controversée. C'est donc sans doute là, plus que dans une prétendue méfiance d'un gendre pour sa belle-mère — dont rien ne prouve au demeurant qu'elle souhaitait jouer un quelconque rôle politique dans une Yougoslavie encore plus difficile à diriger que la Roumanie —, qu'il faut chercher la véritable raison de l'accession du prince Paul à la tête de la régence du royaume en octobre 1934.

Les Yougoslaves firent à leur roi des funérailles grandioses. La mort tragique d'un souverain de quarante-six ans, constamment et violemment attaqué par les séparatistes de tout bord, critiqué sans nuance pour le coup d'Etat de 1929 qui, pourtant, avait répondu à la nécessité d'éviter l'éclatement prématuré du pays, provoqua une émotion intense non seulement chez les Serbes, mais aussi dans le cœur de tous les Yougoslaves sincères. Pour un moment, cette émotion collective, accentuée encore par l'image fragile du nouveau roi à peine entré dans l'adolescence, apaisa les haines partisanes.

Pour un moment seulement, hélas, car à peine Alexandre était-il inhumé que les querelles reprirent en dépit des vœux de conciliation et de collaboration solennellement formulés par un prince régent dont le désintérêt pour la chose politique jusqu'à présent aurait dû pourtant apparaître comme un gage d'impartialité.

L'inconfortable régence

A l'exemple de la Roumanie qui, après la mort du roi Ferdinand Ier et lors du premier règne de Michel Ier, de 1927 à 1930, connut une régence de type collégial, la régence yougoslave fut confiée à trois hommes : le prince Paul, Ivo Petrovitch, gouverneur de la banovie de la Save, et Radenko Stankovitch, sénateur et ministre de l'Instruction publique. Ce système, qui s'était montré funeste à Bucarest, fut donc reconduit à Belgrade avec les mêmes inconvénients. Toutefois, alors qu'en Roumanie l'insignifiant prince Nicolas avait été incapable de s'imposer à ses deux corégents, en Yougoslavie, le prince Paul, plus sérieux, plus compétent et plus mûr, car il était âgé de quarante et un ans, réussit à devenir l'homme fort de l'exécutif. Si fort, du reste, que bien vite ses deux collègues disparurent dans les oubliettes de l'histoire et que la régence, en dépit de sa collégialité officielle, fut bien celle du prince. Dès lors, et comme ce fut le cas pour Alexandre à partir de 1929, Paul se retrouva en première ligne des attaques et des critiques suscitées par la politique gouvernementale.

Très vite, la valse des cabinets reprit. L'opposition croate, malgré sa compromission dans l'assassinat de l'ancien roi — compromission qui aurait justifié qu'elle se fasse discrète pendant quelque temps —, ne désarma pas et prétendit même que, pour se libérer du « joug serbe », la Croatie accepterait un protectorat allemand. On savait à Zagreb qu'Adolf Hitler, chancelier du Reich depuis 1933 et Führer du peuple allemand depuis la mort du maréchal Hindenburg en 1934, lorgnait avec appétit l'Autriche qui, géographiquement, n'était pas très éloignée de la Croatie, elle-même province austro-hongroise jusqu'en 1918.

Le gouvernement Jeftich se montrant incapable de dominer la situation intérieure, le prince régent, après les élections législatives de 1935, fit appel à un économiste serbe, Milan Stoyadinovitch, ancien banquier et homme de caractère. Séduit par l'ordre régnant à Rome et à Berlin, le président du Conseil, déjà naturellement enclin à l'autoritarisme, instaura une sorte de gouvernement d'exception cautionné par le prince.

Voulant lâcher un peu de lest du côté des Croates, Stoyadinovitch tenta de négocier avec le pape un concordat donnant satisfaction aux catholiques, notamment dans le domaine de l'enseignement. Immédiatement, cette initiative provoqua la colère des orthodoxes serbes. Un soulèvement eut lieu à Belgrade et l'Eglise orthodoxe menaça de frapper d'excommunication les députés et les membres du gouvernement si le concordat passait. Stoyadinovitch dut s'incliner et retirer son projet en juillet 1935, ce qui, bien entendu, irrita les Croates et les Slovènes de confession catholique.

Entravé à l'intérieur où il ne gouvernait que par un système de décrets-lois, Stoyadinovitch fut plus libre et plus actif en politique extérieure. Il consolida les rapports bulgaro-yougoslaves dont le dégel datait du règne d'Alexandre Ier, et signa même un traité d'amitié avec l'Italie en mars 1937. Si l'on songe que l'Italie fasciste avait été soupçonnée d'implication dans l'assassinat de Marseille et qu'elle avait donné fortement prise à ces soupçons en refusant d'extrader le terroriste croate Ante Pavelitch qui, commanditaire reconnu de cet attentat, s'était réfugié à Rome, on voit le chemin parcouru par la diplomatie yougoslave en trois ans à peine. Cela étant, le traité signé avec le comte Ciano en 1937 comme l'accord passé avec l'Allemagne en octobre 1938 pour favoriser les échanges commerciaux germano-yougoslaves marquaient une inquiétante dérive de la Yougoslavie vers les Etats totalitaires. Le prince Paul, quant à lui, avalisait au nom du jeune roi cette évolution rendue malheureusement en partie nécessaire par la faiblesse des démocraties occidentales.

Le régent, qui prenait de plus en plus goût au pouvoir, supportait de moins en moins son président du Conseil Stoyadinovitch qui avait, parfois, une fâcheuse tendance à le considérer comme quantité négligeable. Profitant du relatif échec du gouvernement aux élections législatives de décembre 1938, Paul limogea Stoyadinovitch devenu encombrant et le remplaça par l'insignifiant Dragicha Tsvetkovitch qui allait montrer plus de docilité à son égard. Plus grave encore, entrait dans le gouvernement avec le portefeuille de ministre des Affaires étrangères, Tzinkar Markovitch, jusque-là représentant du royaume à la légation de Berlin. Très introduit dans les cercles berlinois, Markovitch éprouvait certaines sympathies tant pour le IIIe Reich que pour Joachim von Ribbentrop, le brillant chef de la diplomatie hitlérienne. La nouvelle équipe gouvernementale ne pouvait donc qu'accentuer le phénomène de vassalisation de la Yougoslavie à l'Allemagne et à l'Italie.

A ce stade, il convient sans doute d'éclaircir la personnalité du régent. Le prince Paul, le fait est difficilement contestable, a couvert, et même grandement favorisé, le rapprochement de la Yougoslavie et des Etats totalitaires. Est-ce à dire qu'il éprouvait pour les régimes de ces pays des sympathies malsaines ? Cette accusation portée contre lui pendant et après la Seconde Guerre mondiale mérite d'être nuancée. En effet, le prince, comme du reste tous les souverains et hommes d'Etat balkaniques de la période 1936-1939, avait observé la montée en puissance militaire et diplomatique de l'Allemagne en même temps que l'effacement corrélatif des démocraties occidentales dans la région. La France et l'Angleterre étaient elles-mêmes d'ailleurs parfaitement lucides quant à leur absence de volonté d'intervention ou simplement de résistance à l'hégémonisme totalitaire. Partant de ce constat, le prince Paul ne pouvait que tenter de tirer son épingle du jeu et d'amortir les coups pour son pays, conscient que nulle aide sérieuse ne lui viendrait de Paris ou de Londres, alors que le danger germano-italien était d'une angoissante proximité. On notera, à ce propos, que le traité italo-yougoslave de 1937 fut encouragé par la France qui souhaitait que les questions pendantes entre les deux pays puissent se régler en tête à tête et que l'accord germano-yougoslave d'octobre 1938 fût la réponse presque immédiate de la Yougoslavie à la reculade des démocraties à Munich en septembre 1938. A partir de ce moment, le prince Paul, comme la plupart de nos alliés orientaux, prit acte de l'esprit de capitulation de Paris et de Londres, et en tira les inéluctables conséquences. Sachant, par ailleurs, que le vide laissé par la France et l'Angleterre en Europe orientale ne pouvait être rempli, en cas de défaillance de l'Allemagne, que par la Russie stalinienne, on mesure quelle pouvait être la marge de manœuvre des Etats balkaniques. Ce n'est donc point par goût mais par nécessité que le régent de Yougoslavie suivit une ligne politique qui devait un jour le conduire à sa perte.

La régence, il faut également lui rendre cette justice, ne réussit pas si mal dans son œuvre intérieure. Ainsi, le prince Paul, observant que l'opposition croate dirigée par Matchek ne pouvait être réduite constitutionnellement et qu'elle progressait de façon sensible lors des différentes élections législatives, tendit la main au leader de cette opposition en lui promettant d'aménager la constitution de 1931.

Matchek accepta la proposition de Paul et s'assit à la table des négociations. Cette collaboration aboutit à un compromis sur la question croate. Une banovine de Croatie fut créée, englobant non seulement la Croatie historique mais également une partie de la Bosnie-Herzégovine. Cette région bénéficiait d'une très large autonomie de gestion, Belgrade se réservant la politique extérieure, la défense nationale et les finances. Le roi de Yougoslavie était représenté à Zagreb par un gouverneur et celui-ci avait à ses côtés une assemblée croate élue au suffrage universel. Matchek, satisfait des résultats obtenus, entra dans le gouvernement Tsvetkovitch en qualité de vice-président du Conseil.

Il n'est pas douteux que les menaces extérieures pesant sur la Yougoslavie furent pour beaucoup dans l'émergence de cet esprit de conciliation qui anima le régent et le chef de l'opposition croate, et leur permit d'aboutir à un compromis honorable qui aurait pu servir de fondement à un royaume de Yougoslavie restructuré et mieux équilibré. Malheureusement, ce succès tardif des Yougoslaves sur eux-mêmes allait être anéanti par la Seconde Guerre mondiale.

L'ultimatum du Führer

Le pacte d'acier germano-italien de mai 1939 et le pacte germano-russe d'août 1939 furent les deux branches d'une tenaille destinée à arracher les chairs de l'Europe orientale. La Yougoslavie était particulièrement visée dans cette affaire dans la mesure où Hitler avait toujours affirmé qu'elle n'était qu'un Etat artificiel jailli du cerveau fumeux des plénipotentiaires de Versailles. Cette opinion du Führer — qui devait hélas triompher à la fin du XXe siècle — faisait peser une lourde épée de Damoclès sur le pays alors que, dans le même temps, Mussolini avait porté la guerre dans les Balkans en attaquant le royaume de Grèce en octobre 1940. Le Duce s'était lancé dans cette entreprise plus hasardeuse qu'il ne l'imaginait pour faire pièce aux conquêtes que son collègue de Berlin ne cessait d'accumuler en Europe. La guerre italo-grecque ne fut pas une partie de plaisir pour l'armée italienne. Les Grecs se défendirent comme des lions et repoussèrent les envahisseurs jusqu'en Albanie. A la fin de 1940 et au début de 1941, les troupes italiennes bloquées en Albanie durent elles-mêmes subir le siège de la vaillante armée grecque et l'idée d'une capitulation commença à circuler au sein de l'état-major.

C'est à ce moment-là qu'Hilter intervint. Soucieux de ne pas voir son allié italien sombrer dans le ridicule, le Führer résolut d'aller à son secours. Cependant, le chemin de l'Albanie passant par la Yougoslavie, il était impératif d'obtenir du régent Paul l'autorisation de transit sur son territoire de l'armée allemande. En février 1941, Hitler exigea que cette autorisation soit immédiatement accordée par Belgrade. Toujours plein de délicatesse, il précisa qu'en cas de refus la Yougoslavie serait purement et simplement rayée de la carte.

Contrairement à ce que l'on a parfois prétendu, Paul ne se précipita pas pour satisfaire les désirs du chancelier. Bien au contraire, il savait pertinemment que son peuple — au moins pour ce qui concerne les Serbes — n'accepterait pas qu'un soldat allemand posât ses bottes sur le sol de la patrie. Par ailleurs, marié lui-même à la princesse Olga de Grèce, nièce du roi Constantin Ier, il répugnait à prêter la main à une agression de l'Allemagne contre la courageuse petite armée de son cousin par alliance, le roi Georges II de Grèce.

Irrité par ces hésitations, le Führer convoqua le régent à Berchtesgaden le 5 mars 1941. Soumis à des menaces, le malheureux prince — qui dut à cet instant précis regretter d'avoir abandonné les arts pour la politique — fut traumatisé par la violence verbale de son interlocuteur. Homme sensible et raffiné, Paul fut incapable de résister et quitta le nid d'aigle les jambes flageolantes. A son retour à Belgrade, il donna son aval au gouvernement Tsvetkovitch pour qu'il engage la

Yougoslavie aux côtés des puissances de l'Axe. Le 25 mars 1941, c'était chose faite et le pacte de Vienne entérinait l'alliance du royaume et de l'Allemagne hitlérienne.

Pierre II aux commandes

Le 27 mars 1941, dès que la nouvelle du pacte de Vienne fut connue à Belgrade, le peuple se souleva. Au cri de « Vive le roi ! A bas les Allemands ! », les insurgés se portèrent vers le palais royal tandis que le patriarche de Serbie les exhortait en déclarant : « Si nous devons vivre, vivons en liberté ; si nous devons mourir, mourons pour la liberté ! »

Au sein de l'armée, l'insoumission était à l'ordre du jour. A l'initiative du général Dusan Simovitch, un coup d'Etat chassa le régent et proclama la majorité de Pierre II qui n'avait que dix-sept ans. Cette révolution de palais qui était un magnifique acte de résistance fut encouragée par les services secrets anglais sur l'ordre de Churchill qui s'apercevait enfin que les démocraties avaient laissé les Etats balkaniques sans défense. Le 30 mars 1941, le général de Gaulle salua la révolution de Belgrade par ces mots adressés au général Simovitch : « Au moment où la nation yougoslave, sous l'égide de son jeune roi et sous votre haute direction, vient d'affirmer avec fierté sa résolution de défendre son honneur et son indépendance, j'adresse, des champs de bataille d'Erythrée, au nom de tous les Français, le témoignage de ma sincère admiration pour Votre Excellence et d'ardente amitié pour la nation yougoslave. La nation française, malgré le silence d'un gouvernement soumis au contrôle de l'ennemi, évoque avec ferveur les glorieux souvenirs qui l'unissent à la Yougoslavie et espère plus que jamais en la victoire de la liberté. » Plus sobrement, Churchill déclara de son côté : « La Yougoslavie a retrouvé son âme. »

La fureur d'Hitler fut à son comble. Il reporta l'invasion de la Russie soviétique à une date ultérieure et résolut d'écraser la Yougoslavie sans plus tarder. Le 6 avril 1941, les troupes allemandes franchissaient la frontière yougoslave tandis que des escadrilles de bombardiers transformaient Belgrade en un champ de ruines. L'affolement général devant une réaction aussi violente et aussi soudaine comme la division de l'armée yougoslave où les éléments croates se montrèrent nettement moins résolus que les Serbes à combattre l'invasion firent que la résistance n'eut pas le temps de s'organiser immédiatement. Le 18 avril, la Yougoslavie était vaincue tandis que la Grèce, à son tour, mettait bas les armes. L'Angleterre, aux prises avec les Italo-Allemands en Tripolitaine, n'avait pu intervenir, à l'exception de l'envoi de quelques troupes qui opérèrent sur le sol grec.

Pierre II se réfugia par avion à Jérusalem puis, de là, rallia Le Caire et Londres. En Angleterre, il fut chaleureusement accueilli par Churchill et par son parrain le roi George VI. Son règne effectif avait duré trois semaines mais son activité politique ne cessa pas. Avec son aval, un gouvernement royal yougoslave en exil se constitua au Caire sous la protection de l'armée britannique.

Le démembrement de la Yougoslavie

Hilter tint parole. Dans son esprit, la Yougoslavie, née du Traité de Versailles, devait disparaître avec lui. Dès le 10 avril 1941, pour favoriser l'éclatement de l'armée yougoslave, il avait proclamé l'indépendance de la Croatie. La Serbie, quant à elle, fut occupée militairement.

Pour ne pas froisser les ambitions balkaniques de son compère de Rome, le Führer convint que le Monténégro serait rétabli dans ses frontières de 1914 et que la monarchie y serait restaurée sous protectorat italien. La Croatie, bien que proclamée indépendante sous l'autorité du fasciste Ante Pavelitch, assassin du roi Alexandre Ier par séides interposés, devait également entrer dans la zone d'influence italienne. Une monarchie devait y être instaurée et la couronne serait offerte à un prince de la famille royale d'Italie. La rive gauche du Danube fut annexée par la Hongrie, la partie orientale de la Macédoine par la Bulgarie, et le Banat, comme la Serbie, demeura sous administration militaire allemande. Enfin, la Bosnie-Herzégovine était attribuée à la Croatie et la Slovénie rattachée au Reich. Non entièrement satisfaite du protectorat sur le Monténégro et de l'accession au trône de Croatie d'un prince de la Maison de Savoie, l'Italie réclama et obtint encore l'annexion d'une partie de la côte dalmate ainsi que quelques îles sur l'Adriatique.

En fait, le royaume de Yougoslavie avait cessé d'exister. En droit, il survivait à Londres et au Caire, autour de son jeune roi et de son gouvernement en exil.

La résistance divisée

L'Histoire, dit-on, se répète et cela est bien souvent vérifié. Ainsi, sur le territoire de la Yougoslavie démembrée, allaient se renouveler avec une similitude troublante les querelles fratricides qui, au début du XIXe siècle, avaient opposé les résistants à l'occupation ottomane. A l'époque, deux groupes s'étaient formés : l'un dirigé par Karageorges ; l'autre par Miloch Obrenovitch. Cette concurrence avait ensanglanté la Serbie pendant un siècle et retardé la libération définitive du pays.

De la même manière, à partir de 1941, deux mouvements de résistance se constituèrent. L'un obéissant au roi légitime et dirigé par le colonel Draja Mihaïlovitch ; l'autre, composé de partisans communistes commandés par un certain Joseph Broz. D'origine croate, Joseph Broz, qui combattait en 1914 dans les rangs de l'armée austro-hongroise, avait déserté pour se rendre aux Russes sur le front de Galicie. En remerciement de cette trahison, les Russes, devenus bolcheviks, avaient converti à leur doctrine révolutionnaire ce déserteur intelligent et ambitieux qui ne demandait qu'à leur être agréable. Tout communiste qu'il fût, Broz avait sans doute étudié l'histoire des Slaves du Sud et appris qu'avec du courage, de l'audace et de la ruse un caractère trempé pouvait aussi bien réussir qu'un Karageorges ou un Miloch. Il suffisait de choisir son camp à bon escient, quitte à reprendre sa liberté, le pouvoir enfin obtenu. De fait, si la valeur de Joseph Broz ne saurait être objectivement contestée, en revanche on ne saurait nier que son patriotisme n'était absolument pas désintéressé.

Le colonel Mihaïlovitch, de son côté, n'avait aucune ambition personnelle. Fidèle à son roi et à son pays, il était avant tout un patriote. C'est lui, du reste, qui, le premier, organisa la résistance. Dès le mois de mai 1941, ses chouans, qu'on appelaient les Tchetniks, passèrent à l'attaque. Actions de sabotage et agressions des troupes d'occupation se succédèrent à un rythme accéléré. Sur l'ensemble du territoire de la Vieille Serbie, leur fief, les Tchetniks, qui se recrutaient essentiellement parmi les cadres militaires et administratifs de l'ancien royaume et qui étaient surtout d'origine serbe, développèrent une guérilla sanglante qui entraîna des représailles féroces de la part des Allemands.

Les communistes de Joseph Broz n'entrèrent, eux, dans la résistance qu'en juillet 1941, c'est-à-dire après l'invasion de l'U.R.S.S. par l'Allemagne hitlérienne. Broz, fidèle agitateur du Komintern, appela alors les Yougoslaves à la lutte contre l'occupant. Devenu « Tito », le chef de la résistance communiste fut un combattant actif , courageux et excellent tacticien. Autoritaire, détestant les compromis et les concessions, il s'afficha ostensiblement comme le seul dirigeant crédible de la résistance nationale — oubliant un peu vite qu'il n'avait engagé son action qu'après le 22 juin 1941 — et refusa de reconnaître l'autorité de quiconque au-dessus de lui. Sans même parler du roi qu'il ignorait superbement et du gouvernement yougoslave en exil qui ne l'intéressait guère, il montra assez rapidement, bien que devant tout à ses maîtres russes, un esprit d'indépendance à l'égard de Moscou. Cette attitude séduisit Churchill et agaça prodigieusement Staline qui, sans illusion, avait compris que son ancien agent jouait désormais sa carte personnelle.

Quoi qu'il en soit, Tito mena une guerre de partisans qui impressionna le monde entier par son efficacité. Les Anglais eux-mêmes, qui avaient pourtant accueilli Pierre II en chef d'Etat à Londres et qui, le 6 septembre 1941, pour les dix-huit ans du roi, avaient organisé un service d'action de grâces à la cathédrale Saint-Paul, durent convenir que, sur le terrain, en Yougoslavie, Tito menait le jeu. Cette opinion se confirma tout au long de l'année 1942, tandis que parvenaient à Londres certaines rumeurs faisant état de la compromission de plusieurs résistants tchetniks avec les troupes d'occupation. On affirma, notamment, que, par haine des communistes, des hommes de Mihaïlovitch avaient vendu aux Allemands des partisans de Tito. Fondées ou pas, en tout cas en apparence crédibles, ces accusations, jointes aux succès remportés par Tito sur le plan militaire, ruinèrent la réputation de la résistance royaliste. Le 6 juin 1943, l'état-major britannique porta un jugement sévère sur les Tchetniks : « Il est évident, d'après les renseignements dont dispose le ministère de la Guerre, que les Tchetniks sont irrémédiablement compromis par leurs relations avec l'Axe en Herzégovine et au Monténégro. Au cours des récents combats dans cette dernière région, ce sont les partisans, bien organisés, plutôt que les Tchetniks, qui ont immobilisé les forces de l'Axe. »

L'Angleterre lâche le roi

Cette opinion sans nuance a quelque chose du « Qui veut noyer son chien l'accuse de la rage ». Que les royalistes aient commis des erreurs, que leurs méthodes d'action aient connu des succès mitigés, que des actes de collaboration aient été perpétrés par certains d'entre eux est difficilement contestable. Pour autant fallait-il condamner en bloc tout le mouvement de résistance de Mihaïlovitch et était-il surtout vraiment indispensable de faire des partisans titistes des combattants de la liberté aux mains absolument propres ? Ce n'était pas en tout cas l'opinion de Staline qui, à la Conférence de Téhéran, en novembre-décembre 1943, se montra très irrité des louanges des Alliés occidentaux concernant Tito. Il alla même, et c'est un comble, jusqu'à rappeler aux Anglais et aux Américains qu'il y avait en Yougoslavie un autre mouvement de résistance avec lequel le gouvernement soviétique entendait conserver des liens.

Signalons à ce propos, comme l'a fait d'ailleurs l'historien John Lukacs, que Staline n'était pas viscéralement opposé aux monarchies balkaniques. Ainsi, dès 1940, il s'était montré disposé à accorder sa protection personnelle à la monarchie yougoslave et à la monarchie bulgare, et à interdire aux partis communistes locaux toute propagande antiroyaliste, pour peu que le régent Paul et le roi Boris III consentissent à se ranger, en cas de conflit avec l'Allemagne, aux côtés de l'U.R.S.S.

Il n'est pas impossible, en revanche, que l'évolution des Occidentaux, et surtout des Anglais, vis-à-vis de Tito, ait été dictée, justement, par l'indépendance que celui-ci manifestait à l'égard de Moscou. En tout état de cause, les Anglais ne pouvaient honnêtement prétendre soutenir à la fois Pierre II et Tito, puisque ce dernier, à la fin novembre 1943, avait dépossédé le gouvernement royal en exil de toute autorité sur le territoire yougoslave et avait interdit formellement au roi de rentrer dans son pays. L'intransigeance de Tito — encouragée par les prévenances excessives de Churchill et de Roosevelt — avait au moins le mérite de la clarté et obligeait chacun à prendre ses responsabilités.

Le 25 décembre 1943, M. Stevenson, ambassadeur britannique auprès du gouvernement royal yougoslave du Caire, télégraphia au Foreign Office : « Notre politique doit être basée sur trois facteurs nouveaux : les partisans seront les maîtres de la Yougoslavie. Ils ont une telle valeur militaire pour nous qu'il faut les appuyer à fond, en subordonnant les considérations politiques aux considérations militaires. Il est extrêmement douteux que nous puissions encore considérer la monarchie comme l'élément capable de faire l'unité de la Yougoslavie. » A partir de là, il est clair que la monarchie yougoslave était condamnée, même si Churchill feignit d'interpréter l'opinion de Stevenson comme une attaque dirigée contre le seul colonel

Mihaïlovitch, promu général par le roi, ce qui faisait encore peu de poids devant le « maréchalat » que Tito s'était attribué. Naïvement, sur les conseils des Anglais, le jeune Pierre II abandonna son vieux chouan, décidément « out of date », laissant ainsi le champ libre à un Tito bénéficiant de l'appui inconditionnel des alliés occidentaux.

Albion manifesta sa perfidie en laissant au roi de Yougoslavie une apparence de statut de chef d'Etat. Ainsi, le 20 mars 1944, trois mois après le télégramme assassin de Stevenson, le roi George VI d'Angleterre, entouré de tous les souverains européens en exil à Londres, assista au mariage de Pierre II avec la princesse Alexandra de Grèce, fille du défunt roi des Hellènes Alexandre Ier. Mieux encore, George VI fut le témoin du marié et mit à la disposition du jeune couple, pour sa lune de miel, le manoir de Sunningdale, proche du château de Windsor. Ces égards extraordinaires ont sans doute contribué à tromper le roi de Yougoslavie sur le sort que les Alliés réservaient à son trône et à endormir la vigilance de ses fidèles.

Le piège se referme

A la tête du Comité National de Libération et soutenu très ouvertement par les Alliés en dépit d'un Staline qui continua longtemps à faire la mauvaise tête, Tito resta maître du terrain. Cette position de force lui permit d'adopter une attitude plus souple vis-à-vis du gouvernement royal en exil, attitude à laquelle Churchill, gêné du lâchage effectif sinon officiel de Pierre II, le poussait. Le président du gouvernement royal, Ivan Choubachitch, rencontra ainsi à plusieurs reprises le maréchal avec lequel il signa, en août 1944, un accord prévoyant la poursuite de la lutte pour la libération du pays ainsi que le report du règlement de la question royale au moment de la paix définitive. Cet accord n'engageait Tito à rien du tout et lui permettait de donner aux Alliés l'illusion qu'il était un homme d'ouverture et prêt à tendre la main à ses adversaires de toujours. En revanche, le report du règlement de la question royale était un piège pour les royalistes puisqu'il entérinait un Etat de non-droit constitutionnel alors que la Yougoslavie n'avait pas cessé d'être une monarchie depuis 1918, et même depuis 1817 pour la Serbie. Le départ du roi au printemps 1941 n'avait pas été la conséquence d'un voeu populaire démocratiquement exprimé mais celle d'une invasion étrangère à laquelle la monarchie ne pouvait se plier. Dès lors, en faisant accepter l'idée à Choubachitch, en août 1944, que la question royale devait être évoquée et qu'elle le serait à la fin de la guerre, Tito, qui avait toutes les cartes en main, y compris la puissance militaire sur le terrain, jouait sur du velours.

Passée dans la sphère d'influence soviétique par les accords de Yalta de février 1945, la Yougoslavie, où l'Armée rouge était présente depuis la fin de 1944, tomba entièrement entre les mains des partisans de Tito. Celui-ci, très astucieusement, et pour ne pas froisser Churchill à qui il devait tant, forma le 7 mars 1945 un gouvernement provisoire dans lequel il confia au royaliste Choubachitch le portefeuille des Affaires étrangères. Par ailleurs, il accepta à Belgrade la présence de deux représentants du roi auxquels il imposa de se rallier au principe d'une Yougoslavie démocratique et fédérale. Tous les chefs politiques en exil comprirent que le piège allait se refermer sur eux et refusèrent de reconnaître le gouvernement provisoire qui, de fait, n'était pour Tito qu'un alibi démocratique lui permettant d'asseoir sa dictature.

Ce camouflage ne pouvait d'ailleurs tromper que ceux qui le voulaient bien puisque, dès le mois de mai 1944, une police spéciale pourchassait tous les opposants au parti communiste et que, le 25 août 1945, la liberté de la presse était sévèrement réglementée dans le sens que l'on imagine. Progressivement, du printemps à l'automne 1945, tous les secteurs clés du pays furent étatisés et la Yougoslavie devint un modèle de soviétisation rampante mais efficace.

Aussi, lorsque Tito décida d'organiser des élections générales le 11 novembre 1945, l'ancien royaume des Karageorgevitch était déjà en pratique une république socialiste. A Londres,

Pierre II se rendait parfaitement compte de la situation. Il refusa de cautionner la comédie qui était en train de se jouer à Belgrade et qui ne pouvait leurrer que des Occidentaux naïfs. Le roi rappela donc ses représentants auprès du gouvernement provisoire et s'abstint de participer à une campagne truquée. L'opposition ayant été muselée en Yougoslavie même, les communistes obtinrent 90 % des suffrages. Dans la foulée, le 29 novembre 1945, l'Assemblée constituante proclama la république et la déchéance des Karageorgevitch.

L'agent du Komintern devenu maréchal était désormais vainqueur sur toute la ligne et pouvait tranquillement travailler à se forger un royaume à sa mesure. Ayant remarquablement manœuvré entre Churchill, Roosevelt et Staline, il n'avait fait qu'une bouchée d'un jeune roi trahi par les Alliés au nom d'un abominable réalisme politique.

En juillet 1946, Tito, insensible aux appels à la clémence venus du monde entier, fit condamner à mort et fusiller le vieux général Mihaïlovitch. Il espérait ainsi effacer définitivement dans le cœur et la mémoire des hommes le souvenir d'un soldat loyal qui, pour Dieu, la Patrie et le Roi, avait été le véritable père de la résistance yougoslave.

4

Le royaume fantôme de Croatie (1941)

Alors que l'agression allemande était en train de se perpétrer en Yougoslavie au printemps 1941 avec la plus effroyable rigueur, l'Italie fasciste qui, jusque-là, n'était intervenue dans les affaires du royaume yougoslave que d'une manière souterraine en apportant un soutien financier et moral aux terroristes de Pavelitch, voulut sa part du butin. Oubliant un peu vite que l'intervention allemande était la conséquence du fiasco de ses troupes en Grèce et en Albanie, Mussolini, bombant le torse, réclama, lorsque la Yougoslavie fut à terre sans que les Italiens aient en quoi que ce soit contribué militairement à cet écrasement, des lambeaux de la chair encore sanglante du royaume des Karageorgevitch. Le démembrement de la Yougoslavie — son dépeçage serait d'ailleurs un terme plus exact — permit aux Italiens d'acquérir sans frais la Carniole avec Ljubljana, la majeure partie de la côte dalmate avec les ports de Zara et de Split, et un certain nombre d'îles stratégiques sur l'Adriatique.

Fascisme et couronnes

Poussant plus avant ses avantages, Mussolini, se rappelant au bon souvenir du commanditaire de l'assassinat d'Alexandre Ier qu'il avait préservé des foudres de la justice française et de la justice yougoslave avec une audace inouïe et l'absence de tout sens moral, imposa à Ante Pavelitch, devenu grâce à l'invasion chef d'un Etat croate indépendant, un traité de collaboration étroit. Pavelitch et ses Oustachis ne pouvaient faire moins que d'accepter ce carcan diplomatique et militaire de leur complice de Rome qui, en cas de refus, n'aurait certainement pas hésité à mettre sur la place publique les preuves formelles qu'il possédait de l'implication des terroristes croates dans le drame de Marseille. Du reste, et sans même parler de chantage, l'Italie ayant été la première à reconnaître l'indépendance de la Croatie le 16 avril 1941 — procédé inélégant visant à doubler Hitler qui, lui aussi, avait de l'amitié pour Pavelitch et ne cherchait qu'à lui exprimer sa sollicitude —, il était dans la logique des choses que le nouvel Etat se plaçât sous la tutelle du Duce.

Seulement Mussolini, tout dictateur qu'il fut, avait un roi. Et le petit Victor-Emmanuel III, roi de paille d'une Italie fasciste depuis 1922, ne voulait point se résoudre à rester dans l'ombre de son colossal président du Conseil. Le roi représentant encore quelque chose en Italie à cette époque-là, Mussolini avait conservé l'institution monarchique pour ne pas se mettre à dos, en plus de tous les autres, l'aristocratie, une partie de l'armée et le petit peuple royaliste.

Dès lors, s'il ne gouvernait pas l'Italie, Victor-Emmanuel III exigeait des compensations symboliques que lui offrait le Duce et qui satisfaisaient pleinement sa vanité de monarque frustré. Ainsi, il devint empereur d'Ethiopie puis, nous le verrons, roi d'Albanie, enfin, grâce à l'éclatement de la Yougoslavie, protecteur du royaume restauré de Monténégro. Peut-être parce que la Croatie eût paru de trop pour une aussi petite tête ployant sous tant de couronnes, Mussolini imagina, et Pavelitch acquiesça, d'ériger la Croatie indépendante en royaume et d'offrir ce nouveau trône, non au roi d'Italie, mais à son cousin le duc de Spolète, frère du duc d'Aoste.

Il est également tout à fait vraisemblable que Victor-Emmanuel III approuva cette judicieuse combinaison qui, en raison des mœurs cruelles des fascistes croates, pouvait être fatale à un prince de la branche cadette des Savoie. Cette branche cadette, plus connue sous le nom de Savoie-Aoste, avait, en effet, toujours donné des princes de qualité, hommes de cœur et fervents catholiques, qu'une partie non négligeable de l'opinion publique italienne jugeait — et juge encore du reste aujourd'hui en cette fin du xxe siècle — comme plus aptes et plus dignes de coiffer la couronne que les princes de la branche aînée.

Tomislav le Bref ou le Grand

L'heureux élu — si l'on peut ainsi s'exprimer — au trône de Croatie fut donc Aimon de Savoie-Aoste, duc de Spolète, fils d'Emmanuel-Philibert, duc d'Aoste, et de la duchesse, née princesse Hélène d'Orléans. Le prince, qui réunissait toutes les qualités des Savoie-Aoste et des Bourbon-Orléans — il était par sa mère le descendant de Louis-Philippe Ier —, méritait certainement mieux que la couronne de Croatie mais, avec ce sens du devoir qui anime sa race, il accepta le cadeau empoisonné qu'on lui faisait.

Le 18 mai 1941, le prince Aimon devint ainsi « Tomislav II, par la grâce de Dieu, roi de Croatie, prince de Bosnie et d'Herzégovine, voïvode de Dalmatie, de Tuzla et de Temun ». Cette titulature un peu pompeuse a cependant l'intérêt historique de montrer que les Croates, pour prix de leur amitié avec les puissances de l'Axe, avaient obtenu d'annexer à leur nouvel Etat la Bosnie-Herzégovine, superbe cadeau qu'on leur faisait de deux provinces qui jamais antérieurement n'avaient appartenu à la Croatie. Tomislav II, que Pavelitch aurait certainement souhaité ne pas voir débarquer si tôt, espérant même peut-être qu'il se contenterait d'un simple titre sur du papier, monta à Trieste à bord d'un sous-marin et émergea à Zara, sur la côte dalmate. Le nouveau roi voulait se rendre compte par lui-même — c'était la moindre des choses — de la situation de son royaume.

Il faut croire que ce monarque intelligent comprit très vite de quoi il retournait puisque, cinq jours après avoir débarqué, il remontait dans son sous-marin et disparaissait définitivement de l'horizon d'un royaume dans lequel il ne remit plus jamais les pieds.

Que s'était-il donc passé ? Rien que de très simple, en vérité. Tomislav II, après avoir pris divers contacts à Zara, s'était aperçu qu'on voulait se servir de lui et de son manteau royal pour couvrir les atrocités du régime fasciste et raciste que Pavelitch était en train d'instaurer en Croatie. De fait, épuration par la violence des populations non croates et conversion par la force des orthodoxes au catholicisme constituaient alors les lignes directrices de l'action gouvernementale des fascistes de Zagreb. Horrifié, le scrupuleux Tomislav crut pouvoir espérer l'aide de la hiérarchie de l'Eglise catholique pour ramener les Oustachis à des mœurs plus évangéliques. Il dut, là encore, déchanter en constatant qu'une grande partie du clergé catholique marchait derrière Pavelitch. Il est possible que de nombreux catholiques n'aient pas eu vraiment le choix, mais il n'en demeure pas moins que leur totale absence de résistance s'apparentait à une complicité objective.

Le roi Tomislav II retourna donc en Italie et, sans jamais renoncer à ses droits, retrouva la vie discrète dont il aurait certainement préféré ne jamais sortir. Un an plus tard, cependant, le destin frappa de nouveau à sa porte. En effet, la mort tragique en captivité de son frère aîné, le duc d'Aoste, commandant des armées italiennes en Afrique orientale et adversaire estimé des Anglais, en fit le chef de sa Maison et, partant, celui de la branche cadette de la dynastie italienne.

Si le règne fulgurant du duc de Spolète sur la Croatie justifie pleinement le nom de Tomislav le Bref, reconnaissons toutefois que celui de Tomislav le Grand conviendrait également à ce prince qui préféra s'abstenir de régner dans les circonstances qu'on a vues plutôt que de souiller son nom et les armes de sa famille dans d'abominables compromissions. Cet exemple est assez rare dans l'Histoire pour qu'il soit ici souligné.

Maison royale de Croatie
Savoie-Aoste

VICTOR-EMMANUEL II (1820 † 1878) roi de SARDAIGNE, puis roi d'ITALIE ← épouse en 1842 → ADÉLAÏDE de HABSBOURG (1822 † 1855) archiduchesse d'AUTRICHE

HUMBERT Ier
roi d'ITALIE en 1878
(1844 † 1900) ép. 1868
MARGUERITE
de SAVOIE-GÊNES
(1851 † 1926)

AMÉDÉE, duc d'AOSTE
roi d'ESPAGNE en 1870
(1845 † 1890) ép. 1) 1867
MARIA-VICTORIA DALLOZZO
(1847 † 1876) 2) 1888
LAETITIA NAPOLÉON
(1866 † 1926)

VICTOR-EMMANUEL III (1869 † 1947)
roi d'ITALIE, empereur d'ÉTHIOPIE,
roi d'ALBANIE, ép. en 1896
princesse HÉLÈNE de MONTÉNÉGRO
(1873 † 1952)

Branche aînée de la Maison de Savoie
(Royaume d'Italie)

EMMANUEL-PHILIBERT
duc d'AOSTE
(1869 † 1931) ép. 1895
HÉLÈNE D'ORLÉANS
(1871 † 1951)

VICTOR-
EMMANUEL
comte de TURIN
(1870 † 1946)

LOUIS
duc des
ABRUZZES
(1873 † 1933)

AMÉDÉE II, duc d'AOSTE
vice-roi d'ÉTHIOPIE
(1898 † 1942) ép. 1927
ANNE D'ORLÉANS
(1906 † 1986)

AIMON, duc d'AOSTE
TOMISLAV II, roi de CROATIE
(1900 † 1948) ép. 1939
IRÈNE de GRÈCE
(1904)

MARGUERITE
de SAVOIE-AOSTE
(1930) ép. 1953
ROBERT, archiduc
D'AUTRICHE-ESTE
(1915)

MARIE-CHRISTINE
de SAVOIE-AOSTE
(1933) ép. 1967
CASIMIR, prince des
DEUX-SICILES
(1938)

AMÉDÉE III, duc d'AOSTE
(1943) ép. 1964
CLAUDE de FRANCE
(1943)

AIMON, DUC D'APULIE
(1967)

5

Le royaume de Grèce au caprice des dieux (1832-1974)

« Belle Grèce ! Triste relique d'une grandeur disparue ! Immortelle, bien que tu ne sois plus ; et bien que tu sois tombée. Qui va se mettre à la tête de tes enfants dispersés ? Qui te délivrera d'un esclavage auquel tu n'es que trop habituée ? »

Lord BYRON (*Childe Harold*)

Contrairement à la Serbie dont l'invasion par les Ottomans avait commencé à la fin du XIVe siècle, la Grèce resta jusqu'à la chute de Constantinople une terre byzantine, à l'exception de quelques îles de la mer Egée, et surtout de la Crète, qui étaient des possessions vénitiennes.

1453 marqua donc véritablement le début de la conquête musulmane qui, progressivement, par voie terrestre et maritime, grignota le territoire grec. Au début du XVIe siècle, la Grèce tout entière était entre les mains du sultan qui, pourtant, ne put déloger les Vénitiens de Crète. Ce n'est qu'en 1669 que les soldats de la Sérénissime République mirent bas les armes après le siège de Candie qui dura vingt-deux ans.

Les Turcs, plus tolérants qu'on ne l'imagine en général, respectèrent la religion orthodoxe pratiquée dans le pays comme ils avaient d'ailleurs respecté le patriarcat de Constantinople, établi, avant comme après la conquête, dans le quartier du Phanar, au fond de la Corne d'Or.

De la sorte, c'est autour de l'Eglise orthodoxe que les Grecs se regroupèrent pendant la domination ottomane pour conserver leur identité religieuse et nationale. Cela était d'autant plus aisé que le clergé avait la haute main sur l'état civil et se trouvait soumis à l'autorité d'un patriarche dont la fonction était, en dehors des questions purement religieuses, de veiller au respect du statut personnel des chrétiens. Le patriarche, assisté du

Saint-Synode, était l'interlocuteur direct du Reis Effendi, gouverneur du sultan chargé des relations avec les roumis, c'est-à-dire les non-musulmans.

Si l'on observe, en outre, que les Grecs avaient pratiquement, dans leur pays occupé, le monopole du commerce sur terre et sur mer, et que dans certaines régions, en Morée par exemple, les communautés chrétiennes s'administraient elles-mêmes, on se dit que l'occupation turque devait être fort supportable et que les choses auraient pu durer encore plusieurs siècles sur ce mode.

C'était sans compter sur la Révolution française qui allait réveiller, ici comme ailleurs, les peuples endormis et leur inoculer le virus de l'émancipation. Ainsi, dès la fin du XVIIIe siècle, un patriote de Thessalie, Rhigas, avait composé un chant national commençant par ces mots : «Allez, enfants des Hellènes, le moment de la gloire est arrivé ». Jugé subversif, ce chant valut à son auteur réfugié en Autriche d'être livré au sultan qui le fit noyer en 1798.

Pourtant, l'exécution de Rhigas ne provoqua aucun soulèvement. Les sentiments républicains manifestés par les premiers patriotes grecs n'étaient pas, en effet, de nature à rassurer le clergé orthodoxe qui tenait le peuple en main et ne voulait pas se voir déposséder de son autorité. Dès lors, la situation n'évolua pas, quoique l'hellénisme fût renforcé par la disparition de la République de Venise et la création par la République française dans les îles Ioniennes, anciennes possessions vénitiennes, d'une République des Sept-Iles, embryon d'une Grèce indépendante.

La chute de Napoléon et l'occupation des îles Ioniennes par l'Angleterre devaient marquer la fin du mouvement libéral, ou du moins sa mise en sommeil provisoire. Du reste, dans une Europe qui, après trente ans de tourmente révolutionnaire, aspirait au calme et à l'ordre, les idées sulfureuses de liberté et d'émancipation n'avaient plus droit de cité. Ainsi, par crainte de voir le continent entrer de nouveau en convulsion, les souverains chrétiens d'Europe, unis dans la Sainte-Alliance, sauvèrent l'Empire ottoman et prolongèrent sa domination sur les nations chrétiennes des Balkans. Ils le firent avec une parfaite bonne conscience qui, d'une certaine façon, trouva sa justification dans ce jugement terrible que Chateaubriand avait porté sur les Grecs en 1807 : « Je crains bien que les Grecs ne soient pas sitôt disposés à rompre leurs chaînes. Quand ils seraient débarrassés de la tyrannie qui les opprime, ils ne perdront pas un instant la marque de leurs fers. Non seulement ils ont été broyés sous le poids du despotisme, mais il y a deux mille ans qu'ils existent comme un peuple vieilli et dégradé. »

Le fait est que le déclenchement de la guerre d'indépendance de la Grèce n'eut pas pour origine la volonté des Grecs de se soulever contre le sultan, mais un conflit opposant la Sublime Porte à Ali Pacha, gouverneur de Janina, qui administrait l'Epire. Musulman d'origine albanaise, Ali Pacha s'était bâti une sorte de petit royaume d'où il prétendait tisser des liens diplomatiques avec les Etats européens. Devant cette impudence, le sang du sultan Mahmoud II ne fit qu'un tour. Une expédition militaire fut chargée de réduire l'insolent pacha et de ramener sa tête à Constantinople.

Est-ce la crainte de voir à cette occasion l'armée ottomane rétablir sur l'ensemble de la Grèce une autorité singulièrement relâchée depuis le milieu du XVIIIe qui enflamma les esprits ? C'est vraisemblable. En tout cas, sentiment national ou manipulation d'une puissance extérieure — toutes les Grandes Puissances s'intéressaient à l'avenir de l'Empire ottoman en déclin et rêvaient secrètement de s'en partager les dépouilles —, l'entrée des troupes du sultan dans le nord de la Grèce provoqua en 1821 un soulèvement en Morée, c'est-à-dire dans le Péloponnèse, région au demeurant fort éloignée de l'Epire et n'ayant a priori rien à craindre de l'expédition punitive chargée de réduire l'orgueilleux pacha de Janina.

Deux hommes prirent la tête de l'insurrection : Monseigneur Germanos, évêque de Patras, et Théodore Kolokotronis, chef d'une bande de pillards devenus combattants de la résistance. Les armées des deux hommes, considérablement renforcées par un grand nombre de patriotes, firent leur jonction et s'emparèrent de Tripolitza, capitale de la Morée. Huit mille Turcs, hommes, femmes et enfants furent massacrés. Ce fut le début d'une véritable guerre d'extermination entre chrétiens et musulmans. Bientôt, toutes les provinces de Grèce, de la Thessalie à la Crète, entrèrent en rébellion, ce qui contraignit le sultan à réagir avec la plus extrême rigueur. Tandis qu'au début de 1822 une assemblée réunie à Epidaure proclamait l'indépendance et nommait président du gouvernement provisoire Alexandre Mavrocordato, un Grec de Roumanie, une armée de représailles, accourue de Constantinople, franchit les frontières de la Grèce et vint grossir le corps expéditionnaire envoyé en Epire contre Ali Pacha.

L'insurrection fut ainsi écrasée en Thessalie d'abord, en Morée ensuite, enfin dans les îles après cinq ans d'une lutte sans merci au cours de laquelle les massacres répondirent aux massacres. A Chio, en 1822, 25 000 chrétiens furent occis et 40 000 réduits en esclavage. Le massacre de Chio, dont Delacroix fit une toile fameuse, eut un retentissement énorme en Europe et obligea les Grandes Puissances à se préoccuper du sort de la Grèce. Néanmoins, les principes de la Sainte-Alliance interdisant de favoriser les mouvements insurrectionnels contre tous les pouvoirs légitimes, quels qu'ils fussent, et les Occidentaux craignant les ambitions du tsar Alexandre Ier qui, par ses agents Ypsilanti et Capodistria, tentait de récupérer la cause de l'indépendance grecque, l'Europe resta dans l'expectative. Au Congrès de Vérone, en décembre 1822, le principe de la non-intervention fut acquis. Le ministre des Affaires étrangères de France, qui n'était autre que le très légitimiste Chateaubriand, se désintéressa de la question grecque et préféra arracher aux Alliés leur consentement pour une intervention de la France en Espagne, afin de rétablir Ferdinand VII sur un trône dont les républicains l'avaient chassé.

Un royaume dans les limbes

L'inertie des Etats européens n'empêcha pas un vent d'enthousiasme de souffler sur les intellectuels du continent, qui, de

Byron à Victor Hugo en passant par Casimir Delavigne ou le roi Louis Ier de Bavière, célébrèrent l'héroïsme du peuple grec. Le roi de Bavière poussait d'ailleurs son amour de la Grèce jusqu'à transformer petit à petit, et au prix de sacrifices financiers considérables, sa capitale, Munich, en Nouvelle Athènes. Par ailleurs, des volontaires accoururent de toute l'Europe au soutien de la cause grecque, et si la mort de Byron à Missolonghi en 1823 est encore dans tous les esprits, peu de gens savent que c'est un Français, le général Fabvier, qui résista magnifiquement aux Turcs après s'être enfermé dans les murs de l'Acropole avec une poignée de combattants.

Ce climat finit par influencer les gouvernements qui ne peuvent rester perpétuellement insensibles aux mouvements de l'opinion. La chute de Missolonghi, puis celle d'Athènes en 1827 accentuèrent encore les pressions sur les chancelleries qui, à Paris, à Londres, à Vienne et à Saint-Pétersbourg commencèrent à s'interroger sérieusement sur la façon dont l'affaire de Grèce pouvait être réglée. Pour le tsar Nicolas Ier, successeur de son frère Alexandre, le destin de la Grèce était indissociable de celui de la Russie, protectrice des chrétiens orthodoxes et future maîtresse — du moins l'espérait-elle — de Constantinople et des Détroits. Le roi de France Charles X, quant à lui, après avoir refusé de s'engager et s'être violemment fait attaquer par les libéraux bien que son attitude, au demeurant, fût conforme à la tradition d'amitié existant depuis François Ier entre la monarchie capétienne et la Sublime Porte, modifia sa position et l'infléchit sensiblement en faveur des insurgés grecs. Le roi,confronté à une opposition intérieure sans cesse grandissante, pensa, en effet, qu'une intervention militaire française en Grèce pouvait détourner le pays des querelles partisanes et redonner un certain prestige à la dynastie. Du côté des Anglais, les choses étaient encore plus précises. Le cabinet britannique, résolu à entraver les ambitions du tsar sur Constantinople et les Balkans, et peu disposé à se voir distancer par les Français dans cette région stratégique de la Méditerranée orientale, imagina une Grèce autonome et monarchique dont le souverain, au moins théoriquement, resterait vassal du sultan.

S'épiant l'une l'autre, les Grandes Puissances, pour mieux se neutraliser, résolurent d'agir de concert. Ainsi, en riposte à la chute d'Athènes, une escadre anglo-franco-russe commandée par l'amiral de Rigny détruisit une partie de la flotte turque à Navarin, le 28 octobre 1827. Cet événement, vécu comme une nouvelle bataille de Lépante, renforça considérablement le prestige de Charles X. Paris illumina et l'opposition libérale applaudit une victoire qui, à ses yeux, rachetait l'attentisme du roi et effaçait l'impression désagréable qu'avait laissée l'intervention réactionnaire en Espagne.

Charles X, heureux de ce succès et, au fond, apaisé dans sa conscience de chrétien après avoir été déchiré pendant des années entre le respect d'une tradition d'amitié avec les Ottomans et le désir de voir les Grecs s'émanciper, poussa son avantage. En 1828, il envoya en Morée une mission militaire commandée par le maréchal Maison afin de libérer cette province. Cette initiative, qui irrita les Anglais, aboutit à chasser définitivement les Turcs du Péloponnèse et à créer l'embryon d'un Etat grec ayant Nauplie pour capitale provisoire. Aujourd'hui encore, un monument élevé par la Grèce reconnaissante aux libérateurs venus de France se dresse sur le port de Nauplie et voit défiler devant lui des Français indifférents à cet épisode pourtant glorieux de leur histoire.

Tandis qu'en Morée le maréchal Maison prenait ses quartiers et s'attachait à organiser la toute jeune armée grecque, des rivalités au sein de la résistance avaient porté au pouvoir Jean Capodistria, l'agent du tsar. Devenu président du gouvernement provisoire, celui-ci se fit remarquer par une attitude dictatoriale qui laissait mal présager de l'avenir de la Grèce libre. Pour l'Angleterre, la situation telle qu'elle se présentait à la fin de 1828 était tout bonnement inacceptable car elle risquait de ruiner l'influence britannique au profit de la France et de la Russie.

Dès lors,conférences diplomatiques sur conférences diplomatiques se succédèrent à Londres à un rythme accéléré de 1829 à

1830. Les Anglais firent prévaloir leur projet d'une Grèce autonome gouvernée par un prince chrétien tributaire du sultan. Cette solution avait l'immense avantage d'exclure le tsar des affaires de Grèce, mais ne pouvait absolument pas satisfaire les Grecs, peu soucieux de rester, même théoriquement, vassaux des Turcs. Il fallut donc revoir les copies de part et d'autre et, le 3 février 1830, les Puissances adoptèrent un protocole portant création d'un Etat grec, limité territorialement mais jouissant d'une totale indépendance. A la tête de cet Etat nouveau, un prince européen serait appelé à régner.

L'Europe à la recherche d'un roi

Capodistria feignit d'entériner les conclusions du protocole de Londres puisqu'elles avaient reçu l'aval du tsar qui en était cosignataire, mais mit tout en œuvre pour prolonger sa dictature.

Ainsi, lorsque la France et l'Angleterre crurent trouver le bon candidat au trône en la personne du prince Léopold de Saxe-Cobourg-Gotha, veuf de la princesse héritière Charlotte d'Angleterre, le projet échoua. Le prince, effrayé, semble-t-il, par les rapports qui lui étaient communiqués sur la situation intérieure de la Grèce décrite comme anarchique par les émissaires de Capodistria, se désista rapidement. Il est vrai qu'il avait également demandé la main de la princesse Louise d'Orléans, fille de Louis-Philippe, dans l'espoir de coiffer avec elle la couronne et que le refus qu'il essuya fut un motif supplémentaire d'accroître ses réticences. Cette affaire eut des répercussions internes en France où le roi Charles X reprocha amèrement à son cousin, le duc d'Orléans, d'avoir fait échouer le projet grec. Il est vrai que ce n'est pas sa fille que Charles voulait ainsi sacrifier mais celle de son cousin, et que ce cousin-là était viscéralement attaché à ses enfants.

Léopold défaillant, l'Europe resta perplexe. D'autres noms furent avancés pendant des mois par les chancelleries, tandis que le dictateur de Nauplie ricanait en pensant qu'il était incontournable. On songea même un moment à la candidature du duc de Reichstadt, fils de Napoléon Ier, qui, âgé de dix huit ans, était toujours enfermé dans sa prison dorée de Schoenbrunn. Le jeune prince, informé, se montra enthousiaste et son grand-père François Ier d'Autriche se serait sans doute laissé convaincre si le chancelier Metternich n'avait opposé un veto formel à ce projet. Metternich, en effet, ne pouvait imaginer sans une certaine angoisse l'Aiglon libéré de sa cage et volant, de coupole en coupole, des ruines du Parthénon aux rives du Bosphore. C'eût été l'aventure du premier Napoléon recommencée en Orient et menaçant de nouveau la paix de l'Europe.

Moins sulfureux que le romantique Napoléon II, le duc de Nemours, second fils de Louis-Philippe d'Orléans, devenu roi des Français en août 1830 après l'expulsion de la branche aînée des Bourbons, fut également pressenti. Le jeune prince avait été élu roi des Belges mais, pour ne pas froisser l'Angleterre, Louis-Philippe avait décliné cette offre et accepté l'accession au trône de Belgique de Léopold de Saxe-Cobourg-Gotha, ancien candidat à la couronne de Grèce qui, à l'évidence, avait préféré la morosité du ciel flamand à la luminosité du ciel grec. Il est vrai que Léopold avait fini par obtenir la main de Louise d'Orléans et que, de cette façon, la dynastie belge restait intimement liée à la Maison de France.Tout cela, naturellement, ne donnait pas un trône au jeune duc de Nemours qui, exclu de Belgique, allait l'être également de Grèce en vertu de cet accord non écrit des Puissances qui s'étaient moralement engagées à ne pas favoriser la candidature d'un membre de leurs familles régnantes.

Cette comédie royale dura près de deux ans. Enfin, en mars 1832, le choix du prince Othon de Bavière fut agréé par tous. La dynastie bavaroise était suffisamment illustre pour prétendre à une nouvelle couronne et d'une puissance assez modeste pour ne pas effrayer les grandes nations. Il était temps d'en finir car, en octobre 1831, Capodistria avait été assassiné, ce qui, on l'imagine, avait plongé la Grèce dans un beau chaos.

Agé de dix-sept ans, le prince Othon de Wittelsbach, qui ne

demandait qu'à vivre paisiblement dans sa Bavière natale, fut ainsi propulsé sur le trône de Grèce qui n'était pas précisément convoité à ce moment-là par des hommes soucieux de leur avenir politique. Othon n'avait dû cette faveur, si l'on peut dire, qu'à la réputation de son père le roi Louis Ier, amoureux de la Grèce antique avant que de l'être de la belle Lola Montès, et qui, à cause de cette passion obsessionnelle, avait transformé Munich en capitale du pastiche néo-classique.

Othon Ier et dernier

Comme il était un peu scabreux de sacrifier le bel adolescent bavarois au Minotaure grec, on attendit qu'Othon fêtât sa dix-huitième année pour l'envoyer dans son nouveau royaume. Il y parvint très exactement le 6 février 1833 et débarqua à Nauplie, toujours alors capitale de la Grèce. Le roi n'arrivait pas seul. En don de joyeux avènement, les Puissances avaient consenti au pays un prêt de soixante millions de francs-or et avaient légèrement amélioré le tracé de la frontière septentrionale du royaume. Othon lui-même s'était fait escorter par un état-major bavarois au grand complet et une troupe de 3 500 hommes. Le règne commençait donc par une sorte d'invasion étrangère qui ne pouvait qu'impressionner fâcheusement les quelques badauds venus accueillir leur monarque.

De fait, considérant que les Grecs étaient ingouvernables par eux-mêmes,Othon Ier et son conseil de régence bavarois présidé par le comte Von Armansperg — car, par prudence, on avait imposé au jeune roi une régence jusqu'à l'âge de vingt ans — établirent une administration civile et militaire typiquement allemande. La plupart des hauts fonctionnaires et officiers supérieurs ne parlant pas un traître mot de grec moderne qui, de fait, est une langue difficile, cette administration, coupée du peuple, apparut légitimement comme l'expression d'une occupation étrangère. Du reste, les anciens combattants grecs de la guerre d'indépendance ne se privèrent pas de clamer haut et fort qu'ils avaient été spoliés des fruits de leur victoire et que la Grèce orthodoxe était victime d'une supercherie diplomatique ayant abouti à substituer à la tutelle ottomane la domination d'une oligarchie germanique et catholique. La critique n'était pas absolument infondée, même si les agents de la Russie ne se privaient pas de grossir le trait. En quelques années, la Grèce, mal gérée financièrement, soumise au brigandage dans un certain nombre de régions, victime enfin de la mésentente des membres du conseil de régence, allait à vau-l'eau.

Devant cette situation catastrophique, Othon Ier, qui venait d'atteindre sa vingtième année, résolut en 1835 de frapper symboliquement les esprits en transférant sa capitale de Nauplie à Athènes. Le geste était beau mais insuffisant. Les Grecs voulaient plus. Le roi se sépara alors de ses ministres bavarois et appela au gouvernement des hommes politiques grecs. Cette révolution était cependant singulièrement édulcorée par le maintien dans l'entourage royal d'une coterie bavaroise qui contribuait à couper le monarque de son peuple. Pour sa part, Othon ne semblait pas vouloir sincèrement métamorphoser le prince allemand qu'il était de naissance en roi grec par le cœur et l'esprit.

Tout ne fut pas pour autant négatif dans les premières années du règne personnel d'Othon. Outre le fait qu'Athènes était désormais la capitale incontestée du royaume, le roi créa une gendarmerie, une organisation administrative avec préfets et sous-préfets, un Conseil d'Etat, une université à Athènes qui devint le foyer de l'hellénisme moderne, une banque nationale pour tenter de mettre un peu d'ordre dans les finances constamment obérées du pays. Ces réformes auraient pu permettre de fonder un Etat fort, mais c'était sans compter sur les querelles intestines et les interventions extérieures incessantes. Chaque grande puissance avait un parti politique grec à sa solde et, par son intermédiaire, influençait le cours des événements et l'action gouvernementale en sa faveur. La Russie soutenait le parti orthodoxe auquel avait appartenu Capodistria et qui se recrutait essentiellement en Morée ; la France finançait le parti de Colettis qui régnait en Grèce centrale ; enfin, l'Angleterre appuyait le parti de Mavrocordato dont l'autorité s'étendait sur les îles grecques.

A partir de 1840, ces trois partis, alors adversaires les uns des autres, commencèrent à s'unir dans l'opposition au roi. Le parti orthodoxe réclamait un changement de dynastie et l'accession au trône d'un prince de sa confession ; les partis francophile et anglophile, nettement plus libéraux, voulaient imposer au roi une constitution. Les choses en seraient peut-être restées là si, en 1843, l'Angleterre et la Russie n'avaient pas exigé soudain qu'on leur versât immédiatement les intérêts de l'emprunt si généreusement consenti par les Puissances à la Grèce lors de l'accession au trône d'Othon. Incapable de rembourser l'emprunt ou de payer les intérêts demandés, le roi dut licencier ses troupes bavaroises. C'est précisément ce qu'espéraient les chefs militaires grecs qui complotaient dans l'ombre. Le 14 septembre 1843, le premier coup d'Etat militaire de la Grèce moderne contraignit le roi à confier le gouvernement au chef du parti russe, André Metaxas, et à promettre une constitution libérale. Ces deux conditions imposées au souverain montraient sans ambiguïté que le programme politique du putsch avait été élaboré par les trois partis de l'opposition dynastique.

En mars 1844, la Grèce était dotée d'une constitution établissant un ministère responsable et un parlement bicamériste comprenant une Chambre des députés élue pour trois ans au suffrage universel et un Sénat nommé par le roi. Othon se plia loyalement à la nouvelle règle institutionnelle, mais son isolement était tel qu'on peut se demander s'il avait objectivement un autre choix.

Pour comble de malchance, la dynastie grecque ne prospérait pas. Othon avait épousé en 1836 la princesse Amélie d'Oldenbourg, mais ce mariage n'avait pas donné d'enfants. Il ne devait, du reste, jamais en donner. Il est délicat de tenter d'expliquer une stérilité si néfaste pour un fondateur de dynastie. Selon certaines rumeurs, peut-être malveillantes, Othon aurait eu pour les femmes le même détachement que son neveu Louis II de Bavière. Quoi qu'il en soit, il faut bien convenir que ce fut catastrophique pour sa couronne. Roi sans héritier, et donc sans avenir, il ne pouvait durablement s'inscrire dans le destin de la Grèce. Ses ennemis exploitèrent cette faiblesse sans aucun ménagement.

Othon chercha pourtant, lors de la guerre de Crimée, à retrouver le cœur de son peuple en se rangeant aux côtés de la Russie. L'idée du roi était qu'en cas de défaite infligée à la Turquie par l'alliance russo-grecque, son pays pourrait libérer les provinces de Thessalie, d'Epire, de Macédoine, de Thrace et de Crète toujours occupées par le sultan et les annexer. Cependant, comme ces ambitions contrecarraient les desseins de la France et de l'Angleterre qui ne voulaient pas le démembrement de l'Empire ottoman — en tout cas un démembrement qui mettrait Constantinople sous contrôle russe —, Othon se heurta à ces deux puissances. En mai 1854, des troupes françaises débarquèrent au Pirée tandis que la flotte anglaise bloquait le port. Ce n'était pas la première fois qu'une telle chose arrivait et en 1850, déjà, la flotte de Sa Gracieuse Majesté était intervenue au Pirée pour venger l'affront qu'avait constitué pour le Royaume-Uni, selon l'opinion de son gouvernement, la destruction de la maison et des entrepôts d'un Juif portugais, Pacifico, qui était également sujet britannique. Ces méthodes coloniales manifestaient le mépris des Grandes Puissances pour les nations de second rang qui, quoique européennes et chrétiennes, n'étaient pas mieux traitées que n'importe quel territoire d'Afrique ou d'Asie.

Français et Anglais imposèrent à Othon un gouvernement dont le chef fut Alexandre Mavrocordato dont la politique était plus conforme à leurs vues. Cette reculade du roi, imposée par la présence des baïonnettes étrangères, ruina sa réputation. Après que la Russie eut été vaincue dans la guerre de Crimée, l'opinion reprocha à Othon son manque de courage face aux Français et aux Anglais. Il avait ainsi, disait-on, laisser échapper l'occasion d'agrandir le royaume par la libération des provinces irrédentistes. La critique était sans doute aisée, surtout de la part d'un peuple et d'une classe politique qui n'aimaient guère leur roi, mais elle porta en dépit de ce qu'elle avait de profondément injuste. Jamais Othon ne put remonter dans l'estime de ses sujets et le Congrès de Paris de 1856 qui, améliorant le sort de certains Etats balkaniques comme la Roumanie et la Serbie, laissait de côté la Grèce, marquait aux yeux de tous l'échec irrémédiable d'un règne.

Dès lors, Othon, pour ainsi dire, se traîna jusqu'à sa perte. En 1857, il fit preuve d'autorité pour imposer un cabinet dirigé par Miaoulis qui avait sa confiance. Ce gouvernement dura près de cinq ans grâce, notamment, à la concussion électorale. De plus en plus seul, perpétuellement attaqué à l'intérieur, lâché par la France et l'Angleterre qui ne lui avaient pas pardonné son attitude prorusse en 1854, Othon Ier, complètement aigri, fut emporté par un coup d'Etat militaire le 10 octobre 1862. Sans manifester la moindre velléité de résistance, il quitta son royaume sur une corvette anglaise en emportant, dit-on, la couronne. L'anecdote est peut-être exacte dans la mesure où Othon refusa d'abdiquer. Ce fut le dernier geste de fierté du premier roi de Grèce qui acheva sa vie cinq ans plus tard dans sa Bavière natale sans jamais regretter, en apparence du moins, un trône qu'il avait tout de même occupé pendant trente ans. Ne laissant aucun héritier, Othon vit finir avec lui la Première Maison royale de la Grèce moderne.

Un Viking sur l'Olympe

La chute d'Othon étant à peine consommée, M. Bourée, ministre de France à Athènes, manda à Paris : « La question de la succession va occuper beaucoup. La dynastie bavaroise est jetée par-dessus bord. A qui devra échoir la couronne de Grèce ? La Suède n'a rien, le Danemark moins encore, l'Allemagne est enveloppée dans l'aversion qu'on porte à la Bavière, je ne vois que la Belgique ou l'Italie. » Notre diplomate faisait ainsi une assez bonne analyse mais un mauvais pronostic.

Comme en 1830-1832, plusieurs candidats furent pressentis. Le duc de Leuchtenberg, parent du tsar Alexandre II, fut écarté ainsi que le prince Alfred, duc d'Edimbourg, second fils de la reine Victoria, en vertu de ce même engagement moral qui, en 1831, empêcha le duc de Nemours d'accéder au trône de Grèce. La chose fut d'autant plus sévère pour le prince Alfred d'Angleterre qu'il avait été plébiscité par les Grecs. En effet, ceux-ci, sur 245 000 suffrages exprimés, lui avaient accordé 230 000 voix. Il est vrai, toutefois, que le vote n'était pas dénué de calcul dans la mesure où les Grecs pensaient qu'en élisant le fils de la reine Victoria ils seraient récompensés par la cession à leur pays des îles Ioniennes, colonie anglaise depuis 1815. Cela étant, le prince Alfred ne sortit pas tout à fait de l'histoire balkanique et de l'histoire dynastique de la Grèce puisque sa fille Marie devint reine de Roumanie et que ses petits-enfants, Elisabeth et Carol de Roumanie, épousèrent plus tard Georges II de Grèce et sa sœur Hélène.

Le choix du nouveau monarque s'arrêta en 1863 sur la personne du prince Guillaume de Schleswig-Holstein-Sonderbourg-Glucksbourg qui, comme son nom ne l'indique pas, était prince de Danemark, second fils du prince héritier Christian, cousin du roi Frédéric VII, et de la princesse Louise de Hesse-Cassel. Guillaume, né en 1845, était donc âgé de dix-huit ans et se préparait à faire carrière dans la marine royale danoise. Il n'apprécia guère le cadeau qu'on lui faisait et, soutenu par son père qui, sachant les déboires du roi Othon, ne voulait pas voir son fils confronté à des difficultés identiques, renâcla.

C'était sans compter sur le mauvais caractère du vieux roi Frédéric VII pour qui le choix des Puissances et de la Grèce était un honneur fait à sa maison. Le roi de Danemark convoqua le prince héritier Christian et lui déclara fermement : « Si vous n'autorisez pas votre fils à accepter ce trône, moi, je vous fais fusiller ! » Dans l'impossibilité de résister à un argument aussi fort, Christian s'inclina et fit savoir à son fils qu'il ne formerait pas d'opposition à la décision qu'il prendrait. Guillaume, se faisant toujours tirer l'oreille, fut également convoqué par Frédéric VII qui lui laissa très exactement une heure de réflexion. A l'issue de ce court délai, le jeune prince acquiesça à la volonté du roi et se résigna à quitter l'uniforme d'officier de la marine danoise pour coiffer l'instable couronne de Grèce. L'autorité de Frédéric VII était d'autant plus délicate à contester que le prince héritier Christian n'était que son cousin et qu'on pouvait toujours craindre qu'une lubie du vieux roi ne vienne modifier l'ordre de succession au trône de Danemark. Ce fut de justesse d'ailleurs que les choses se passèrent puisque Guillaume devint roi de Grèce officiellement le 31 octobre 1863 et que son père succéda à Frédéric VII le 15 novembre de la même année sous le nom de Christian IX. A Copenhague, la vieille dynastie d'Oldenbourg, sur le trône depuis 1448, laissait ainsi la place, sans accroc, à la dynastie de Schleswig-Holstein-Sonderbourg-Glucksbourg, plus simplement appelée dynastie de Glucksbourg.

Blond, de très haute taille, Guillaume de Danemark possédait un type scandinave très marqué. Pouvant difficilement passer pour un Grec, il fit un effort de naturalisation en changeant son prénom trop germanique en celui de Georges, beaucoup plus orthodoxe. De la sorte, Guillaume, toujours aussi blond et toujours aussi grand, devint Georges Ier de Grèce mais conserva cependant sa foi luthérienne.

Le règne de Georges Ier commença sous de bons auspices car l'Angleterre, satisfaite de ce monarque qui, par un heureux hasard, était le frère de la princesse de Galles, Alexandra de Danemark, épouse du futur Edouard VII, offrit à la Grèce sa belle colonie des îles Ioniennes avec sa perle, l'enchanteresse Corfou. Ce geste fut particulièrement apprécié par le peuple grec qui, vivant depuis 1830 dans un royaume territorialement exigu, aspirait à des espaces plus vastes. Dès lors, si Albion perdait une colonie — goutte d'eau dans son vaste empire —, elle gagnait la sympathie des Grecs et la reconnaissance de la nouvelle dynastie.

L'accession au trône de Georges ne produisit pourtant pas de miracle sur le plan intérieur. La crise politique endémique qui sévissait depuis les dernières années du règne d'Othon s'aggrava au point que les députés, craignant pour leur sécurité, siégeaient au parlement avec pistolets et poignards à la ceinture. Ce n'est certes pas leur nouveau roi qu'ils craignaient mais l'espèce de vendetta qui s'était établie au sein des partis politiques. On pensa remédier à cette situation anarchique par le traditionnel remède miracle des démocraties : l'élaboration l'une nouvelle constitution. Celle-ci vit le jour en 1864 et, supprimant les deux chambres fonctionnant sous le précédent règne, institua une assemblée unique élue au suffrage universel pour quatre ans. La liberté de la presse fut également proclamée, ce qui, chez un peuple réputé pour son goût de la dialectique et de la polémique, allait engendrer les excès que l'on imagine. Pour le roi Georges, la nouveauté fut que sa titulature fût modifiée. Désormais, il n'était plus « roi de Grèce » mais « roi des Hellènes », dénomination inspirée de la Monarchie de Juillet et qui avait été adoptée en Belgique.

Naturellement, la nouvelle constitution ne changea strictement rien à la vie politique grecque. Les gouvernements se succédèrent à un rythme effréné et le royaume connut seize cabinets en dix-huit mois, de 1865 à 1866, ce qui, vraisemblablement, doit constituer un record historique. Pour ajouter encore au climat ambiant, chaque équipe ministérielle révoquait les hauts fonctionnaires qui ne partageaient pas sa sensibilité, provoquant ainsi la désorganisation administrative du pays.

Averti par le mauvais exemple de son prédécesseur, Georges Ier ne chercha nullement à imposer sa vision des choses à un peuple si mouvant et, se tenant sur une réserve au demeurant très scandinave, se contenta d'observer avec flegme le déroulement des événements. Dès lors, régnant mais ne gouvernant pas, il fut un monarque très convenable mais tout de même un peu distant pour une Grèce dont, au fond, il devait condamner l'excessive fébrilité, si éloignée de son propre tempérament d'homme du Nord. En revanche, il s'investit totalement dans sa vie de famille qui, pour lui, avec la neutralité politique, représentait le bonheur absolu.

Fin diplomate malgré tout et se sachant trop marqué du côté de l'Angleterre, il fit un pas vers la Russie en épousant en 1867 la grande-duchesse Olga, fille du grand-duc Constantin et nièce du tsar Alexandre II. L'union d'un monarque grec de confession luthérienne avec une princesse orthodoxe russe fut une excellente initiative, non seulement parce qu'elle satisfaisait le tsar, aussi intéressé que ses ancêtres aux affaires balkaniques, mais également parce qu'elle devait permettre de transformer progressivement une dynastie étrangère en une dynastie nationale par l'adoption d'une religion professée par l'immense majorité du peuple grec.

Le couple royal donna naissance à sept enfants qui furent successivement : le prince Constantin en 1868 ; le prince Georges en 1869 ; la princesse Alexandra en 1870 ; le prince Nicolas en 1872 ; la princesse Marie en 1876 ; le prince André en 1882 — André sera le père du duc d'Edimbourg, époux de la reine Elisabeth II d'Angleterre — ; enfin, le prince Christophe en 1888. Le prince Constantin, héritier du trône, porta le nom de diadoque, équivalent de dauphin en France, et le titre charmant de duc de Sparte que le rieur Offenbach n'aurait pas désavoué. Cette importante famille, par les soins qu'elle demandait, faisait du roi un homme fort occupé. Exclu du gouvernement de la Grèce par choix personnel, Georges gouverna ses fils et ses filles avec une autorité confinant parfois au despotisme. Par ailleurs, son rigorisme luthérien — rigorisme très atténué, dit-on, lors de ses escapades en France — maintenait ses proches dans une atmosphère un peu rigide que la religiosité et les bonnes œuvres de la reine Olga, sans cesse occupée de ses popes et des malades de son hôpital, ne parvenaient pas à assouplir. On pensera sans doute qu'entre un roi qui ne se mêlait de rien sur le plan politique et une reine qui fuyait les obligations officielles, les Grecs avaient hérité d'une bien étrange famille royale. Néanmoins, contre toute attente, ce style effacé plut manifestement puisque Georges et Olga régnèrent fort longtemps sans susciter la moindre opposition dynastique. Il est vrai aussi que le roi, par sa prestance physique comme par sa réserve un peu distante, imposait à tous et que son allure donnait à la démocratie grecque une distinction dont elle manquait singulièrement par ailleurs.

Le royaume entravé

A sa naissance, en 1830, la Grèce s'étendait sur une superficie de 47 600 km^2 et son peuple représentait 752 000 âmes. Ce pays, qu'on a pu qualifier d'enclave dans l'Empire ottoman, était en réalité loin de réunir tous les territoires et populations d'origine hellénique. Dès lors, les aspirations nationales du nouveau royaume allaient perpétuellement tendre à un expansionnisme qui, dans le contexte balkanique de l'époque, ne pouvait qu'inquiéter les Grandes Puissances.

De la sorte, à chaque fois que la Grèce voulut modifier en sa faveur les frontières héritées de la guerre d'indépendance, elle trouva des obstacles à Paris, Londres ou Vienne. La difficulté était toujours la même : l'Europe craignait qu'un démembrement trop précipité de l'Empire ottoman ne favorisât outrageusement la Russie et ne la fasse maîtresse de Constantinople et des Détroits. En fait, la seule fois où la Grèce obtint un accroissement territorial non conflictuel, ce fut lors de la cession des îles Ioniennes par l'Angleterre en 1864 à l'occasion de l'accession au trône de Georges Ier. Par la suite, il n'y eut plus rien de tel.

En 1866, la Crète, toujours occupée par les Turcs, se souleva. Un comité insurrectionnel se constitua et exigea des concessions libérales de la part de la Sublime Porte. Le sultan ayant refusé avec hauteur de céder à la pression populaire, une révolte générale embrasa l'île et les Crétois proclamèrent unilatéralement l'union à la mère patrie grecque. Des renforts accoururent de Constantinople pour mater la rébellion. La normalisation fut si féroce que 60 000 Crétois s'enfuirent de l'île et affluèrent au Pirée. L'atmosphère était particulièrement enflammée à Athènes où l'opinion réclama une intervention militaire tandis que des volontaires et des armes partaient vers la Crète pour secourir les combattants. Tous les Grecs s'unirent dans cette grande cause patriotique et Georges Ier, considérant que sur ce terrain-là il pouvait sortir de sa réserve habituelle, prit courageusement le parti de son pays auprès des Puissances et laissa se développer le sentiment interventionniste du peuple. C'était un faux pas car il reçut un avertissement sévère du sultan comme des chancelleries européennes. La révolte crétoise était condamnée à cet instant et, de fait, les Turcs imposèrent de nouveau leur autorité sur l'île. Sous la pression des Anglais et des Français, ils durent toutefois accepter une certaine représentation des populations chrétiennes et reconnaître le grec comme langue officielle de la Crète.

L'échec du soulèvement crétois mécontenta les Grecs qui manifestèrent leur mauvaise humeur en s'attaquant aux étrangers et aux intérêts qu'ils avaient dans le pays. Des entreprises furent confisquées arbitrairement et l'on vit même des diplomates européens pris en otages par des bandes armées.

Lors de la crise de 1877-1878, la Grèce tenta de rejoindre l'alliance russo-roumaine qui combattait la Turquie mais en fut de nouveau empêchée par les Occidentaux. Cette fois-ci, pourtant, ce ne fut pas seulement une mise en garde diplomatique qui la retint comme en 1866 ou une intervention militaire comme en 1854, mais le refus des Grandes Puissances de lui consentir un prêt pour son armement. La situation financière du pays étant catastrophique depuis l'indépendance pratiquement, tant en raison de l'instabilité gouvernementale chronique que du coût élevé de la modernisation d'un territoire, que des siècles de domination ottomane avaient laissé sans infrastructures, il était impossible à la Grèce de financer une guerre extérieure. Le résultat de cette abstention fut que le Congrès de Berlin de 1878, chargé de liquider diplomatiquement le conflit russo-turc, fut aussi stérile pour la Grèce que le Congrès de Paris de 1856. Les Grecs n'obtinrent aucun avantage territorial mais les Puissances, craignant une déstabilisation du pays, promirent une médiation en cas d'échec des négociations bilatérales entre Athènes et Constantinople sur d'éventuelles rectifications de frontière. Ces négociations ayant effectivement échoué à cause de l'entêtement des Turcs et des exigences exorbitantes des Grecs, une conférence internationale fut réunie en 1881 et donna en partie satisfaction à la Grèce en repoussant plus au nord la frontière de Thessalie. Le royaume s'enrichissait ainsi de 36 000 habitants supplémentaires.

Le roi Georges ne fut certes pas pour rien dans ces succès modestes mais réels. Sa qualité de protégé de l'Angleterrre et de beau-frère du prince de Galles, comme celle de fils de Christian IX de Danemark dont la postérité commençait à peupler un grand nombre de cours européennes, lui permit d'intervenir avec une efficacité renforcée encore par l'extrême discrétion qu'il y mettait. Par ailleurs, le fâcheux précédent du roi Othon dont la réputation fut ruinée dans le peuple à cause des Puissances qui l'avaient empêché de s'engager dans la guerre de Crimée incitait le cabinet britannique à agir avec prudence et modération pour ne pas hypothéquer l'avenir de la monarchie grecque.

Quoi qu'il en soit, l'opinion ne se satisfit pas des acquis territoriaux limités de 1881 et une rancune tenace contre les Occidentaux persista longtemps à Athènes. La Grande Grèce n'était pas faite, loin s'en faut, mais son édification restait un but à atteindre et la seule cause, en définitive, qui permettait d'unir un peuple si divisé de nature.

D'espoirs en défaites

Sur le plan intérieur, la situation ne s'améliora guère. Un état permanent d'agitation persista ainsi que le désordre des finances publiques. Tandis que le roi restait sur son quant-à-soi et disparaissait de plus en plus fréquemment pour effectuer des voyages à l'étranger, en France surtout, à Paris pour son agrément et à Aix-les-Bains pour ses rhumatismes, deux hommes de talent mais d'une inégale valeur, Charilaos Tricoupis et Théodore Delyannis, se partagèrent le pouvoir à Athènes. De 1882 à 1898, ils se succédèrent avec une constante régularité à la tête du gouvernement. Tricoupis, laissant provisoirement de côté les rêves nationalistes, s'attacha à développer l'ensemble du territoire par de grands travaux dont le plus spectaculaire fut sans aucun doute le percement de l'isthme de Corinthe par une compagnie française. Il étendit également le réseau ferroviaire et assécha les marais pour combattre le paludisme. Voulant retrouver la confiance des pays étrangers, il fit appel au concours d'experts français, britanniques et allemands qui, dans tous les domaines, et particulièrement dans celui des finances, lui prodiguèrent des conseils plus ou moins avisés, comme celui d'augmenter les impôts, éternelle panacée des gouvernements sans imagination. C'est d'ailleurs cette épineuse question qui valut à Tricoupis d'être à plusieurs reprises renversé par son concurrent Delyannis. C'est enfin avec le soutien d'un cabinet Tricoupis que la Grèce obtint le beau succès dynastique et diplomatique que constitua, en 1889, le mariage du diadoque Constantin, héritier du trône, avec la princesse Sophie de Prusse, sœur du kaiser Guillaume II. Cette alliance du fils aîné de Georges Ier accrut considérablement le prestige international du royaume de Grèce, même s'il fit grincer les dents des Grecs francophiles.

Delyannis n'avait pas l'intelligence de Tricoupis, mais il était brillant, charmeur, et doué d'un magnifique talent oratoire. Sa politique démagogique se réduisit à dénigrer systématiquement son adversaire et à prendre le contre-pied de son action. Il reprocha même à Tricoupis d'avoir été soumis aux puissances étrangères et le fit mettre en accusation pour trahison. Ces excès empoisonnèrent la vie publique grecque qui n'avait déjà que trop tendance aux débordements incontrôlés. Sur le plan extérieur, Delyannis, partisan de la fuite en avant, reprit les thèmes ultranationalistes, bonne vieille recette, là encore, pour faire oublier une gestion calamiteuse.

C'est dans ce climat qu'éclata une nouvelle affaire de Crète. Depuis 1866, le sultan avait annulé petit à petit toutes les concessions libérales faites aux Crétois. L'oppression la plus obscurantiste recommença à régner sur l'île et les plaintes continuelles des chrétiens affluèrent dans les chancelleries. Les Grandes Puissances furent contraintes d'intervenir et imposèrent à Abdul-Hamid II la nomination d'un gouverneur chrétien à La Canée. Le sultan optempéra en 1895 mais, sans doute à la suite de consignes données par les fonctionnaires ottomans, les musulmans de Crète se révoltèrent et perpétrèrent un grand nombre d'attentats contre les chrétiens. Une guerre sans merci s'ensuivit qui obligea les diplomates européens en poste dans l'île à demander à leurs gouvernements respectifs l'envoi de navires militaires pour protéger leurs ressortissants.

A Athènes, l'opinion était survoltée et demandait l'intervention. Le roi Georges était freiné par la France, l'Angleterre et l'Allemagne. Cependant, si Paris et Londres tentaient de modérer le sultan, Berlin se montrait nettement plus favorable aux Turcs. En effet, Guillaume II s'était proclamé ami et protecteur de l'Empire ottoman sans aucune espèce de considération pour la Grèce, pays dont pourtant sa sœur Sophie et son beau-frère Constantin étaient princes héritiers. Le geste inamical du kaiser n'empêcha pas le peuple grec de clamer bien haut son soutien aux Crétois et d'exiger une intervention militaire, exigence encore renforcée en janvier 1897 lorsque l'opinion apprit l'incendie de La Canée et le massacre de milliers de chrétiens.

Gêné par les Puissances, Georges Ier ne bougea pas officiellement mais fit tout de même un geste symbolique en envoyant au large de la Crète une flottille de torpilleurs de la marine royale hellénique commandée par son second fils, le prince Georges, en personne. Le roi autorisa aussi le colonel Vassos, chef de sa garde, à s'engager à titre personnel avec une troupe de volontaires aux côtés des insurgés. Les passions étaient si exacerbées que le peuple grec rêvait ouvertement d'une grande guerre de libération permettant d'affranchir non seulement la Crète, mais encore tous les territoires sous tutelle ottomane comme l'Epire, la Macédoine ou la Thrace.

Les Puissances, une nouvelle fois, voulurent calmer les esprits. L'inconvénient, c'est que cette volonté d'apaisement, estimable en soi, était interprétée par les Grecs comme un soutien objectif aux Turcs. Georges Ier reçut un ultimatum lui enjoignant de rappeler ses torpilleurs et le chef de sa garde. On l'informa aussi que l'ordre serait rétabli en Crète par une force militaire internationale. La colère de l'opinion fut si vive que le roi, conscient qu'aller à contre-courant des sentiments de son peuple serait suicidaire pour la monarchie, décida d'engager la Grèce dans une guerre contre l'Empire ottoman. C'est le prince héritier Constantin qui, pour marquer symboliquement l'union de la dynastie et de la nation dans cette grande cause patriotique, prit le commandement de l'armée.

Le 10 avril 1897, en dépit des criailleries des Puissances, Constantin franchit avec ses troupes la frontière de Thessalie et pénétra en territoire ottoman. La guerre dura trois semaines. Bien que fortement motivée, l'armée grecque, après quelques petits succès, fut battue par les Turcs qui opéraient sous le commandement du prestigieux général Edhem Pacha. La victoire des Turcs ne devait rien à leur valeur militaire mais au fait, outre leur supériorité numérique, qu'ils possédaient un armement de première qualité, notamment un parc d'artillerie moderne issu directement des usines Krupp. De plus, des instructeurs allemands en grand nombre avaient prodigué aux Turcs des conseils tactiques qui se révélèrent particulièrement efficaces. Cette aide apportée par les Allemands à l'ennemi héréditaire des Grecs eut des répercussions dynastiques puisque la malheureuse princesse héritière Sophie fut conspuée par le peuple d'Athènes qui la rendait responsable des malheurs de l'armée. Pourtant, la princesse ne portait pas à son frère le kaiser une affection excessive. Guillaume II lui reprochait sans cesse sa conversion à l'orthodoxie et ne se privait jamais de se moquer de sa patrie d'adoption. Ainsi déclara-t-il un jour publiquement : « Il y a si peu d'eau à Athènes que si ma sœur m'en offre un verre, elle ne pourrait plus prendre son tub. » Sophie, du reste, ressemblait beaucoup à sa mère, l'impératrice Victoria, fille aînée de la reine d'Angleterre, et son tempérament était plus britannique qu'allemand. Les insultes dont elle fut l'objet la mortifièrent. Déjà timide et réservée de nature, elle s'enferma désormais dans l'intimité de la famille royale, sortant peu et boudant les manifestations officielles. On attribua injustement cette attitude à du mépris alors qu'il ne s'agissait à l'évidence que de la manifestation d'une sensibilité blessée. Ainsi, hélas, vont les réputations.

La défaite grecque fut sanctionnée par le Traité de Constantinople du 4 décembre 1897. Le sultan Abdul-Hamid, soutenu par les Allemands et les Austro-Hongrois, avait exigé que la Grèce lui cédât la Thessalie. L'intervention des Français et des Anglais permit de limiter cependant les pertes territoriales grecques à quelques villages de la Thessalie septentrionale. En revanche, la Grèce dut verser à l'Empire ottoman une indemnité de 100 millions de francs-or, somme exorbitante qui ne pouvait qu'obérer un peu plus un budget et une économie défaillants. La question crétoise fut également réglée. L'île, qui avait proclamé unilatéralement son rattachement au royaume de Grèce le 6 février 1897, fut privée d'une indépendance à laquelle elle aspirait et qui eût pu permettre, ultérieurement, l'union institutionnelle avec la mère patrie. Elle se voyait simplement accorder un régime d'autonomie sous contrôle des Puissances. Cette solution bâtarde ne pouvait évidemment pas satisfaire Athènes, mais la décision internationale fut mieux acceptée lorsqu'on sut que le premier haut-commissaire de la Crète autonome ne serait autre que le prince Georges lui-même.

Vers la Grande Grèce

La nomination du prince Georges de Grèce comme haut-commissaire était un baume sur les blessures d'un pays qui, non seulement avait été vaincu militairement, mais aussi placé sous tutelle financière internationale par le biais d'une Commission des Finances hellénique qui n'avait d'hellénique que le nom, puisqu'elle n'était composée que de représentants des Grandes Puissances.

Le prince Georges fut accueilli en Crète « comme un archange », nous dit le grand Nikos Kazantzaki. On attendait de lui qu'il ramène l'ordre et la paix dans l'île martyre, et cet espoir était légitimement fondé sur la réputation de courage et de loyauté dont le prince — qui était célèbre dans le monde entier pour avoir sauvé d'un attentat à Tokyo le tsarévitch Nicolas, futur Nicolas II — bénéficiait.

De fait, le haut-commissaire, bien qu'il fût prince royal de Grèce et fils du roi régnant des Hellènes, joua avec une honnêteté scrupuleuse le jeu de l'autonomie imposée par les Puissances. Il s'efforça de maintenir un équilibre parfait entre chrétiens et musulmans, et de panser les plaies laissées par la guerre civile et religieuse à laquelle s'étaient livrées les communautés crétoises pendant plusieurs années. Naturellement, cette objectivité lui valut l'antipathie des ultranationalistes qui souhaitaient le plus rapidement possible l'union de l'île à la Grèce. Ces extrémistes, en l'espèce plus royalistes que le propre fils du roi, trouvèrent leur chantre en la personne d'un démagogue de talent d'origine crétoise : Eleutherios Vénizélos.

Vénizélos fut l'une des figures politiques les plus marquantes de la Grèce du XXe siècle. Fils d'un mercier de Mourniès, il partit faire ses études à Athènes et en revint avec un doctorat en droit. Loin de se consacrer à une carrière juridique, il entreprit à son retour en Crète une carrière d'agitateur et même de chef de bande, luttant sans pitié contre les occupants turcs. C'est sans doute le grand homme politique roumain Ion Bratianu qui a le mieux décrit le personnage en le qualifiant « d'aventurier », un aventurier prêt à tout pour prendre le pouvoir en Crète d'abord, à Athènes ensuite. Vénizélos fut donc immédiatement l'adversaire principal du haut-commissaire. Il exigea le rattachement sans délai de l'île à la mère patrie, sans se préoccuper le moins du monde des instances internationales et de leurs décisions.

Le prince Georges partageait le même idéal d'union des terres helléniques. Toutefois, il préférait s'en tenir à des formes d'action plus civilisées et surtout plus respectueuses de la volonté des Puissances. Entre Vénizélos et lui, il n'y avait donc pas de divergences sur le but à atteindre, mais un désaccord total sur les méthodes à utiliser pour y parvenir. Il y avait aussi — pourquoi le nier ? — une question de caractère et d'éducation qui creusait un fossé profond entre les deux hommes.

La lutte dura sept ans. Vénizélos n'épargna pas les insultes au prince qu'il traitait de « pacha turc » et « d'altesse moscovite », en dépit du caractère assez contradictoire de ces deux qualificatifs. Pis encore, en encourageant dans l'île un désordre quasi permanent et en soutenant des groupes de factieux séduits par son verbe et sa démagogie, il rendit la vie impossible au distingué haut-commissaire. Excédé, Georges dira : « Il n'y a que trois hommes qu'on ait obligés à habiter une île dans des conditions aussi désagréables : Napoléon, Dreyfus et moi. »

En 1906, le prince renonça. Il quitta la Crète et les affaires politiques qui l'avaient dégoûté et se retira dans une vie privée de qualité en compagnie de la princesse Marie Bonaparte qui, l'année suivante, deviendra son épouse légitime. Resté seul à bord après le départ de Georges, Vénizélos poursuivit son action ultranationaliste. Ses excès entraînèrent une nouvelle intervention militaire des Puissances en 1909 et plongèrent l'île dans le chaos. La situation devint si ingérable que les Puissances finirent par laisser faire et se retirèrent sur la pointe des pieds. Déjà chef du gouvernement crétois, Vénizélos fut élu député d'Athènes où la situation intérieure s'était considérablement dégradée depuis l'assassinat de Delyannis en 1904. Devant un monarque perplexe et que l'on persiflait dans le peuple en le traitant de « roi boulevardier » en raison de ses trop fréquents voyages privés à Paris, la démocratie grecque alla de pronunciamiento en pronunciamiento. Mais, le sabre ne résolvant rien, les militaires firent appel en 1910 à Vénizélos le Crétois. Georges Ier qui, devant l'agitation intérieure, s'était retiré dans sa résidence de Corfou, revint à Athènes pour nommer Vénizélos président du Conseil, le 17 octobre 1910. C'était, pour la Grèce, le début d'une véritable dictature personnelle et, pour la Crète en dépit du respect apparent du régime d'autonomie imposé par les Puissances, un rattachement de fait au royaume.

Réorganisant le pays à l'intérieur, Vénizélos ne perdit pas de vue, toutefois, son projet d'édification de la Grande Grèce dont l'affaire de Crète avait constitué les prémices. En 1912, avec la bénédiction de la Russie, il allia la Grèce à la Serbie, au Monténégro et à la Bulgarie pour chasser les Turcs de leurs dernières possessions européennes. De nouveau mis à la tête de l'armée, le prince héritier Constantin, prenant sa revanche de la défaite de 1897, bouscula les Turcs en Thessalie septentrionale, pénétra en Macédoine et marcha sur Salonique, ville dont il s'empara pour l'annexer au royaume. Se retournant vers l'Ouest, Constantin tendit la main aux Serbes, libéra l'Epire et investit Janina. Le succès était complet pour l'armée grecque dont les troupes occupaient la Macédoine et l'Epire tandis que la marine hellénique s'emparait des îles égéennes de Chio, Samos et Lesbos. Le Traité de Londres du 30 mai 1913 entérinait la défaite de l'Empire ottoman et les accroissements territoriaux de la Grèce qui, depuis 1830, avait pratiquement triplé sa superficie.

Meurtre à Salonique

Le 18 mars 1913, le monde stupéfait apprenait l'attentat qui, dans une Salonique à peine libérée des Turcs, venait de coûter la vie au roi Georges Ier. Tandis qu'il se promenait dans la ville conquise en compagnie d'un seul aide de camp, Georges fut agressé par un instituteur mentalement déséquilibré du nom de Skinas qui tira sur lui un coup de revolver et l'abattit à bout portant. Le roi était âgé de soixante-huit ans et s'apprêtait à fêter quelques mois plus tard le cinquantenaire de son règne.

Toute mort est absurde, mais celle-ci, sans motif avoué ou compréhensible, le fut particulièrement. Fauché au moment de la victoire suprême, Georges Ier n'avait pu recueillir les derniers lauriers d'un règne qui fut le plus long et, somme toute, le plus grand de la monarchie grecque. Monté sur le trône en 1863, il avait alors déclaré dans un émouvant discours d'intronisation :

« Ma force est dans l'amour de mon peuple. Je veux faire de la Grèce un modèle pour les royaumes balkaniques. » Y avait-il réussi ? Certainement pas si l'on considère le désordre endémique de la vie politique grecque auquel il n'avait pas cherché à remédier. Cela étant, cette abstention volontaire correspondait aussi, rendons-lui cette justice, au style des monarchies scandinaves dont il était issu. Georges régna sur la remuante Grèce comme il aurait régné sur le paisible Danemark. Il n'est pas certain que cette méthode fut absolument mauvaise. La longueur du règne — un record dans les Balkans — confirme en tout cas que les Grecs se sont parfaitement accommodés de ce système de gouvernement. Par ailleurs, il faut se souvenir également que Georges Ier avait succédé à un roi dont l'interventionnisme maladroit avait directement conduit à une révolution et à un changement de dynastie. Dès lors, le style adopté par Georges Ier pendant un demi-siècle doit être jugé à la lumière de ce fâcheux précédent.

En revanche, le succès du roi Georges fut éclatant dans le domaine de l'unification nationale. Sa courtoisie, sa discrétion, son entregent firent merveille auprès des chancelleries européennes et de ses collègues en royauté. A plusieurs reprises, la Grèce évita de méchantes remises en place de la part des Grandes Puissances grâce à la présence à Athènes d'un monarque très estimé en Europe pour ses qualités personnelles de pondération et éminemment respecté en raison de ses alliances dynastiques de premier plan. Rappelons que par sa sœur Alexandra, Georges était le beau-frère du roi Edouard VII d'Angleterre, et que par sa sœur Dagmar, devenue l'impératrice Maria Feodorovna, il était celui du tsar Alexandre III. On dira ce que l'on voudra, cela aide à franchir les obstacles difficiles, surtout lorqu'on se trouve être une démocratie peu considérée comme le fut la démocratie grecque au XIXe siècle et au début du XXe siècle.

Georges Ier et la reine Olga furent aussi un couple exemplaire. On ne sait si le roi fut véritablement le « boulevardier » qu'on prétendait alors qu'il était, mais ce qui est certain c'est que ses frasques, s'il en commit, ne portèrent jamais atteinte à la réputation et au prestige de la dynastie. Avec sa femme, il eut des enfants qui firent tous ce qu'il est convenu d'appeler de « beaux mariages » : le prince héritier Constantin épousa la princesse Sophie de Prusse ; le prince Georges, la princesse Marie Bonaparte, fille du prince Roland ; la princesse Alexandra, le grand-duc Paul de Russie ; le prince Nicolas, la grande-duchesse Hélène de Russie ; la princesse Marie, le grand-duc Michel de Russie ; le prince André, la princesse

Alice de Battenberg ; enfin, le prince Christophe, la princesse Françoise d'Orléans, fille du duc de Guise, prétendant au trône de France. Cette litanie de titres et de couronnes montre assez que la famille royale de Grèce, pour n'être pas la plus illustre d'Europe, sut pourtant tenir très dignement son rang.

L'ironie du sort voulut que Georges Ier fut assassiné alors qu'il envisageait d'abdiquer à l'occasion de son jubilé d'or d'octobre 1913 pour, disait-il, « se reposer un peu pendant ses vieux jours ». Le destin cruel le rattrapa mais lui offrit tout de même cette consolation d'avoir vu la réalisation de la Grande Grèce.

Le nouveau Constantin

« Lorsque Constantin régnera à nouveau, Sainte-Sophie redeviendra chrétienne. »

Cette vieille prophétie de l'Europe orientale faisant explicitement référence au dernier souverain de l'Empire byzantin, le valeureux Constantin XI Dragasès Paléologue, massacré par les Turcs en 1453, se répandit dans le peuple grec lorsqu'en mars 1913 le fils aîné de Georges Ier, Constantin, et son épouse Sophie montèrent sur le trône. La conjoncture nationale, c'est-à-dire la réalisation de l'unité hellène, était particulièrement propice, il est vrai, à ce climat presque mystique de reconquête de Constantinople et d'expulsion des Turcs du continent européen. La Grèce, de par ses nouvelles frontières en Thrace, se trouvait à moins de trois cents kilomètres des murs de l'antique Byzance, la Seconde Rome, la ville sacrée de Justinien et de Théodora. Il y avait là, en effet, de quoi rêver et faire rêver, et le nouveau roi des Hellènes encouragea les espoirs les plus fous en adoptant tout à la fois le nom de Constantin Ier et celui de Constantin XII pour marquer qu'il s'inscrivait dans la continuité dynastique de l'Empire byzantin. Le fait, également, que Constantin, prince héritier, avait été vainqueur des Turcs en 1912 et qu'il s'était brillamment et courageusement conduit à la tête de ses armées ajoutait encore à l'éclat du nouveau monarque qui, décidément, ne pouvait qu'offrir les plus glorieuses perspectives au destin historique du peuple grec.

De fait, les premiers mois du règne de Constantin Ier furent heureux dans la mesure où la Grèce entra de nouveau en guerre et triompha. Il s'agissait en l'espèce de la Seconde Guerre balkanique qui, déclenchée par les Bulgares en juin 1913, vit s'opposer les nations chrétiennes des Balkans, non pas aux Turcs, mais entre elles pour une sordide question de répartition territoriale de l'ancienne province ottomane de Macédoine. La Bulgarie fut défaite par une alliance serbo-gréco-roumaine et dut accepter les clauses du troisième Traité de Bucarest qui arrondissait encore les possessions grecques de Macédoine et de Thrace, et repoussait un peu plus vers l'Orient les frontières de la Grèce. La Bulgarie, néanmoins, conservait un accès à la mer Egée et ce découpage territorial était un obstacle sérieux à l'avancée des Grecs vers Constantinople et les Détroits.

Pourtant, malgré les succès militaires et diplomatiques incontestables de l'année 1913, un homme faisait grise mine au nouveau roi. En effet, l'omnipotent président du Conseil Vénizélos voyait d'un fort mauvais œil ce Constantin Ier qui songeait à se faire couronner à Sainte-Sophie, dans une Constantinople où flotterait à nouveau l'étendard de la chrétienté. Dans cette conjoncture, que deviendrait le petit Crétois, et quelle place pourrait-il conserver auprès du basileus Constantin XII pour qui, sans doute, il apparaîtrait alors comme quantité négligeable ? Vénizélos savait aussi, car cela était de notoriété publique, que Constantin, moins indulgent que son père, ne lui pardonnait pas les affronts qu'il avait fait subir à son frère, le prince Georges, à l'époque du Haut-Commissariat en Crète. Enfin, et surtout, à la différence du précédent roi qui veillait, en bon monarque scandinave qu'il était, à ne pas se mêler de politique intérieure, Constantin Ier, né sur le territoire grec, élevé en Grèce, ayant exercé les plus hautes responsabilités militaires du royaume, ne voulait pas être — ne pouvait pas être — le simple souverain représentatif qu'avait été Georges Ier pendant cinquante années. Tous ces éléments firent que Vénizélos, qui ne voulait, lui, ni abandonner ni partager un pouvoir qu'il exerçait de façon dictatoriale, mêlant d'ailleurs de réelles capacités d'administrateur à la démagogie la plus méprisable et à la corruption électorale la plus éhontée, se dressa très vite contre le roi. Il y eut alors à Athènes deux hommes au faîte du pouvoir qui, se haïssant, s'observèrent sans indulgence, prêts à fondre l'un sur l'autre et à se déchirer. Les événements internationaux allaient bientôt offrir l'occasion d'un odieux règlement de comptes entre le président du Conseil et son roi.

Le roi contesté

Lors du déclenchement du premier conflit mondial, en août 1914, le roi Constantin décida, en proclamant la neutralité de la Grèce, de mettre son royaume à l'abri de la guerre civile européenne. Considérant que le peuple grec avait eu à supporter trois guerres en moins de vingt ans : en 1897,en 1912 et en 1913, et que ces guerres, si elles avaient été bénéfiques sur le plan national, au moins pour les deux dernières, avaient tout de même entraîné la mort de milliers d'hommes et grevé dangereusement le budget du pays, le roi jugea plus sage de s'abstenir de prendre parti. C'était du reste l'attitude que tous ses cousins scandinaves : Christian X de Danemark, Haakon VII de Norvège et Gustave V de Suède avaient adoptée, ainsi que ses voisins balkaniques : le roi Ferdinand Ier de Bulgarie et le roi Carol Ier de Roumanie. Dans la région, seule la Serbie, agressée par l'Autriche-Hongrie, était en guerre, et la Turquie, bien sûr, qui, reconnaissante à l'Allemagne du soutien constant apporté depuis 1890, avait choisi le camp des Empires centraux.

A ces considérations diplomatiques venaient s'ajouter pour Constantin des motivations purement dynastiques. Cousin germain de Nicolas II de Russie et de George V d'Angleterre qui, avec la France, combattaient l'Allemagne, il était également, de par son mariage, le beau-frère de Guillaume II. Contrairement à ce qui a toujours été soutenu par ses ennemis intérieurs et extérieurs, le roi des Hellènes n'éprouvait aucune sympathie particulière pour le kaiser. D'une part, en effet, celui-ci n'avait jamais épargné à sa sœur et à son beau-frère les plaisanteries douteuses et blessantes sur la Grèce qui, selon son opinion, était un pays arriéré et méprisable ; d'autre part, et plus gravement, il avait fidèlement soutenu l'Empire ottoman qui, armé et conseillé militairement par Berlin, avait pu prolonger de quelques années son agonie. En 1897, d'ailleurs, c'est grâce à l'artillerie Krupp et aux instructeurs allemands que le sultan avait réussi à infliger une cuisante défaite à l'armée grecque commandée par Constantin, défaite qui, naturellement, était restée dans la mémoire du prince héritier devenu roi un souvenir amer. De la sorte, la germanophilie de Constantin était une affabulation et, disons-le tout net, la pierre angulaire d'une manipulation politique visant à discréditer le roi tant aux yeux de son peuple qu'à ceux des Alliés.

La tactique mise en œuvre par Vénizélos pour tenter de se débarrasser du roi et établir à Athènes une république à sa mesure s'appuya donc sur cette prétendue germanophilie du souverain que certains alliés, les Français surtout, prirent pour argent comptant. Il est vrai que Vénizélos passait pour républicain sincère et pour francophile, qu'il était également franc-maçon, et que toutes ces qualités plaidaient largement pour lui au sein du personnel politique français de la IIIe République. A côté d'un président du Conseil si attrayant pour Paris, et si obligeant pour les intérêts français en Grèce, Constantin, beau-frère du kaiser — car, décidément, on ne voulait voir que cela — et second souverain d'une dynastie qui avait toujours bénéficié du soutien de l'Angleterre, ne pouvait faire le poids.

Le bras de fer entre le roi et le président du Conseil commença lorsque celui-ci, en mars 1915, proposa aux Alliés d'envoyer une division de l'armée grecque pour les appuyer sur le front des Dardanelles. Le roi, chef des armées, n'ayant pas été consulté sur cette initiative qui faisait sortir la Grèce de la neutralité pour l'engager dans la guerre, désavoua Vénizélos qui, vexé, démissionna. Ce premier heurt lança en France la campagne de dénigrement du roi qu'on se plaisait à montrer dans la presse en compagnie de Guillaume II et en uniforme de feld-maréchal allemand. Ce qu'on évitait de préciser au public français, bien sûr, c'est que ces documents, parfaitement authentiques, étaient très largement antérieurs à la guerre et avaient été pris à l'occasion de manœuvres militaires de l'armée allemande auxquelles le kaiser, prétentieux comme pas un, invitait les souverains européens pour les écraser de sa superbe. Le fait, également, que Constantin portât l'uniforme de feld-maréchal allemand n'avait rien de suspect ou de compromettant puisque Guillaume avait nommé à ce grade tous les monarques de sa parenté, de George V d'Angleterre à Nicolas II de Russie, en passant par Carol Ier de Roumanie. Amateur d'uniformes, l'empereur attendait la réciprocité de la part des bénéficiaires et pouvait ainsi enrichir sa garde-robe personnelle.

La déstabilisation du roi avait commencé et ne pouvait que se poursuivre avec le retour au pouvoir de Vénizélos, en août 1915. Désormais, les choses étaient claires pour la France : l'homme à soutenir à Athènes était celui qui pouvait faire sortir la Grèce de la neutralité, donc le président du Conseil ; l'homme à abattre était celui qui s'obstinait à vouloir laisser le pays en dehors de la guerre, donc le roi. Après l'échec des Dardanelles, intervint en 1916 l'affaire de Salonique. La Bulgarie étant entrée en guerre à la fin de 1915 aux côtés de l'Allemagne, l'isolement de la Serbie devenait dramatique. Par ailleurs, la Turquie étant dans le camp des Empires centraux et la Roumanie ne s'étant pas encore décidée à choisir celui de l'Entente, les Alliés étaient menacés de voir l'ensemble de la péninsule balkanique échapper à leur influence. L'analyse de cette inquiétante situation conduisit à créer une Armée d'Orient destinée à porter secours à la Serbie. Vénizélos offrit immédiatement d'installer cette armée à Salonique, territoire grec. Constantin, non informé cette fois encore, eut un mouvement d'humeur bien compréhensible et chassa Vénizélos.

La guerre était désormais ouverte entre les deux hommes. Le pays prit parti et se divisa en deux camps : les royalistes et les vénizélistes, ces derniers étant fermement soutenus par les

Français. Pourtant, Constantin avait fini par accepter le fait accompli du camp de Salonique et n'avait rien fait, militairement parlant, pour l'empêcher de s'installer. Malgré cette attitude conciliante, il fut personnellement offensé lorsqu'il vit Vénizélos accueilli à bras ouverts à Salonique par les Français et y former un gouvernement « national » qui n'était pas autre chose, en droit, qu'un gouvernement illégal. Le terme « national » sous-entendait que le gouvernement d'Athènes ne l'était pas et que le roi était soumis à l'influence étrangère. Cette guerre civile larvée entre Grecs empoisonna l'atmosphère dans le camp des Alliés. Si la France officielle, à l'exception de l'honnête Aristide Briand, soutenait sans réserve Vénizélos, l'Angleterre, protecteur traditionnel de la monarchie grecque, n'appréciait pas du tout la façon dont les choses évoluaient.

En France donc, seul Aristide Briand, républicain de conviction et socialiste indiscutable, avait compris le jeu dans lequel Vénizélos cherchait à entraîner notre politique. Président du Conseil et ministre des Affaires étrangères, il s'efforça de maintenir le contact avec Athènes et le roi, tandis qu'à Salonique le général Sarrail, qui, sans être franc-maçon comme Vénizélos, était pourtant protégé par les loges, poussait Paris à abandonner Constantin et à favoriser l'instauration d'une république en Grèce. Briand, parce que son honnêteté et ses scrupules gênaient la camarilla qui voulait la déchéance du roi, fut violemment et odieusement attaqué. On chercha à le salir en prétendant que sa bienveillance à l'égard de la monarchie grecque trouvait son origine dans les liens qu'il avait avec la princesse Marie Bonaparte, épouse du prince Georges de Grèce, ancien haut-commissaire en Crète. Attaqué sur ce point, Briand se défendit vaillamment lors d'un Conseil des ministres en déclarant : « Je sais qu'on prétend que mes relations avec le prince Georges de Grèce et avec la famille royale m'ont aveuglé et paralysé. Je sais qu'on ajoute même à ces insinuations des calomnies odieuses. Puisque l'état de guerre élève de tels esprits à de telles hauteurs, puisqu'il y a des gens qui cherchent à ramasser des portefeuilles dans la boue, je les invite à y piétiner tout de suite avec moi ! »

La France abat son roi

A Salonique, le général Sarrail, plus politicien que stratège, homme de toutes les coteries occultes, attaqua sans cesse Briand et réclama la mise hors d'état de nuire de Constantin, assimilant ainsi le souverain légitime d'une puissance neutre à l'ennemi déclaré de l'Armée d'Orient. Sarrail tentait de faire croire aux Alliés que le roi des Hellènes n'attendait que le moment propice pour poignarder dans le dos le camp de Salonique et tendre la main aux Bulgares. Que le roi ait donné des gages de bonne volonté en démilitarisant la Thessalie septentrionale fut une circonstance que Sarrail passa sous silence pour mieux accomplir son forfait. Double forfait à son actif d'ailleurs en cette fin de 1916, puisque le général de l'Armée d'Orient, dans le même temps où il s'acharnait à combattre Constantin, laissait l'armée roumaine, notre alliée depuis le mois d'août, se faire écraser par les armées allemande, austro-hongroise et bulgare sans faire beaucoup d'efforts pout la soutenir. La Roumanie étant à cette époque une monarchie, il faut croire que Sarrail avait une aversion particulière pour les royautés, qu'elles fussent nos alliées ou pas. Il est regrettable, rétrospectivement, qu'il n'ait pas employé son républicanisme forcené à réduire la monarchie bulgare, notre ennemie déclarée. Vraisemblablement, l'armée bulgare, composée de troupes aguerries, faisait peur à ce général politicien et salonard qui reçut à l'époque le sobriquet mérité de « Bazaine de Salonique ».

A la fin de décembre 1916, le général Joffre, chef de l'état-major français, et adversaire farouche de Sarrail, était écarté en raison de l'effondrement militaire de la Roumanie dont Sarrail, pourtant, était l'un des plus grands responsables. Au printemps de 1917, le président du Conseil Aristide Briand, lui aussi ennemi de Sarrail, démissionnait à son tour. La voie était donc totalement dégagée pour le chef de l'Armée d'Orient et pour son complice Vénizélos. En juin 1917, le Français Charles Jonnart, haut-commissaire allié en Grèce, porta un ultimatum inacceptable au roi Constantin. Il s'agissait, en substance, de placer le royaume de Grèce et son souverain sous tutelle de l'Entente jusqu'à la fin de la guerre. Le président du Conseil grec, Zaimis, s'entretint longuement avec le roi. Le 12 juin 1917, le gouvernement légal grec remettait à Jonnart sa réponse : la Grèce acceptait de déférer à l'ultimatum des Alliés, mais le roi préférait se retirer avec le diadoque Georges, son héritier présomptif, pour laisser la place à son fils cadet, le prince Alexandre.

Ainsi, in extremis, et sans doute sur les conseils de l'Angleterre, Constantin s'effaçait mais préservait l'avenir de la monarchie. Il s'embarqua avec sa famille sur un croiseur français qui le mena en Italie et, de là, établit son exil en Suisse. La crise grecque s'achevait donc par un échec au roi, mais Vénizélos, un peu déconfit tout de même, n'eut pas sa république.

Et les Grecs dans tout cela, dira-t-on ? On ne leur demanda pas leur avis. La presse française écrivit que « la population accueillit les événements avec le plus grand calme ». Il est vrai que ce calme était en partie assuré par les troupes françaises débarquées au Pirée. L'historien Pierre Renouvin, cinquante ans plus tard, a émis une pertinente opinion qui peut servir de conclusion à cette pitoyable affaire : « Dès lors que la France et la Grande-Bretagne avaient décidé de créer un théâtre d'opérations balkanique et d'établir en territoire grec les bases de ravitaillement de leurs troupes, elles ont été amenées à faire bon marché de la neutralité grecque et à imposer la présence au pouvoir de l'homme d'Etat qui leur offrait les garanties désirables. Les sentiments de la population grecque ne jouèrent dans ces calculs aucun rôle appréciable. »

La fin de la neutralité grecque

Le départ de Constantin Ier ramenait au pouvoir à Athènes un Vénizélos qui, en dépit de ses sentiments républicains, dut accepter d'être le second dans son pays, après le nouveau roi Alexandre Ier. Le second protocolairement, bien sûr, mais en réalité le seul véritable chef de l'exécutif. Alexandre Ier, âgé de vingt-quatre ans à peine, et fils cadet seulement du précédent monarque — ce qui signifie qu'il n'avait pas été préparé au trône — régna sans gouverner dans une conjoncture nationale et internationale particulièrement mouvante, compliquée et dangereuse.

Le premier geste de Vénizélos, débarrassé de l'hypothèque que faisait peser l'ex-roi Constantin, fut de déclarer la guerre à l'Allemagne, ce qui, convenons-en, dut effrayer beaucoup moins le kaiser que la déclaration de guerre des Etats-Unis. Le ralliement de la Grèce à l'Entente ne changea pas grand-chose en pratique, si ce n'est que quelques dizaines de milliers de soldats grecs vinrent renforcer les effectifs de l'Armée l'Orient et accentuer encore le caractère cosmopolite et ingérable de cette force stationnée dans une Salonique devenue une sorte de nouvelle Babel.

De fait, lorsque l'Armée d'Orient entra en action en septembre 1918, l'incapable et intrigant Sarrail ayant été enfin éliminé au profit, d'abord, du général Guillaumat puis, ensuite, du dynamique général Franchet d'Esperey, c'est essentiellement sur le corps franco-serbe qu'elle put compter et, grâce à lui, culbuter la Bulgarie avant de libérer la Serbie et la Roumanie. Les contingents grecs, en dehors de quelques éléments symboliques, préférèrent, sur les conseils des Anglais, demeurer en Thrace avant de marcher sur Constantinople.

Quoi qu'il en soit, on doit admettre que le revirement diplomatique opéré par Vénizélos en juin 1917 a permis à la Grèce de figurer parmi les vainqueurs en novembre 1918 et de s'agrandir territorialement au détriment de la Bulgarie. En effet, en 1919, par le Traité de Neuilly, la Grèce annexa la Thrace bulgare avec la zone côtière que ce pays possédait sur la mer Egée. Désormais, la Bulgarie n'eut plus qu'un débouché maritime sur la mer Noire et son port méditerranéen de Dédéagatch fut débaptisé et prit le nom d'Alexandropolis en l'honneur du roi Alexandre Ier de Grèce. La Grèce obtint également quelques îles supplémentaires qui appartenaient à la Turquie avant la guerre, notamment la symbolique Chio, déjà occupée en 1912, et la fameuse Mytilène qui, étant fort proches des côtes turques, pouvaient permettre un jour à la Grèce de prendre pied en Asie Mineure.

Le roi prisonnier

Le jeune roi Alexandre Ier, quant à lui, était pratiquement séquestré par son tout-puissant président du Conseil. Vénizélos, méfiant, lui avait interdit tout contact avec la famille royale en exil à Lucerne, comme, du reste, avec le monde politique et l'armée. En fait, l'astucieux Vénizélos souhaitait isoler complètement le roi avant de l'escamoter au profit de « sa » république. Plus le monarque serait claustré, moins sa disparition entraînerait de remous dans un peuple qui, majoritairement, restait fidèle au souvenir de Constantin.

L'isolement du roi contribua beaucoup à l'aventure qu'il eut avec l'une des rares jeunes femmes de son entourage immédiat : Aspasie Manos, fille d'un officier d'ordonnance du roi Constantin. Cette idylle s'acheva par un mariage en 1919, mariage que Vénizélos encouragea car, dynastiquement sans intérêt, il pouvait affaiblir la monarchie. Bien que l'union fût parfaitement légale, la jeune épousée ne porta pas le titre de reine mais resta officiellement « Mme Manos ». Toute considération dynastique mise à part, Aspasie Manos était l'une des plus jolies femmes d'Athènes et fut pour Alexandre Ier la plus charmante des épouses. C'est elle qui, indiscutablement, permit au jeune souverain de supporter le pénible exil intérieur qu'on lui imposait.

Alexandre qui, en vertu de la loi de succession, n'aurait jamais dû monter sur le trône puisque cadet d'un roi dont le fils aîné était vivant, régna peu de temps. Le 25 octobre 1920, il mourut des suites d'une blessure qu'une guenon du zoo de Tatoï — résidence royale proche d'Athènes — lui avait faite en le mordant. Le roi avait vingt-sept ans. Il laissait une femme enceinte qui, en 1921, lui donna une petite fille que l'on prénomma Alexandra en souvenir de son père. L'enfant, contrairement à sa mère, reçut le titre de princesse avec le prédicat d'altesse royale. Vingt-trois ans plus tard, la fille posthume d'Alexandre Ier de Grèce devait épouser le roi Pierre II de Yougoslavie. Sa mère, Mme Manos, ne disparut pas tout à fait de la scène royale. Au moment de la restauration du roi Constantin, elle reçut également, grâce à l'intervention de la charitable et scrupuleuse reine Sophie, le titre de princesse de Grèce.

Constantin qui rit, Vénizélos qui pleure

La mort prématurée d'Alexandre Ier sema la consternation dans le monde politique grec et le trouble chez le président du Conseil lui-même. La situation dynastique était bloquée puisque le roi était mort sans enfant et que la famille royale, au sein de laquelle il eût fallu choisir un héritier, était en exil. Le prince Paul, troisième fils de Constantin, sollicité discrètement par le gouvernement d'Athènes, avait fait savoir, de son côté, qu'il ne pourrait accepter la couronne que dans l'hypothèse où le peuple grec, librement consulté, repousserait officiellement son père et son frère aîné. Certes, il restait encore le cas de Mme Manos qui était enceinte d'Alexandre mais sa grossesse ne devait venir à terme que cinq mois plus tard et il eût fallu pouvoir déclarer son enfant dynaste, ce qui n'avait pas été prévu lors du mariage de 1919. Dans cette conjoncture assez inusitée dans une monarchie, Vénizélos aurait pu franchir le Rubicon et proclamer la république. Il ne le fit pas. Sur le moment, cette abstention surprit les amis et soutiens étrangers de l'intéressé qui ne pouvaient imaginer un seul instant que le fervent sans-culotte se fût converti au royalisme, même tiède.

C'était mal connaître la situation intérieure réelle de la Grèce que Vénizélos, lui, ne pouvait ignorer. A tort ou à raison, les Grecs étaient restés monarchistes dans leur immense majorité et ce sentiment, maintenant que les armées alliées ne protégeaient plus le président du Conseil, aurait empêché l'évolution du pays vers la république. En tout cas, une évolution pacifique et par la voie légale était totalement à exclure. Or, Vénizélos avait bâti sa réputation à l'étranger sur sa sincérité démocratique et ne pouvait, au risque de tomber le masque, forcer la main du peuple. Dès lors, il prit le parti le plus sage et fit nommer l'amiral Paul Condouriotis, régent du royaume. L'immense avantage d'une régence, c'est qu'elle laisse la porte largement ouverte sur l'avenir, surtout si le régent est un militaire et qu'on lui fasse habilement comprendre que la restauration d'un roi serait pour lui la fin d'une carrière politique prometteuse.

Tout cela était bien vu. Trop bien vu même. Depuis 1917, Vénizélos, avec l'appui des Alliés, s'était bien gardé de demander son avis au peuple sur la situation politique. En novembre 1920, toutefois, il fallut bien y passer, démocratie oblige. Le résultat fut sans appel : six électeurs grecs sur dix votèrent contre le président du Conseil et les royalistes revinrent en force au parlement. Dans la foulée, ils organisèrent un plébiscite sur le retour de Constantin. La consultation populaire eut lieu le 5 décembre 1920 et les Grecs approuvèrent avec 99 % des suffrages exprimés la restauration de l'ex-roi.

Salut, César Constantin !

C'est ainsi qu'après mille jours d'exil, Constantin Ier retrouva son trône. Après avoir voyagé à bord du croiseur *Averoff* de Venise à Corinthe, le roi, que sa famille avait précédé, rallia Athènes par le chemin de fer. Le 19 décembre 1920, l'accueil de la capitale fut triomphal. Les rues, décorées de guirlandes de fleurs, étaient pavoisées de drapeaux et ornées de banderoles portant des mots de bienvenue. L'inscription qu'on y retrouvait le plus souvent était : « Salut, César Constantin ! », ce qui signifiait vraisemblablement que ce n'était pas seulement Constantin Ier, roi des Hellènes, qu'on acclamait, mais aussi le futur basileus de Constantinople, l'homme qui rendrait Sainte-Sophie au culte chrétien.

Emu par cet accueil populaire d'un enthousiasme indescriptible et qui le surprit, Constantin fut reçu sur le quai de la gare par le maire d'Athènes, M. Tsokas, qui prononça une allocution si ampoulée qu'elle mérite de figurer dans les annales du genre : « Ton peuple, Sire, déclara-t-il avec cette étrange coutume des Grecs de tutoyer leurs souverains, n'a cessé, pendant la nuit nationale qui a duré plus de trois ans, de faire de ses larmes des diamants par lesquels il écrivait la grande date d'aujourd'hui. Il n'avait qu'un mot sur les lèvres : " Il vient ! " Ton peuple ne t'offre pas solennellement les clés de ta capitale. Il t'offre son propre cœur dans lequel il gardait les clés imprenables de l'amour et de la confiance de la nation, dont tu n'as jamais cessé d'être, toi, Constantin, le glorieux stratège et le chef adoré. »

Après un Te Deum à la cathédrale, le roi et la reine se rendirent au palais royal. Du balcon, Constantin s'adressa au peuple assemblé place de la Constitution et promit solennellement, pour apaiser les vénizélistes et les démocrates inquiets de tant de liesse populaire, de respecter la charte constitutionnelle et le régime parlementaire, ce qui, après tout, était la moindre des choses. Montrant également qu'il avait parfaitement compris le message inscrit sur les banderoles et le saluant du titre de César, il affirma que la Grèce marcherait vers l'accomplissement de ses destinées nationales et que les Hellènes poursuivraient leur œuvre civilisatrice séculaire. Comprenons qu'il s'agissait clairement de proposer comme idéal au pays la restauration de l'Empire byzantin.

Au milieu de toutes les cérémonies marquant le nouveau sacre de Constantin se produisit un incident cocasse qui, plus que les discours officiels, frappa les esprits. A un moment de la journée, le vieux président du Conseil Rallis, monarchiste convaincu, voulut s'agenouiller devant la reine mère Olga, veuve de Georges Ier, revenue elle aussi d'exil après avoir réussi à échapper de justesse aux bolcheviks qui, à Petrograd, avaient massacré sa famille. Malgré les protestations de la reine, Rallis s'agenouilla... et ne put se relever. Olga, au moins aussi âgée que lui, se baissa à son tour pour l'aider à se rétablir et chacun put voir ces deux vieillards illustres agenouillés l'un devant l'autre et pleurant à chaudes larmes en s'étreignant. Cette image, pour amusante qu'elle soit, traduit de la façon la plus émouvante l'espèce de sentimentalité qui liait alors les Grecs à leur dynastie.

La restauration au péril des armes

Constantin respecta les promesses solennelles faites au peuple grec le 19 décembre 1920. Sur le plan intérieur, il s'en tint à la légalité constitutionnelle et adopta une réserve qui lui avait singulièrement fait défaut lors de son premier règne. Il est vrai que la mise à l'écart de Vénizélos avait complètement modifié le climat politique et que l'exil volontaire du grand leader républicain à Paris écartait pour un certain temps le danger d'une nouvelle cohabitation, et donc d'une nouvelle confrontation entre deux hommes qui, en raison de leur forte personnalité, étaient condamnés à s'opposer l'un à l'autre. Libéré de la crainte de voir contester sa légitimité par le parlement ou le gouvernement, le roi s'impliqua totalement dans la politique extérieure et, plus précisément, s'appuyant sur les acquis territoriaux de Vénizélos en Thrace, reprit à son compte le vieux rêve grec de reconquête de Constantinople.

L'Empire ottoman ayant été vaincu en 1918, l'Angleterre, débarrassée de la concurrence russe dans les Balkans, décida, par la Grèce interposée, de contrôler les Détroits. La monarchie grecque ayant constamment été protégée depuis son origine par le gouvernement britannique, et les Anglais s'étant prudemment tenus à l'écart du coup de force des Français contre Constantin en 1917, il était parfaitement normal que la Grèce de la restauration devînt l'auxiliaire du Foreign Office en Europe orientale. Les Anglais, en contrôlant les Détroits, souhaitaient protéger l'accès à leurs colonies arabes du Moyen-Orient et, au-delà même, tenir à l'écart des convoitises extérieures la route menant à l'immense empire des Indes. Les Grecs, pour peu qu'on leur laissât Constantinople et le territoire de la Turquie d'Europe, étaient prêts à seconder les ambitions britanniques. Déjà, lors des cérémonies de décembre 1920, les journalistes français avaient été surpris de constater qu'Athènes était pavoisée de drapeaux grecs, certes, mais aussi d'une quantité surprenante de drapeaux anglais. L'Union Jack à Athènes ne symbolisait pas seulement la reconnaissance du peuple hellène pour l'abstention de la Grande-Bretagne en 1917, comme on pouvait légitimement le penser, mais signifiait aussi qu'il existait désormais une véritable communauté d'intérêts diplomatiques d'où les Français, coupables d'avoir été les complices de Vénizélos, étaient exclus.

La guerre gréco-turque trouva son origine dans le fait qu'un officier nationaliste turc du nom de Mustapha Kemal Pacha refusa le Traité de Sèvres qui, en août 1920, avait stipulé que la Grèce entrerait en possession de toute la Thrace orientale, c'est à-dire de la Turquie d'Europe à l'exception de Constantinople, et qu'elle pourrait s'établir sur la rive asiatique, dans la région de Smyrne. Les Grecs se lancèrent dans cette guerre que leur offrait Kemal Pacha en espérant, après avoir écrasé la Turquie, s'installer sur le Bosphore et occuper la partie occidentale de l'Anatolie. Malheureusement pour eux, l'armée turque réorganisée par Kemal n'avait plus rien à voir avec les troupes démotivées et mal commandées du dernier sultan Mahomet VI. Dès le 7 janvier 1921, les Grecs furent battus à Inonu, en Anatolie, par le général Ismet Pacha qui, en souvenir de cette victoire, deviendra un jour Ismet Inonu. Toutefois, loin de retraiter, l'armée grecque dans laquelle servait le frère du roi, le prince André de Grèce, à la tête de la XIIe division, reconstitua ses forces avec l'aide financière et logistique des Anglais, et lança de violentes offensives en direction d'Ankara, capitale de Mustapha Kemal. Les Grecs atteignirent la rivière Sakarya, à cent kilomètres d'Ankara en août 1921, mais les Turcs, sentant le péril imminent et luttant pour la survie de leur nation, firent face et, dans un ultime sursaut, stoppèrent l'armée grecque, l'empêchant ainsi d'avancer plus avant vers leur capitale. A partir de septembre 1921, le reflux des Grecs s'amorça progressivement. En août 1922, l'armée de Constantin, après des mois de harcèlement, subit son Waterloo à Afyon-Karahisar et s'enfuit vers Smyrne dont Mustapha Kemal s'empara en septembre. Des dizaines de milliers de soldats grecs furent massacrés et leur sang baigna les rives de cette Asie Mineure dont ils voulaient faire le bastion avancé de l'hellénisme. Le rêve constantinien s'achevait ainsi dans la tragédie et Constantinople restait aux mains des Turcs.

Tandis qu'après des échanges houleux entre Paris et Londres, les Français et les Anglais acceptaient la victoire de Kemal et lui offraient de conserver l'Asie Mineure, la Thrace orientale promise aux Grecs en 1920 et Constantinople, les Grecs, traumatisés par le désastre militaire et l'effondrement de leurs espoirs nationalistes les plus fous, se dressèrent contre le roi vaincu. Le 26 septembre 1922, sous l'autorité du colonel Gonatas, du colonel Plastiras et du commandant Fokas, un coup d'Etat militaire éclata. Des troupes rapatriées d'Asie Mineure débarquèrent au cap Sounion et marchèrent sur Athènes. Informé, le roi Constantin, qui était lui-même profondément démoralisé par les événements de Smyrne, refusa de résister comme le lui demandait instamment le général Constantinopoulos. Il abdiqua le 27 au matin en faveur de son fils aîné, le diadoque Georges, qui prit le nom de Georges II.

Constantin Ier et la reine Sophie s'embarquèrent au Pirée sur le vapeur *Patris* qui les conduisit en exil à Palerme. Ainsi s'achevait le second règne d'un homme qui avait aspiré à la restauration de l'Empire byzantin mais que les dieux, décidément hostiles, avaient refusé d'entendre. Le 11 janvier 1923, moins de quatre mois après le début de son nouvel exil, Constantin, usé prématurément par les épreuves d'une vie particulièrement agitée, s'éteignait à Palerme à l'âge de cinquante-cinq ans, victime d'une congestion cérébrale.

L'ombre portée de Vénizélos

Si le roi Alexandre Ier s'était mésallié en épousant Aspasie Manos, en revanche son frère aîné Georges II avait fait un brillant mariage en convolant, le 27 février 1921, avec la princesse Elisabeth de Roumanie, second enfant du roi Ferdinand Ier et de la reine Marie de Roumanie. La reine de Roumanie, qui avait été la plus fidèle et la plus courageuse alliée de la France pendant la Première Guerre mondiale, avait grandement contribué à la restauration de Constantin en décembre 1920 en organisant le double mariage de son fils aîné, le prince héritier Carol de Roumanie, avec la princesse Hélène de Grèce, fille de Constantin, et celui du diadoque Georges avec sa fille Elisabeth. En effet, l'appui apporté au roi des Hellènes en exil à Lucerne par la reine Marie, grand-croix de le Légion d'honneur et croix de guerre 1914-1918, atténua les préventions que les Français avaient à l'égard de Constantin. Du reste, il est vraisemblable également que dans cette affaire la reine de Roumanie, Anglaise de naissance, ait agi en parfaite concertation avec le Foreign Office qui, suivant la politique traditionnelle de l'Angleterre vis-à-vis de la monarchie grecque depuis 1863, soutenait les royalistes constantiniens contre les vénizélistes.

Né en 1890, Georges II était donc âgé de trente-deux ans au moment de son accession au trône. Militaire de formation, il ne connaissait que fort peu de chose à la vie politique, et l'exil subi en compagnie de son père de 1917 à 1920 ne le prédisposait pas à une attitude d'ouverture et de conciliation face à l'opposition dynastique groupée autour des fidèles de Vénizélos, lui-même en exil depuis la restauration de 1920.

Dès l'abdication de Constantin, la junte militaire qui s'était emparée du pouvoir à Athènes avait formé un directoire de la révolution dans lequel, outre le colonel Gonatas, le colonel Plastiras et le commandant Fokas, était entré le lieutenant-colonel Protosinghelos. Ces messieurs firent immédiatement appel à Vénizélos qui villégiaturait à Deauville. L'ex-président du Conseil, qui n'attendait dans son exil doré que l'occasion propice pour rentrer dans son pays, réagit sans délai en se rendant à Londres le 28 septembre. Sachant que les clés du pouvoir à Athènes se trouvaient entre les mains des Anglais, il alla donc, très intelligemment, solliciter son investiture auprès d'Albion. Il est probable qu'elle ne lui fut pas accordée par un cabinet britannique qui le considérait toujours comme un personnage sulfureux puisque, de retour en France, il demanda à s'entretenir rapidement avec le président du Conseil Raymond Poincaré. Celui-ci, qui ne l'aimait pas plus que les Anglais, et qui, préparant l'occupation de la Ruhr, avait d'autres chats à fouetter, dut le dissuader de tenter quoi que ce soit qui pourrait perturber la situation balkanique. Finalement, éconduit de toutes parts, Vénizélos renonça à partir pour Athènes. Son échec fut vraisemblablement causé — c'est du moins l'hypothèse la plus plausible — par le refus des Anglais de voir déstabiliser une monarchie grecque qui, depuis le mariage de Georges II avec Elisabeth de Roumanie, petite cousine du roi d'Angleterre par sa mère la reine Marie, avait renforcé ses liens avec la dynastie des Windsor.

Contraint de ne pouvoir jouer les premiers rôles, Vénizélos fut représenté à Athènes par le colonel Nicolas Plastiras, devenu chef de la junte, qui exerça effectivement le pouvoir. Plastiras le vénizéliste — que Churchill, plus tard, surnomma méchamment « plaster arse » (cul de plastique) — et Georges II durent cohabiter dans un climat détestable. Les relations furent encore envenimées, du côté des républicains, par l'armistice de Moudanya, signé en octobre 1922, qui entérinait la défaite militaire de Constantin devant les Turcs, puis, du côté des royalistes, par la mort prématurée de l'ex-roi en janvier 1923, mort que l'on attribuait, sans doute avec raison, aux injustices et affronts permanents subis par l'infortuné monarque depuis 1914. La Grèce fut alors divisée en deux camps irréductibles : l'un, dirigé par Georges II au palais royal ; l'autre par Plastiras au palais de la Révolution. Toute conciliation fut rendue impossible quand Plastiras fit exécuter l'ancien président du Conseil royaliste Dimitrios Gounaris.

L'ennui avec les militaires, c'est qu'à partir du moment où ils prennent le pouvoir, ils ont un mal fou à le restituer. C'est exactement ce qui se passa en Grèce en 1923. Plastiras, tout vénizéliste qu'il fût, demeura chef de la junte, et Vénizélos resta en exil en France. Qui plus est, à ce moment-là, l'atmosphère était particulièrement lourde en raison des difficiles négociations du traité de paix définitif avec la Turquie qui avaient lieu à Lausanne. Dès qu'elles furent connues, les stipulations du Traité de Lausanne signé le 24 juillet 1923 et consacrant l'expulsion de la Grèce de l'Asie Mineure et de la Thrace orientale provoquèrent des manifestations antimonarchistes à Athènes. Georges II était en quelque sorte rendu responsable de la défaite militaire de son père. Voyant la gravité de la situation, un général royaliste, Joannis Metaxas, tenta un coup d'Etat en août 1923. L'échec de cette tentative, dont il n'est pas établi qu'elle fut dirigée par le palais royal, accrut l'isolement de Georges II et servit de prétexte à Plastiras pour engager le processus d'abolition de la monarchie. Des élections furent annoncées pour la fin de l'année, tandis que le roi et la reine Elisabeth, de plus en plus menacés dans une capitale aux mains de l'opposition antidynastique, entamaient une série de séjours à l'étranger, notamment à Bucarest, où le roi Ferdinand et la reine Marie de Roumanie leur accordaient une affectueuse hospitalité.

Le 16 décembre 1923, les élections législatives furent remportées par les vénizélistes qui obtinrent deux cents sièges au parlement, n'en laissant que cent vingt aux royalistes. Plastiras, en accord avec Vénizélos revenu enfin d'exil, notifia au roi qu'il allait soumettre à plébiscite la question de la monarchie. Georges II sans illusion sur l'objectivité du débat institutionnel dans un pays dominé par les organisations antimonarchistes, et ne doutant pas que l'on ferait démagogiquement porter le débat sur les responsabilités du Traité de Lausanne, estima que le plébiscite serait faussé et se retira. Sans abdiquer, il confia la régence du royaume à l'amiral Paul Condouriotis et, le 19 décembre 1923, il s'embarqua avec la reine Elisabeth sur le vapeur *Daphni* mouillé au Pirée. En dépit de la discrétion voulue par les souverains, une foule dense vint les saluer. Des milliers de mouchoirs blancs furent agités pendant que des navires de la flotte hellénique tiraient des salves d'honneur. A 16 h 30, le *Daphni* appareilla pour Constantza, en Roumanie.

Le 25 mars 1924, le parlement grec, avant consultation populaire, vota l'abolition de la monarchie. Le 13 avril, un plébiscite approuvait la forme républicaine de l'Etat par 70 % des voix. La Grèce, au lieu d'un roi, s'en donna plusieurs centaines qui régnèrent au parlement et au gouvernement, et lui coûtèrent infiniment plus cher que toutes les listes civiles de la famille royale depuis 1863.

Les républicains triomphants ne tardèrent pas à s'opposer les uns aux autres. Vénizélos lui-même, redevenu président du Conseil en janvier 1924, dut démissionner en février. L'amiral Paul Condouriotis troqua son titre de régent contre celui de président de la République et gouverna un moment avec Alexandre Papanastassiou, rival autrement plus implacable pour Vénizélos que tous les Constantin Ier et Georges II réunis. Tout cela dura un certain temps. Douze ans exactement, durant lesquels l'histoire de cette république fut ponctuée de nombreux et sanglants rebondissements.

Les douleurs de l'exil

Tandis que le nouveau régime, de coups d'Etat militaires en règlements de comptes politiques, transformait la Grèce en république bananière d'Amérique du Sud, le roi Georges II et la reine Elisabeth trouvaient refuge en Roumanie. Ils furent les hôtes du fastueux prince Stirbey, conseiller du roi Ferdinand et administrateur des biens de la Couronne, qui mit son château de Buftea à leur disposition. La famille royale, le gouvernement et la société roumaine les choyèrent tout au long de leur séjour et tentèrent de leur rendre l'exil plus supportable. La Roumanie, prenant fait et cause pour eux sur le plan diplomatique, s'éloigna de la Grèce républicaine pour se rapprocher de la Turquie de Mustapha Kemal. Le roi Ferdinand et la reine

Marie, de leur côté, répétaient sans cesse à leurs interlocuteurs étrangers ce qu'ils disaient à leur ami le maréchal Foch à l'automne 1923, à savoir que Georges II était un homme de valeur et qu'il n'était en rien responsable des erreurs politiques ou militaires de son père le roi Constantin.

En dépit de ces soutiens officiels et privés, le couple royal hellène se désagrégea progressivement. L'absence d'enfant n'arrangea rien et l'incompatibilité d'humeur des époux, accentuée encore par les difficultés de l'exil, mina un mariage qui avait été en son temps si prometteur pour les dynasties grecque et roumaine. La reine Marie de Roumanie soutint son gendre contre la fantasque Elisabeth que chérissait le roi Ferdinand vieillissant et très gravement malade. Il fallut bien trancher un jour. Georges II quitta la Roumanie pour s'installer à Londres, à l'hôtel Brown, comme un simple particulier. Ce jeune monarque aux goûts modestes, prématurément désabusé, sans illusion sur les réalités du pouvoir et sur les jeux cruels de la politique, adopta un mode de vie effacé mais digne, égayé seulement, de temps à autre, par une invitation à Windsor, Sandringham ou Balmoral. Il ne revit Elisabeth que par intermittence. Malgré les efforts et les tentatives de Marie de Roumanie qui avait tant voulu cette union, le mariage fut dissous par un divorce en 1935. L'ex-roi des Hellènes restait ainsi seul et sans postérité au moment même où, à Athènes, la situation évoluait en sa faveur.

De l'hôtel au palais

Les charmes de la république s'épuisèrent rapidement en Grèce. En dehors d'une brève période de quatre années, de 1928 à 1932, durant laquelle Vénizélos, revenu au pouvoir une fois de plus, gouverna sagement le pays, anarchie parlementaire et pronunciamientos alternèrent sous les regards effarés et bientôt sceptiques d'un peuple grec qui, désormais, ne croyait plus en rien. Les meilleures choses ayant une fin, et les dernières années ayant vu se succéder à un rythme accéléré attentats — contre Vénizélos, notamment —, rébellion de la flotte, tentative de putsch de Plastiras et dictature provisoire de Tsaldaris, un général du nom de Condylis s'empara du pouvoir en mars 1935. Ni meilleur ni pire que les autres, ce général, manifestement moins ambitieux que certains de ses prédécesseurs galonnés, émit l'idée originale — « Tout change, tout bouge », se plaisait à dire la reine Marie de Roumanie — qu'un rétablissement de la monarchie pourrait assainir la situation intérieure de la Grèce. Sitôt dit, sitôt fait, Condylis, sans prendre peut-être toutes les précautions démocratique élémentaires, abolit par décret la république et organisa un plébiscite. Le 3 novembre 1935, 98 % des électeurs grecs donnèrent leur approbation au retour de l'ex-roi Georges. En admettant même que les résultats électoraux fussent un peu falsifiés — ce qui, hélas, semble être une constante en Grèce, que l'on vote pour la république ou pour la monarchie —, ce scrutin exprimait malgré tout l'immense lassitude de tout un peuple devant le désordre généralisé.

Les résultats connus à Londres, Georges II, auquel personne n'avait demandé son avis, comprit qu'il lui faudrait abandonner bientôt sa douillette chambre d'hôtel pour réaménager dans les appartements spacieux du palais royal d'Athènes. Il n'est pas certain que cette nouvelle l'ait enchanté, mais enfin il était roi, et un roi se doit à son peuple.

L'enthousiasme qui l'accueillit en Grèce, en novembre 1935, fut en tout point comparable à celui qui accueillit son père Constantin en décembre 1920. Après douze ans de pagaille gouvernementale et parlementaire, on comptait sur le roi pour rétablir une certaine dignité démocratique et sauver l'Etat de la banqueroute. Dans cette optique, d'ailleurs, les liens de Georges avec la franc-maçonnerie anglaise et les membres de la City pouvaient susciter quelque espoir. Malheureusement, la situation n'était pas simple et la Grèce était divisée en de multiples factions inconciliables. Républicains et monarchistes, aussi querelleurs les uns que les autres, s'affrontaient sans cesse, oubliant les intérêts de la nation et ne songeant qu'à la réalisation de leurs ambitions personnelles. Dans cette conjoncture où, au fond, il n'y avait d'honnête et de désintéressé que le roi et le peuple, il eût fallu que le monarque s'improvisât dictateur pour redresser le cap et sauver le navire du naufrage.

Georges II, trop conscient de ce que l'implication personnelle du roi dans les affaires intérieures du pays avait suscité de difficultés à son père, adopta le quant-à-soi de son grand-père Georges Ier. Après avoir tout de même promulgué une constitution libérale et accordé l'amnistie générale pour tous les crimes et délits commis par les hommes politiques sous la république, il se tint en retrait, observant les événements avec ce flegme britannique qu'il possédait naturellement mais que son exil londonien avait encore renforcé. Evidemment, les choses tournèrent mal. L'anarchie se poursuivit et la faillite parlementaire empêcha le rétablissement tant espéré d'une vie démocratique saine.

Dans ces conditions, le roi, constatant l'absence de majorité au parlement après les élections législatives de janvier 1936, et voyant que son vœu de formation d'un cabinet d'union nationale ne pouvait être exaucé, finit par se résoudre, en avril 1936, à confier le pouvoir provisoirement au général Ioannis Metaxas, celui-là même qui, en 1923, avait tenté de renverser le colonel vénizéliste Plastiras. En août 1936, Metaxas, qui était un homme de caractère et non dépourvu de compétences, instaura à Athènes un régime autoritaire, seul capable à ses yeux de rétablir l'ordre. Georges II, accusé par l'opposition de gauche d'être complice de ce coup l'Etat, fut en réalité tenu à l'écart des affaires par le général. A la fin de l'été 1936, alors qu'il villégiaturait dans son palais de Corfou, il reçut le roi Edouard VIII d'Angleterre qui, dans ses mémoires, nous décrit le souverain hellène quelques semaines après l'instauration de la dictature de Metaxas : « A Londres, Georges avait mené une vie tranquille et discrète à l'hôtel Brown. Là, il donnait l'impression d'un homme heureux, mais, en le revoyant dans sa patrie, il me parut désabusé. Quand je lui demandai, de roi à roi, comment il se tirait d'affaire, il me répondit avec amertume qu'il ne s'en tirait pas du tout. A son retour, il avait trouvé les Grecs divisés en d'innombrables factions et coteries. S'il essayait d'en approcher une, les autres en prenaient aussitôt ombrage. Il avait donc renoncé à voir qui que ce soit. Le dictateur Metaxas venait de l'obliger à dissoudre le parlement et à proclamer la loi martiale. " Je ne suis roi que de nom, me dit Georges, je ferais tout aussi bien de retourner à l'hôtel Brown. " »

La dictature du général Metaxas dura jusqu'au début de la Seconde Guerre mondiale. Tandis que le roi se voyait réduit à un rôle strictement représentatif, la poigne de fer de son chef de gouvernement redressa la nation grecque et lui permit de vivre cinq années de tranquillité intérieure. Certes, la répression dont l'extrême gauche et les communistes furent l'objet ne pouvait que choquer les démocrates, mais l'attitude terroriste adoptée par ces opposants justifiait, aux yeux du pouvoir en place, la rigueur de la riposte policière et judiciaire. Quoi qu'il en soit, c'est indiscutablement au prix du bâillonnement du parlement et de la suspension de nombreuses libertés publiques que les Grecs payèrent ces cinq années de « paix civile ».

Le David grec contre le Goliath italien

Le général Metaxas était un admirateur de l'Allemagne. Ancien de l'Académie militaire de Berlin, il avait, sous le premier règne de Constantin, et alors qu'il détenait le poste de chef d'état-major, prôné puis soutenu fermement la politique de neutralité du roi. Comme de nombreux hommes de sa génération, il avait été élevé dans le souvenir de l'effondrement militaire français de 1870 et l'armée allemande lui paraissait invincible. La défaite de 1918 n'avait pas atténué ce respect et le relèvement du Reich par Hitler ajoutait encore à ce sentiment avec, cette fois, il est vrai, une nuance de crainte. Dès son arrivée au pouvoir, soit pour flatter Hitler, soit parce qu'il considérait les Allemands comme des gens sérieux et compétents en matière économique, il avait confié à des experts du Reich le redressement financier du pays. Cette décision avait déplu au très anglophile Georges II et accru la réserve du roi à l'encontre du général.

Malheureusement pour la Grèce, Hitler n'avait que du mépris pour les Etats balkaniques qu'il jugeait d'importance tout à fait secondaire et donc destinés uniquement à servir les intérêts de l'Axe. Dans cet esprit, les seules relations importantes à ses yeux étaient les relations germano-italiennes, et il était disposé à satisfaire les ambitions que son compère de Rome nourrissait dans les Balkans. Mussolini s'était ainsi emparé de l'Albanie en avril 1939 et, depuis, envoyait troupes sur troupes pour réduire la résistance du petit peuple montagnard. La Grèce, voisine de l'Albanie, s'était tenue dans une prudente expectative pour ne pas froisser les Etats totalitaires. Cette neutralité ne fut pas payée de retour car les Italiens, prétextant que le territoire grec servait de sanctuaire aux résistants albanais et que la flotte britannique disposait de bases navales en Grèce, lancèrent un ultimatum au gouvernement d'Athènes le 28 octobre 1940 pour lui enjoindre de leur céder des places stratégiques. Mussolini, qui cherchait la confrontation, était convaincu qu'en cas de refus il ne ferait qu'une bouchée de la Grèce et que celle-ci serait rapidement écrasée, comme l'avait été l'Abyssinie quelques années auparavant.

Metaxas, qui avait du courage et de l'honneur, répondit par la négative à l'ultimatum et lança un appel au peuple : « Hellènes, serrons nos poings et élevons nos âmes ! » Ces paroles furent parfaitement entendues puisque, en moins de quatre mois la petite armée royale hellénique infligea une cuisante défaite à la puissante et moderne armée italienne qui avait envahi le nord du pays. Les Grecs se payèrent même le luxe, après avoir repoussé les Italiens, de pénétrer en triomphateurs et en libérateurs sur le territoire albanais. Mussolini, déconfit et honteux, appela à l'aide son allié allemand qui, pour le satisfaire et se frayer un passage vers la Grèce, détruisit l'infortuné royaume de Yougoslavie.

Siegfried sur l'Acropole

L'armée du Führer n'était pas celle du Duce. Malgré leur vaillance, les troupes grecques, épuisées par plusieurs mois de guerre avec les Italiens, ne purent supporter ce nouveau choc. Le général Metaxas avait raison de croire à l'invincibilité des Allemands. Les Grecs furent vaincus et le drapeau nazi flotta sur l'Acropole le 27 avril 1941. Metaxas avait lui-même échappé à cette humiliation puisqu'il était mort en janvier 1941 d'une crise cardiaque. Le 18 avril 1941, son successeur à la présidence du Conseil, Alexandre Koritzis, ancien gouverneur de la Banque hellénique, s'était suicidé en apprenant que le front grec avait été enfoncé par les Allemands. Resté seul, le roi Georges II, refusant la capitulation, quitta la Grèce métropolitaine pour s'installer en Crète où des troupes britanniques avaient déjà pris position. Mais Hitler, inquiet de voir la Crète transformée en base de résistance, lança une vaste opération aéroportée contre l'île. Les Grecs et leurs alliés anglais furent contraints de décrocher et le roi s'exila au Caire avec ce qu'il restait de son gouvernement.

La Grèce connut, pendant l'occupation, les mêmes dissensions internes qui ensanglantèrent la résistance yougoslave et l'empêchèrent d'agir avec efficacité. Deux groupes s'affrontèrent : l'armée démocratique hellénique (E.D.E.S.), favorable au roi et à la démocratie, et l'armée du Front National de Libération (E.L.A.S.) de tendance communiste. Cette formation, du reste, n'entra dans la résistance patriotique qu'à partir de juillet 1941, c'est-à-dire après que l'Allemagne hitlérienne eût attaqué l'Union soviétique.

Pendant ce temps, Georges II, réfugié à Londres, tentait de réconcilier les factions opposées et faisait part au général de Gaulle de ses difficultés à y parvenir. De fait, il n'y parvint pas car il n'avait pas en face de lui d'interlocuteur privilégié. Les résistants communistes n'avaient pas trouvé leur Tito et cette lacune, regrettable du point de vue de la négociation, devint rapidement un atout pour le roi et le gouvernement démocratique en exil. Georges II, seul représentant légitime de l'Etat grec, et soutenu fidèlement par les Anglais qui ne le lâchèrent pas comme ils le firent avec Pierre II de Yougoslavie, incarna la résistance du pays. Son attitude fut au demeurant si exemplaire que, pour ne pas forcer la main aux communistes de l'E.L.A.S., il leur offrit des portefeuilles — qu'ils refusèrent — dans le gouvernement en exil, et leur proposa, avec une certaine élégance, de ne remonter sur le trône au moment de la libération du territoire qu'après un référendum populaire sanctionnant son retour.

Le second règne de Georges II

L'effondrement de l'Axe entraîna l'évacuation de la Grèce par l'armée allemande. Le 18 octobre 1944, le gouvernement grec en exil à Londres s'installait à Athènes. Le pays était enfin libéré, mais un autre danger se profila à l'horizon : la prise de pouvoir insurrectionnelle des communistes. Staline souhaitait, en effet, réaliser le grand chelem dans les Balkans. Il savait que les alliés occidentaux finiraient par lui céder le contrôle de la Roumanie, de la Bulgarie, de l'Albanie et de la Yougoslavie, et ne comprenait pas que la Grèce puisse lui échapper.

C'était sans compter sur la mauvaise conscience de Churchill qui se pardonnait mal l'abandon de la monarchie yougoslave et qui décida de sauver la monarchie grecque. Si le Premier ministre britannique réagissait ainsi, c'était sans doute en monarchiste de conviction qu'il était, mais aussi en raison de considérations stratégiques. Les Anglais ne pouvaient ignorer qu'une Grèce communiste serait le bastion avancée de l'U.R.S.S. en Méditerranée orientale et que, dès lors, une menace directe et permanente péserait sur leur empire colonial, de Malte aux Indes, en passant par Chypre, le canal de Suez et le Moyen-Orient. Churchill n'hésita pas. En pleine guerre civile grecque, il se rendit à Athènes par avion le 25 décembre 1944 et réunit tous les chefs de factions, même les communistes qui ne purent refuser de se rendre à la convocation d'un homme qui, après tout, était toujours le grand allié de Staline. Le Premier britannique imposa alors la cessation des hostilités et la nomination du métropolite d'Athènes, Monseigneur Damaskinos, en qualité de régent du royaume jusqu'à ce que soit tranchée par voie référendaire la question institutionnelle.

Sur le terrain, la guerre civile ne fut cependant pas interrompue par la visite de Churchill. Elle se poursuivit en 1945 et en 1946 avec une cruauté qui n'eut rien à envier à la guerre d'Espagne de 1936-1939. Des grèves et des manifestations communistes perturbèrent également le fonctionnement régulier des pouvoirs publics et amenèrent Monseigneur Damaskinos à rencontrer Georges II à Londres pour fixer la date du référendum. Le 1er septembre 1946, la consultation eut lieu et 70 % des Grecs votèrent pour le rétablissement du roi.

Le retour de Georges II ne changea rien et la guerre civile continua de faire rage. L'Angleterre, ne voulant décidément pas abandonner la Grèce aux communistes, soutint le régime légal qui, sur le terrain, avec le général Alexandre Papagos, vainqueur des Italiens en Albanie et partisan de la résistance avec le roi en avril 1941, remporta des succès incontestables. Staline condamna l'ingérence de l'Angleterre en Grèce et, avec une extraordinaire outrecuidance, déclara que cette ingérence justifiait pleinement, en retour, la présence de l'Armée rouge en Allemagne orientale, en Tchécoslovaquie, en Pologne, en Hongrie, en Roumanie, en Bulgarie, en Albanie et en Yougoslavie. Dans ce dernier pays, toutefois, Tito, qui jouait sa carte personnelle, avait rapidement mis fin à l'amicale présence de l'armée soviétique.

La politique britannique à l'égard de la Grèce fut modifiée par la chute de Churchill et l'arrivée au pouvoir des travaillistes. En février 1947, Clement Attlee notifia au président des Etats-Unis Harry Truman que l'Angleterre ne pouvait plus, financièrement parlant, soutenir le régime légal en Grèce. Avec courage et résolution, Truman décida immédiatement que l'Amérique prendrait la relève. Dès lors, l'appui matériel des Etats-Unis se substitua à celui des Anglais défaillants.

Sur ces entrefaites, le roi Georges II mourut le 1er avril 1947, âgé de cinquante-sept ans seulement. Comme son père le roi Constantin, Georges avait été usé par une Grèce qui ne lui avait ménagé ni les drames ni les peines. N'ayant pas de postérité de son ex-épouse Elisabeth de Roumanie, Georges laissa le trône à son frère Paul, troisième fils de Constantin, qui devint le roi Paul Ier des Hellènes. En 1938, Paul avait épousé la princesse Frédérika de Brunswick-Lunebourg qui lui avait donné trois enfants : la princesse Sophie, le prince Constantin et la princesse Irène. Le prince Constantin, né en 1940, devint diadoque et duc de Sparte, comme l'avait été son grand-père Constantin Ier avant lui.

En novembre 1947, un autre événement dynastique d'importance mit la famille royale hellène en vedette : le mariage du prince Philippe de Grèce, fils du prince André et petit-fils de Georges Ier, avec la princesse héritière Elisabeth d'Angleterre, fille aînée du roi George VI. Cette union prestigieuse des deux familles royales intervenant l'année même où le gouvernement britannique se désengageait de la politique grecque prouve assez combien l'histoire de la monarchie hellène, loin de suivre un cours régulier, est soumise aux fluctuations de l'histoire et à des retournements aussi constants qu'imprévisibles.

Paul et Frédérika

L'aide militaire et financière des Etats-Unis comme les talents du général Papagos finirent par avoir raison de l'insurrection communiste dirigée depuis plusieurs mois par un certain général Markos, émule un peu tardif et moins brillant de Tito. En août 1949, les forces gouvernementales sous le commandement du général Tsakalotos écrasèrent définitivement les communistes lors de la bataille des monts Grammos et consolidèrent ainsi le trône de Paul Ier.

On aurait pu croire que les démocrates grecs, échaudés par la perspective d'un basculement de leur pays dans la zone d'influence de l'U.R.S.S., se seraient amendés et auraient renoncé à leurs jeux stériles. Cet espoir fut vain. La Grèce de l'après-guerre, la Grèce démocratique victorieuse, sombra de nouveau dans l'instabilité gouvernementale, la querelle des partis et les règlements de comptes personnels en dépit des efforts du roi pour favoriser une vie parlementaire convenable. Le général Papagos, nommé maréchal par Paul Ier, démissionna de l'armée pour marquer sa désapprobation devant cette situation politique lamentable. Son retrait spectaculaire en fit une sorte de « De Gaulle grec », un homme auquel le roi, en cas de faillite générale, aurait pu faire appel.

C'est d'ailleurs ce qui se produisit après les élections législatives de novembre 1952 qui donnèrent une forte majorité à la droite. Paul Ier chargea alors le maréchal, qui prétendait gouverner au-dessus des partis, de former un nouveau cabinet. Jouissant d'une grande popularité dans une opinion publique qui ne faisait plus confiance aux organisations politiques traditionnelles et bénéficiant de l'appui du monarque, Papagos gouverna avec intelligence le pays qui, grâce à lui, amorça un redressement significatif sur le plan économique. L'aide financière américaine y était pour beaucoup, sans doute, mais aussi la confiance que le nouveau gouvernement avait su redonner au peuple. Reconnaissant aux Etats-Unis de leur soutien financier, le maréchal fit adhérer la Grèce à l'O.T.A.N. et céda des bases militaires à l'armée américaine. Il se rapprocha également de la Yougoslavie de Tito qui avait pris ses distances avec Moscou.

Hélas pour la Grèce, Papagos mourut en octobre 1955 et fut remplacé par Constantin Karamanlis qui poursuivit son action sans jouir, naturellement, de son charisme et de ses capacités. Le gouvernement dut affronter les événements de Chypre, alors colonie britannique, où les communautés grecques, qui souhaitaient le rattachement à la mère patrie, s'opposaient avec violence à la population d'origine turque. Soupçonnée d'envenimer les choses dans cette affaire qui rappelait étrangement la question de Crète un siècle auparavant, la Grèce se vit battre froid par l'Angleterre. Les accords de Zurich de février 1959 ne parvinrent qu'à une pacification relative de l'île qui devint désormais indépendante de Londres sous l'autorité de

Monseigneur Makarios. Karamanlis, homme d'Etat compétent et tacticien redoutable, gouverna la Grèce pendant huit ans, c'est-à-dire jusqu'en 1963. Cette période fut une période de stabilisation qui permit le fonctionnement satisfaisant de la monarchie constitutionnelle. Respectueux de son chef de gouvernement, Paul Ier n'intervint pratiquement pas dans les affaires publiques jusque dans les années 60. Cette réserve fut mal interprétée par l'ambitieux et autoritaire Karamanlis qui, croyant avoir affaire à un monarque insignifiant, froissa le roi à diverses reprises et souvent pour des motifs futiles. Ne souhaitant pas voir le président du Conseil se transformer en maire du palais, Paul Ier, fatigué du caractère trop personnel des méthodes de gouvernement de Karamanlis, songea à favoriser l'alternance en faveur de l'Union du Centre présidée par Georges Papandréou, adversaire le plus brillant du président du Conseil. Informé de ces sentiments, Karamanlis, plutôt que d'assouplir sa position, mit ce changement du roi sur le compte de la reine Frédérika qu'il détestait et qui le lui rendait bien. Son ressentiment fut tel qu'il n'hésita pas un jour à apostropher publiquement la souveraine en lui lançant de manière fort discourtoise : « Vous, Madame, occupez-vous de vos marmites si vous ne voulez pas perdre votre trône ! » A l'évidence, aveuglé par un exercice trop long du pouvoir, Karamanlis avait, lui, perdu la tête et manifesté de façon choquante le peu de considération qu'il avait pour la famille royale. Notons — et ce n'est pas là le moindre paradoxe — que jamais Karamanlis n'avait fait profession de républicanisme. Son attitude était donc plutôt la réaction d'un homme orgueilleux qui se croyait irremplaçable et qui ne pouvait supporter que son souverain puisse songer un instant à se passer de ses services. Quoi qu'il en soit, la reine ne pardonna pas — cela étonnera-t-il vraiment ? — et fut d'autant moins portée à pardonner qu'elle venait de remporter un succès dynastique considérable qui renforçait encore le prestige de la monarchie hellène.

Le 14 avril 1962, en effet, la fille aînée des souverains grecs, la princesse Sophie, épousa à Athènes, en la cathédrale orthodoxe de l'Annonciation d'abord, en la cathédrale catholique de

Saint-Denis ensuite, le prince Juan Carlos de Bourbon, fils du comte de Barcelone et petit-fils du dernier roi d'Espagne Alphonse XIII. Les deux jeunes gens s'étaient rencontrés lors d'une croisière organisée à bord de *L'Agamemnon* par la reine Frédérika. Celle-ci avait favorisé l'idylle naissante tant en raison du couple parfait que formaient le prince espagnol et sa fille, que pour des motifs de haute politique. Femme de tête avant tout, Frédérika avait supputé le parti considérable que le jeune prince pouvait un jour représenter. Si Juan Carlos n'était rien en 1962, il avait de grandes espérances pour l'avenir. En 1947, le général Franco, dictateur de l'Espagne, avait restauré la monarchie dans son principe seulement, c'est-à-dire en se proclamant régent — titre qui séduit décidément les militaires — sans pour autant faire le choix d'un roi. Le comte de Barcelone, héritier légitime du trône, lui paraissant trop libéral, Franco résolut, avec son accord, de lui retirer son fils aîné, le prince Juan Carlos, afin d'éduquer l'adolescent princier selon ses vues. Juan Carlos grandit ainsi dans l'ombre du dictateur sans que celui-ci lui révélât jamais clairement ce que serait son destin. Frédérika fut-elle mieux renseignée et alla-t-elle directement aux sources à Madrid ? C'est fort possible. En tout cas, avant tous les experts de politique internationale, elle avait pressenti que Juan Carlos deviendrait le successeur officiel de Franco puis roi d'Espagne, événements qui, de fait, se produiront en 1969 puis en 1975. L'accession au trône d'Espagne de sa fille Sophie était naturellement une perspective qui ne pouvait que flatter l'amour-propre de cette femme de caractère.

Attaqué de tous côtés à cause de son autoritarisme, Karamanlis, qui ne jouissait plus de la confiance de la Cour, trébucha en mai 1963 à la suite du meurtre du député d'extrême gauche Lambrakis. Cette affaire, qui fut à l'origine d'un film célèbre de Costa Gavras, déclencha une agitation si vive dans le pays en raison de l'implication présumée de la police dans l'attentat que le président du Conseil se retira. En novembre 1963, après une période de transition, Paul Ier appela au gouvernement Georges Papandréou, leader de l'Union du Centre. Celui-ci remporta les élections législatives de février 1964 avec 53 % des suffrages. Blessé, l'orgueilleux Karamanlis s'exila à Paris.

Paul Ier ne put collaborer longtemps avec Georges Papandréou. Le 6 mars 1964, il s'éteignit à l'âge de soixante-trois ans d'un cancer à l'estomac. Son fils le diadoque Constantin monta alors sur le trône sous le nom de Constantin II ou Constantin XIII, pour respecter la titulature byzantine. Les Grecs adoraient ce jeune prince de vingt-quatre ans, beau garçon et sportif de haut niveau, que sa médaille d'or aux jeux Olympiques de Rome en 1960 dans la catégorie yachting auréolait peut-être plus encore que sa naissance royale.

L'aube radieuse d'un nouveau règne

Manquant d'expérience politique, Constantin II, dont Paul Ier n'avait pas eu le temps de parfaire la formation, se tint, au début de son règne, dans une réserve constitutionnelle qui ne pouvait que satisfaire un Georges Papandréou assez intelligent pour gouverner tout en ménageant les susceptibilités de la Cour. Le roi et le président du Conseil avaient, du reste, chacun de son côté en cette année 1964, des objectifs prioritaires qui ne pouvaient se heurter. Papandréou souhaitait, par des réformes intérieures audacieuses et une politique plus indépendante à l'égard de l'étranger, effacer les traces de huit années de gouvernement Karamanlis ; Constantin, lui, afin de partager le poids de la couronne et assurer la pérennité de la monarchie, cherchait une épouse dans le Gotha européen.

Loin des combinaisons dynastiques, le jeune et beau roi laissa parler son cœur et porta son choix sur une princesse scandinave : Anne-Marie de Danemark, fille du roi Frédérik IX et de la reine Ingrid, née princesse de Suède. Agée de dix-huit ans, Anne-Marie était la benjamine et la plus jolie des filles des souverains danois. Par ailleurs, elle était apparentée à Constantin puisque tous deux descendaient en droite ligne du roi Christian IX de Danemark. Cette union ne pouvait susciter de critiques ni du point de vue monarchique ni du point de vue démocratique puisque le royaume de Danemark était depuis toujours, outre l'un des plus anciens d'Europe, celui où cohabitaient avec le plus de bonheur depuis un siècle au moins le régime démocratique et les prérogatives royales.

C'est le 18 septembre 1964 que le roi Constantin épousa la princesse Anne-Marie à Athènes dans une liesse populaire qu'on n'avait pas vue en Grèce depuis la restauration de Constantin Ier en 1920 ou celle de Georges II en 1935. Les jeunes gens avaient pour eux la naissance, la gloire et la beauté, et le peuple grec, plus sensible que d'autres peut-être à ces qualités, fut reconnaissant à son champion olympique et à la petite princesse sortie tout droit d'un conte d'Andersen de le faire rêver un moment et de l'emmener loin, très loin, des querelles politiques de bas étage, de la corruption généralisée et des affaires louches. Patrie de la jeunesse, la Grèce était resplendissante ce jour-là et le bonheur du petit peuple de la Plaka ne le cédait en rien au plaisir de la gentry européenne se bousculant dans les salons du palais de Tatoï. La nouvelle reine scandinave avait déjà conquis le cœur de ses sujets méditerranéens en déclarant : « Je n'ai jamais rêvé d'épouser un roi. Je voulais simplement être une femme heureuse avec son mari. Oui, j'aime depuis longtemps Constantin et je souhaite que le temps nous permette de vivre quelques années comme tout le monde. »

Le roi sacrifié

Le soleil ne brilla pas longtemps sur le royaume et la vie politique, à nouveau, reprit son cours instable. Après quelques mois d'état de grâce, Georges Papandréou commença à être fortement contesté tant par l'opposition que dans les rangs mêmes de l'Union du Centre, son propre parti. Des conflits éclatèrent entre le président du Conseil et son ministre des Finances, Constantin Mitsotakis, au sujet de la politique économique et

Papandréou fut violemment attaqué à propos de son fils Andreas, leader de l'extrême gauche, qui était soupçonné de collaborer avec l'ASPIDA, une organisation secrète d'officiers révolutionnaires. La crise couva tout au long du premier semestre de 1965. En juillet, elle éclata à la suite du refus du roi Constantin d'approuver l'éviction du ministre de la Défense et la prise en charge de ce ministère par le président du Conseil lui-même. Il est plus que vraisemblable que le roi craignait l'influence néfaste de la famille Papandréou, et surtout d'Andreas, sur l'armée et qu'il avait été alerté par l'état-major sur le risque de contamination de l'institution militaire par l'ASPIDA. En tout cas, Papandréou, en conflit également avec le palais au sujet de certaines nominations d'officiers généraux, saisit ce prétexte pour remettre sa démission. Il entama alors une campagne d'opposition personnelle au roi en dépit des réserves d'un grand nombre de parlementaires de son parti et du fait que le monarque n'était pas sorti de ses prérogatives constitutionnelles.

Constantin II appela à la tête du cabinet le chef centriste Stefanos Stefanopoulos qui gouverna pendant quinze mois avec une majorité parlementaire de quatre voix seulement. En décembre 1966, l'Union Radicale Nationale, ancien parti de Karamanlis, retita son soutien à Stefanopoulos, ce qui provoqua la chute immédiate du gouvernement. Le roi nomma alors un cabinet de transition dirigé par Jean Paraskevopoulos qui se traîna jusqu'en mars 1967 et se vit remplacer par le gouvernement de Panayotis Kanellopoulos. La seule issue était la dissolution parlementaire et des élections législatives anticipées. Le roi, conscient qu'il n'y avait pas d'autres solutions, signa le décret de dissolution que lui présentait son chef de gouvernement et fixa la date des élections au 28 mai 1967.

Le 21 avril 1967, Athènes se réveilla au bruit sinistre des moteurs et des chenilles des engins blindés. Prétextant la nécessité de faire échec à un putsch d'extrême gauche, le colonel Georges Papadopoulos, le colonel Stefanos Pattakos et le colonel Nicolas Makarezos avaient pris l'initiative d'un coup d'Etat pour interrompre le processus constitutionnel. Le chef du gouvernement, Kanellopoulos, le chef de l'opposition, Papandréou, et des centaines de responsables politiques furent arrêtés et déportés dans les îles. Mis devant le fait accompli, le roi Constantin, observant que le peuple n'avait pas bougé, tenta de sauver la face en nommant un conseiller à la Cour de Cassation, Constantin Kollias, à la tête du ministère, puis se retira au palais de Tatoï, à quelques kilomètres d'Athènes.

Le roi avait pensé que les choses se rétabliraient d'elles-mêmes et que les auteurs du pronunciamiento, soit par une réaction populaire, soit par une intervention des éléments loyalistes de l'armée, finiraient par regagner leurs casernes. Son espoir fut vain. Le pays ne se souleva pas et la dictature reçut le soutien implicite des Etats-Unis dont le colonel Papadopoulos, ancien correspondant de la CIA, avait la confiance. La junte, après avoir suspendu les libertés publiques, procéda, pour affermir son autorité, à l'épuration de l'armée, de la magistrature, de l'université et de l'ensemble de la fonction publique. Les hautes nominations étant de la compétence du roi, il était évident que le conflit ne pouvait être longtemps évité entre le souverain et la nouvelle équipe au pouvoir.

Constantin, avec le soutien de son président du Conseil Kollias, tenta un contre-coup d'Etat le 13 décembre 1967. Il lança un appel radiodiffusé à la population, lui demandant de l'aider à rétablir la démocratie et fit appel au soutien des officiers loyalistes de l'armée. Ce fut un échec. Par manque de puissance de l'émetteur du palais, le discours du roi ne fut pratiquement pas entendu et, dans les casernes, les officiers fidèles au monarque furent arrêtés avant d'avoir pu tenter quoi que ce soit. Les dictateurs, bien informés, se méfiaient du roi depuis un certain temps et avaient prévenu son geste. Le lendemain du soulèvement avorté, Constantin et toute la famille royale — le roi et la reine avaient deux enfants en bas âge : la princesse Alexia et le prince Paul — s'exilèrent en Italie et s'installèrent à Rome. A Athènes, le général Georges Zoïtakis fut nommé régent du royaume et le colonel Papadopoulos s'attribua la présidence du gouvernement.

L'étrange monsieur Karamanlis

La dictature militaire grecque était désormais solidement installée. Théoriquement, la monarchie se perpétua jusqu'en 1973. Le roi Constantin II, exilé à Londres comme son oncle Georges II après l'avoir été à Rome, restait le souverain légitime des Hellènes dont le portrait ornait tous les édifices publics et dont le profil figurait sur les monnaies. Cette fiction dura jusqu'en juillet 1973, date à laquelle Papadopoulos, à la suite d'une rébellion de la marine dont il rendit le roi responsable, proclama la république qui fut sanctionnée par un référendum dont les modalités furent internationalement contestées. Le colonel Papadopoulos fut lui-même renversé par un général en décembre 1973, et la sinistre comédie s'acheva en juillet 1974 par la chute définitive de la dictature à la suite des événements de Chypre.

Constantin Karamanlis, en exil à Paris depuis 1963, fut rappelé à Athènes où, le 23 juillet 1974, il arriva en triomphateur. Il forma un gouvernement d'union nationale chargé de rétablir la démocratie et, en novembre 1974, à la suite d'élections législatives, obtint 54,7 % des voix.

Restait cependant à trancher la question royale. Karamanlis, au cours de sa carrière politique, ne s'était jamais prononcé pour la république. Sans doute des incidents avec le roi Paul Ier et la reine Frédérika l'avaient-ils marqué, mais il s'agissait de difficultés d'ordre plus relationnel qu'institutionnel et chacun pensait qu'après les terribles épreuves de la dictature les Grecs démocrates passeraient l'éponge sur les vexations et frictions personnelles du passé. C'était sans compter sur la rancune de Karamanlis qui, ne pouvant rien reprocher au roi sur le plan politique, ne lui pardonna pas d'être le fils de sa mère, la reine Frédérika, dont l'opposition dynastique faisait une sorte de Marie-Antoinette assoiffée du sang des patriotes grecs. Que la reine mère fût à cette époque complètement retirée de la vie politique et claustrée dans un monastère bouddhiste en Inde n'empêcha pas que son nom fût abusivement utilisé dans la campagne référendaire au terme de laquelle, le 8 décembre

1974, le peuple devait se prononcer sur la forme institutionnelle de la Grèce démocratique.

La date choisie pour le référendum, moins d'un mois après les législatives, montrait clairement que Karamanlis ne voulait pas laisser aux Grecs le temps de respirer et de choisir en toute sérénité la forme du régime. Naturellement, le roi ne fut pas autorisé à retourner en Grèce et les partisans de la royauté furent ridiculisés par des affiches où l'on voyait le portrait de la reine Frédérika avec ce slogan : « Attention, j'arrive ! »

Karamanlis savait ce qu'il faisait en interdisant l'accès du territoire au roi. Il ne doutait pas un seul instant, en effet, que la seule présence à Athènes du jeune couple royal avec ses trois magnifiques enfants — le prince Nicolas était né en exil — soulèverait l'enthousiasme du peuple dont l'affection pour le roi en exil ne s'était pas démentie. Certain du résultat qu'il voulait obtenir, Karamanlis le démocrate déclara aux journalistes, trois semaines avant le référendum : « Le roi n'a aucune chance. »

Il avait raison. Le 8 décembre 1974, la république l'emporta avec 69,2 % des suffrages. Ainsi, pour la première fois dans l'Histoire, une monarchie était sanctionnée pour avoir refusé de collaborer avec le fascisme.

Ire Maison royale de Grèce
Wittelsbach

MAXIMILIEN Ier Joseph
Roi de Bavière
(1756 † 1825)
épouse WILHELMINE
de HESSE DARMSTADT

LOUIS Ier
(1786 † 1868)
roi de Bavière
(1825 † 1848)
épouse princesse THÉRÈSE
de SAXE-HILDBURGHAUSEN

MAXIMILIEN II
(1811 † 1864)
roi de Bavière
(1848 † 1864)
épouse
MARIE de PRUSSE

OTHON Ier
(1815 † 1867)
roi de Grèce
(1832 † 1862)
ép. 1836
AMÉLIE d'OLDENBURG
(1818 † 1875)
S.P.

LUITPOLD
(1821 † 1912)
régent de Bavière
(1886 † 1912)

Maison Royale
de
Bavière

LOUIS II
(1845 † 1886)
roi de Bavière
(1864 † 1886)

OTHON Ier
(1848 † 1916)
roi de Bavière

IIe Maison royal de Grèce
Glücksbourg

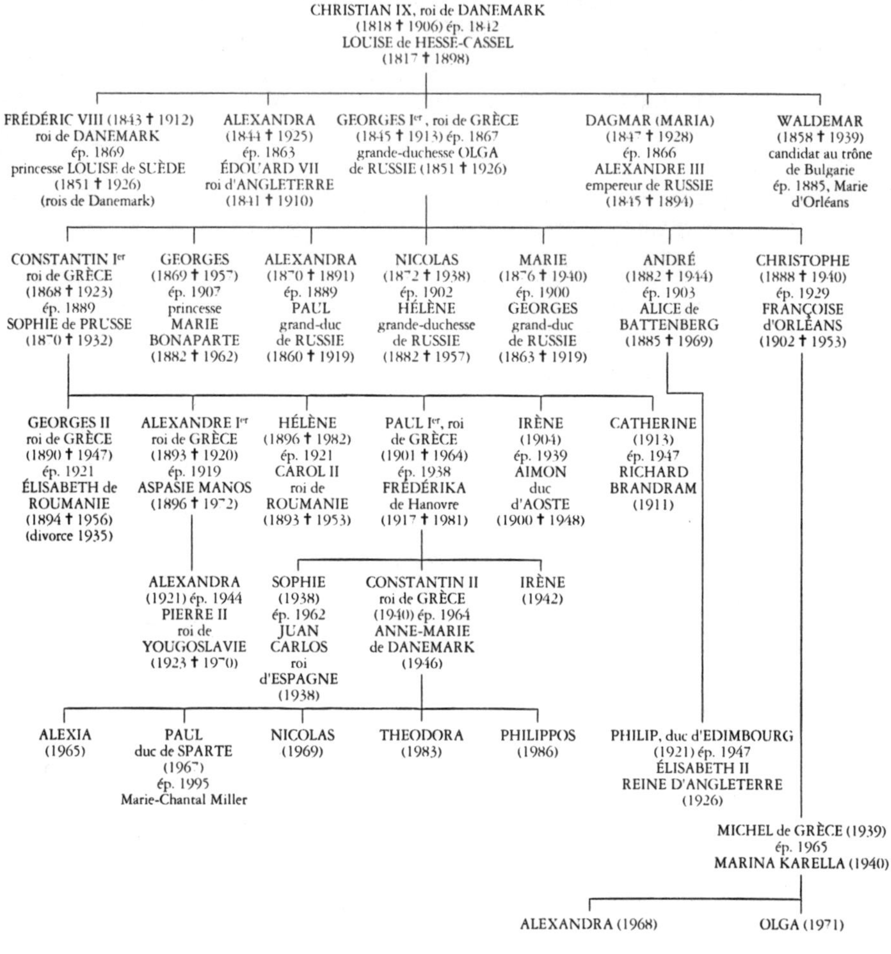

6

La couronne d'acier de Roumanie (1859-1947)

« Quand le massacre eut pris fin, que le loup et la buse ont rongé les os, le soleil flamboyant dissipe joyeusement les vapeurs délétères et le champ de bataille redevient bientôt vert. Après le long piétinement des Turcs et des Russes on t'a vu ainsi renaître, ô nation de Trajan, telle que l'astre clair qui sort de l'éclipse noire avec la jeune sève des filles de quinze ans. Et les races latines à ta langue argentine ont reconnu l'honneur qu'il y avait dans ton sang. »

Frédéric MISTRAL

De César au sultan

Peuplée dans la plus haute Antiquité par les Daces, peuple indo-européen ayant constamment migré entre la Crimée et la Germanie, la Roumanie, ou Dacie, fut, au Ier siècle de notre ère, la rivale de Rome. Franchissant le Danube, les cavaliers intrépides de Borebista puis de Décébal, maniant avec dextérité le glaive, la lance et l'arc, semèrent la terreur dans la colonie romaine de Mésie, actuelle Bulgarie. Lassé des plaintes des colons, l'empereur Trajan monta une expédition militaire qui, nouvelle guerre des Gaules, devait réduire les Daces. Au début du IIe siècle, après avoir fait édifier sur le Danube un pont de pierre dont les vestiges se voient encore, l'impétueux Trajan lança ses légions sur la Dacie. Après cinq années d'une guerre cruelle qui, de 101 à 106, ravagea le pays, Rome triompha du peuple farouche. Décébal, pour ne pas subir le sort de Vercingétorix, se suicida, et le reste de ses troupes se réfugia dans les inaccessibles Carpates. Trajan installa sur le territoire conquis des colonies militaires qui assurèrent une pacification définitive.

Les invasions barbares, à partir du IIIe-IVe siècle, fondirent sur l'Empire romain, s'en prenant d'abord, naturellement, aux colonies excentrées comme la Dacie qui, sous l'administration impériale était devenue la « Dacia Felix » ou « Dacie heureuse », ce qui en dit suffisamment long sur la réussite de la conquête et de la colonisation romaines. Abandonnée par une Rome elle-même menacée à l'ouest, la Dacie fut envahie par les Goths, puis par les Wisigoths, les Avars, les Tatars et les Huns, abominables destructeurs qui ruinèrent le pays. Toutefois, comme pour illustrer le proverbe roumain qui affirme que « le flot s'écoule mais que les pierres restent », après plusieurs décennies qui avaient vu se succéder l'une après l'autre des vagues d'invasion qui souvent déferlaient jusqu'en Grèce, la race créée en Dacie par le brun légionnaire romain et la fille blonde du cavalier dace perdura. On l'appela scientifiquement race daco-romaine, ce qui, immanquablement, renvoie dans nos esprit à la race gallo-romaine, socle ethnique de la France. Nul ne sait précisément à quelle époque la Dacie devint Roumanie ou Romania, seul territoire de l'ancien Empire romain à porter ainsi le nom de l'illustre fondatrice. Peut-être faut-il voir là, simplement, une classification imposée par les Byzantins pour distinguer les Daco-Romains, d'origine latine, des Grecs qui formaient la race dominante, culturellement parlant au moins, de l'Empire byzantin.

De fait, la Roumanie, libérée pour un temps des invasions, releva de l'autorité de Byzance. L'influence byzantine se manifesta surtout par la conversion des Roumains à l'orthodoxie après le schisme de 1054. De la sorte, seul peuple latin de confession orthodoxe, les Roumains qui appelaient leurs enfants — et les appellent du reste toujours ainsi — Virgil, Caius ou Trajan, commencèrent à engendrer des Alexandre, Nicolas ou Constantin. Les deux cultures cohabitèrent en Roumanie mais les Roumains, contrairement aux autres peuples des Balkans, conservèrent l'écriture latine.

Au XIIIe siècle, furent constituées à l'est des Carpates les principautés autonomes de Valachie et de Moldavie, tandis que la région située à l'ouest des Carpates, véritable cœur de la Dacie romaine, et qui portait le nom de Transylvanie, fut conquise par les envahisseurs magyars. Ceux-ci, d'origine asiatique, s'installèrent en Europe centrale à la fin du IXe siècle et, sous le nom de Hongrois, dominèrent cette région jusqu'en 1918. Ainsi, la Roumanie fut scindée en deux tronçons qui, jusqu'au XXe siècle, suivirent un cours historique différent.

Confrontée au péril turc comme toutes les nations chrétiennes des Balkans, la Roumanie vit déferler l'invasion ottomane dès la fin du XIVe siècle. La résistance des Roumains fut acharnée et les princes valaques, tels Mircea le Vieux ou Vlad l'Empaleur, n'eurent rien à envier au courage et à la ténacité des princes moldaves dont le plus illustre, Etienne le Grand, fut surnommé « l'Athlète de la Chrétienté ». Isolés, les Roumains durent cependant finir par céder. La Valachie passa sous suzeraineté ottomane en 1476 et la Moldavie subit le même sort en 1538.

Ecrasée par le joug hongrois à l'ouest et par celui des Turcs à l'est, la Roumanie ne fut plus libre de son destin jusqu'au XIXe siècle, si l'on excepte la très miraculeuse et très brève unification nationale réalisée par le prince valaque Michel le Brave en 1599-1601. Sous l'autorité du sultan, la Valachie et la Moldavie perdirent leur indépendance diplomatique, militaire et économique mais conservèrent leur liberté religieuse. Mieux encore, la Sublime Porte leur concéda une certaine forme d'autonomie interne qui aboutit à faire gérer les principautés par des princes chrétiens, élus par leurs pairs, mais recevant l'agrément du sultan. Par comparaison, la domination hongroise sur la Transylvanie fut nettement plus dure et, en dépit du rôle éminent joué par les Roumains de cette province, jamais la nation roumaine de Transylvanie ne fut reconnue en tant que telle. Au contraire, outre les problèmes ethniques entre Magyars et Latins, la différence de religion, catholique pour les Hongrois et orthodoxe pour les Roumains, vint encore aggraver les conflits internes.

Le réveil patriotique

Le relatif libéralisme des Turcs à l'égard des principautés vassales n'empêcha pas les Roumains de rêver à leur émancipation. Pour brève qu'elle eût été, l'aventure de Michel le Brave avait marqué les esprits et encouragé les espoirs les plus audacieux. Au début du XVIIIe siècle, le prince de Moldavie, Dimitrie Cantemir, tenta de se libérer de la tutelle du sultan en s'alliant à Pierre le Grand. Il fut vaincu en 1711 et dut s'enfuir en Russie tandis que son voisin valaque, le prince Stefan Cantacuzène, conspirait à son tour et négociait en secret avec l'Autriche. La Sublime Porte réagit vigoureusement en décidant dorénavant de nommer elle-même les princes qui, en outre, ne seraient plus d'origine roumaine. A partir de ce moment, les princes, ou hospodars, furent exclusivement choisis par le sultan dans les grandes familles grecques du quartier du Phanar, à Constantinople. Dès lors, cette époque historique fut connue en Roumanie sous le nom « d'époque phanariote ».

Le durcissement du pouvoir ottoman, les guerres continuelles entre la Russie et la Turquie pour la possession des Détroits, enfin la Révolution française favorisèrent la renaissance du sentiment national. Des comités révolutionnaires se constituèrent à Bucarest, capitale de la Valachie, et à Jassy, capitale de la Moldavie, et sollicitèrent l'appui direct de Napoléon Ier. L'empereur, informé par ses représentants consulaires de l'extraordinaire francophilie des Moldaves et des Valaques, et conscient que la région des bouches du Danube présentait un intérêt stratégique considérable, envisagea sans doute quelque projet ambitieux. En effet, il envoya dans les principautés un officier d'état-major, le capitaine Aubert, afin de lui rapporter un certain nombre d'informations statistiques sur cette partie du continent. Malheureusement, assailli par d'autres soucis, Napoléon ne persévéra pas et préféra, à Tilsit, abandonner à l'influence russe l'Europe orientale.

Alexandre Ier, de fait, reprit le flambeau. Rêvant, comme sa grand-mère Catherine II, de s'emparer de Constantinople et des Balkans, il fit la guerre au sultan. Il la gagna et se paya perfide-

Cousin du kaiser,
Carol Ier de Roumanie
mourut de n'avoir
pu s'engager aux côtés de
l'Allemagne en août 1914.
COLLECTION PARTICULIÈRE

Connue mondialement sous le pseudonyme
de Carmen Sylva, Elisabeth de Roumanie
protégea les artistes et les écrivains.
COLLECTION PARTICULIÈRE

Une dynastie militaire : Carol Ier de Roumanie (à gauche),
le prince héritier Ferdinand (au centre) et la princesse Marie (à droite).
COLLECTION PARTICULIÈRE

Officier allemand, Ferdinand Ier de Roumanie
choisit le camp de la France en 1916
et resta fidèle à cette alliance en dépit de tout.
COLLECTION PARTICULIÈRE

La France ne connut pas d'alliée
plus loyale et plus adulée
que Marie de Roumanie dite Missy.
COLLECTION PARTICULIÈRE

En dépit de quelques bonnes intuitions
diplomatiques, Carol II de Roumanie fut un
des souverains les plus contestés de l'Histoire.
COLLECTION PARTICULIÈRE

Détrôné par son père en 1930 et restauré en 1940,
le jeune Michel Ier régna sur une Roumanie
fasciste puis sur une Roumanie communiste.
COLLECTION PARTICULIÈRE

Critiqué pour ses escapades à Paris, Georges Ier de Grèce, surnommé le « roi boulevardier », régna cinquante ans sur un pays ingouvernable.

COLLECTION PARTICULIÈRE

Le mariage d'Olga de Russie avec Georges Ier manifesta la volonté du tsar de contrecarrer l'influence anglaise en Grèce.

COLLECTION PARTICULIÈRE

Injustement calomnié par la propagande française, Constantin Ier de Grèce fut bien moins germanophile qu'on ne l'a dit.
COLLECTION PARTICULIÈRE

Séquestré par son président du Conseil et tué par une guenon, Alexandre Ier de Grèce eut le destin le plus tragique qui soit.
COLLECTION PARTICULIÈRE

Sur cette gravure populaire du début du siècle figurent, autour de Georges Ier, tous les souverains grecs, à l'exception de Constantin II né en 1940. COLLECTION PARTICULIÈRE

Exilé deux fois et restauré deux fois, Georges II de Grèce eut un règne
aussi chaotique que sa vie privée avec Elisabeth de Roumanie. COLLECTION PERRAUD

Elevé à Paris, Milan Ier de Serbie,
jouisseur et autoritaire, abdiqua en raison
du mécontentement populaire
mais revint à Belgrade
pour diriger la police de son fils.
COLLECTION STOJANOVIC

Très francophile,
la reine Nathalie de Serbie lança
un jour à l'ambassadeur d'Allemagne :
« L'Allemand est une langue
que j'ai oubliée depuis 1870 ! »
COLLECTION STOJANOVIC

Alexandre Ier et la reine Draga. Quelles que fussent les erreurs de ce couple royal exécré par les Serbes,
elles ne peuvent justifier les horreurs sanguinaires du massacre de 1903. COLLECTION STOJANOVIC

Saint-Cyrien, Pierre Ier de Serbie lutta courageusement aux côtés de la France en 1870 et fut décoré de la Légion d'Honneur sur le front des troupes.
COLLECTION PARTICULIÈRE

Candidat de la Roumanie au trône d'Albanie, le malheureux Guillaume Ier fut victime de la rivalité des Grandes Puissances.
COLLECTION PERRAUD

Vaincu en Serbie en 1915, Alexandre de Yougoslavie mit son épée au service de la France. COLLECTION PARTICULIÈRE

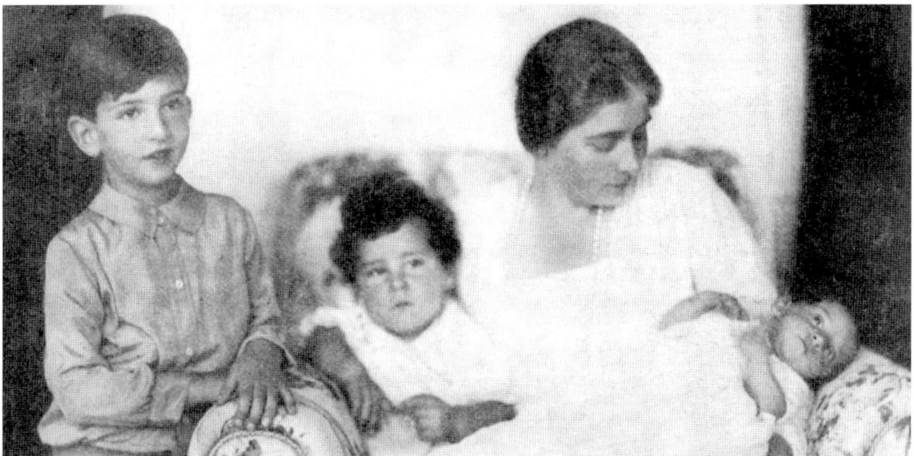

Marie de Yougoslavie, fille de Missy, donna trois superbes garçons au roi Alexandre Ier.
A gauche, le futur Pierre II. COLLECTION PARTICULIÈRE

Petit-fils de Louis-Philippe Ier, Ferdinand de Bulgarie, amateur de bijoux, de parfums et de fleurs, convoitait le trône de Byzance.

COLLECTION PARTICULIÈRE

Plus intellectuel que militaire, Boris III de Bulgarie louvoya constamment entre les pays occidentaux et les puissances de l'Axe.

COLLECTION PARTICULIÈRE

Premier et dernier roi de Monténégro, Nicolas Ier vit son petit Etat intégré au royaume yougoslave de son gendre Pierre Ier de Serbie.

COLLECTION PARTICULIÈRE

En épousant le futur Victor-Emmanuel III d'Italie, Hélène de Monténégro donna un certain lustre à la dynastie des Petrovitch Niegoch.

COLLECTION PARTICULIÈRE

ment en annexant, par le premier Traité de Bucarest de 1812, une portion de la province roumaine de Moldavie. Les Roumains, échaudés, comprirent qu'ils ne pouvaient compter que sur eux-mêmes et, en 1821, sous la conduite de Tudor Vladimirescu, se soulevèrent contre les Turcs et contre les grands propriétaires que le peuple considérait comme leurs complices. Les Turcs écrasèrent la révolte avec d'autant plus de facilité que, contrairement aux promesses des agents russes, le tsar ne se porta pas à leur secours. Le successeur d'Alexandre Ier, son frère Nicolas Ier, fut, lui, plus interventionniste. Il imposa au sultan, par la Convention d'Akkerman de 1826, un condominion russo-turc sur les principautés roumaines. Deux ans plus tard, jetant le masque, il fit occuper militairement la Moldavie et la Valachie.

L'agitation révolutionnaire s'était pendant ce temps amplifiée dans les provinces roumaines. De nombreux intellectuels vivant à Paris y avaient fondé un cercle révolutionnaire roumain auquel adhéraient d'ailleurs Lamartine, Michelet et Edgar Quinet. Grâce à de nombreux journaux inspirés par les Roumains de Paris mais qui paraissaient clandestinement en Moldavie et en Valachie, l'idée d'un Etat moldo-valaque unifié, indépendant des Russes et des Turcs, se propagea dans toutes les classes de la société roumaine. En 1848, la révolution parisienne de février fit tache d'huile à Bucarest et à Jassy, à quelques semaines d'intervalle. Des comités révolutionnaires se constituèrent et exigèrent des hospodars la concession de libertés individuelles et politiques. Les troupes russes et turques mirent cependant fin sans ménagement à cette nouvelle tentative d'émancipation.

Les Roumains en quête d'un protecteur

Toujours sous tutelle des Ottomans mais surveillés étroitement par les voisins russes qui, périodiquement en conflit avec le sultan, profitaient de ces occasions pour grignoter un peu plus le territoire des principautés, les Roumains auraient pu sombrer dans le désespoir. C'eût été, il est vrai, contraire à la vitalité de leur race et, surtout, à cet extraordinaire destin qui, à travers des siècles de vicissitudes, leur avait permis de survivre.

A partir de 1848, ce peuple courageux eut la chance de rencontrer le second Trajan de son histoire en la personne du prince Louis-Napoléon Bonaparte. Elu président de la IIe République française, le prince, dont l'intelligence était vive et l'imagination féconde, avait conçu l'ambition d'être le promoteur dans le monde du principe des droits des peuples à disposer d'eux-mêmes. Deux nations européennes, l'Italie et la Roumanie, allaient servir de laboratoires à l'expérimentation de cette idée généreuse par un prince-président qui, en 1852, devint l'empereur Napoléon III. Si tous les Français se souviennent du rôle essentiel joué par Napoléon III en faveur de l'unité italienne, en revanche, sa contribution personnelle à l'unité roumaine a été oubliée. Pourtant, l'empereur, qui n'était pas gêné dans cette affaire par la question pontificale, y donna la pleine mesure de son talent.

Harcelé par les nombreux émigrés roumains de Paris dont les plus célèbres étaient Jean Bratianu et le colonel Cuza, Napoléon, dont on craignait parfois que les idées magnifiques ne se perdissent dans la fumée de ses cigarettes anglaises, s'attela au projet roumain après avoir déplié dans son cabinet des Tuileries la carte de l'Europe orientale. Il jaugea la position stratégique des principautés roumaines qui, à l'est, commandaient les bouches du Danube et pouvaient menacer directement Odessa et la Crimée, et qui, à l'ouest, à cheval sur les Carpates, constituaient également un danger pour les possessions des Habsbourg en Transylvanie. Par ailleurs, l'Empereur n'ignorait pas que les principautés de Moldavie et de Valachie étaient peuplées de Latins et que ces Latins étaient, pour l'immense majorité d'entre eux, francophiles, voire même francophones dans les classes dominantes. Dès lors, naquit dans le cerveau impérial le concept de « France orientale », c'est-à-dire d'une Roumanie unifiée et libre qui, liée à Paris par une communauté d'intérêts diplomatiques, militaires, économiques et culturels, serait le partenaire privilégié de la politique française en Orient. La guerre de Crimée de 1854-1855 fut l'occasion inespérée de mener à bien le projet impérial. A la suite d'une nouvelle querelle russo-turque à propos, cette fois, des Lieux Saints de Palestine, le tsar Nicolas Ier, suivant une habitude russe désormais bien établie, envahit la Moldavie. Le sultan appela à son aide les Grandes Puissances et celles-ci intimèrent l'ordre au tsar d'évacuer la principauté roumaine. Nicolas, mauvaise tête, refusa l'ultimatum et provoqua ainsi un conflit international. La France et l'Angleterre, combattant côte à côte pour la première fois depuis les Croisades, infligèrent une cuisante défaite aux Russes en Crimée. Nicolas Ier en mourut de chagrin et son fils Alexandre II lui succéda.

De Modène à Bucarest : l'esquisse d'un rêve princier

Avant même que la guerre de Crimée ne soit achevée, Napoléon III, par la voix du baron de Bourqueney, son représentant à la Conférence de Vienne de mars 1855, mit cartes sur table devant l'Europe ébahie et proposa l'union des principautés de Moldavie et de Valachie. Il ne s'agissait pas encore de créer un Etat indépendant — le mot n'était pas employé pour ne pas froisser le sultan — mais de favoriser l'émergence d'un Etat autonome roumain qui aurait à sa tête un prince européen. Astucieux, Napoléon III, pour se concilier les bonnes grâces de l'Autriche, suggéra que la future couronne princière de Moldo-Valachie soit offerte à un Habsbourg, le duc François V de Modène, petit souverain italien qui avait épousé la princesse Aldegonde de Bavière.

Les Turcs, voyant se profiler pour eux le piège de l'indépendance roumaine, refusèrent la proposition française qui, au demeurant, n'eut pas plus de succès auprès des Autrichiens. François-Joseph, pas sot, se doutait bien que si la Moldavie et la Valachie se réunissaient pour former un Etat autonome, cet Etat en viendrait un jour à revendiquer le rattachement de la province roumaine de Transylvanie qui, pour l'heure, gérée par la Hongrie, était une possession des Habsbourg. L'empereur d'Autriche ignorait toutefois qu'en opposant ce refus à Napoléon III, il évitait à la future Roumanie un désastre politique dans la mesure où son cousin François V de Modène était un tyranneau obscurantiste dont le mot favori était de prétendre qu'il préférait être simple caporal en Russie que de régner sur un Etat constitutionnel. Ce personnage peu sympathique était, du reste, le fils de François IV de Modène, monarque antilibéral que Stendhal a peint dans *La Chartreuse de Parme* sous les traits du duc de Parme Ranuce-Ernest IV.

L'empereur des Français, conscient sans doute que son choix n'avait pas été des plus pertinents et qu'il avait été peut-être manipulé par le Piémontais Cavour qui, voulant réaliser l'unité italienne, cherchait à se débarrasser de tous les petits princes régnant sur la péninsule, s'abstint pour un temps d'évoquer à nouveau la question de l'hypothétique trône de Roumanie. En revanche, il insista auprès des Grandes Puissances pour que soit réalisée l'union des principautés roumaines et inscrivit cette affaire au rôle du Congrès de Paris de février 1856. Il n'obtint alors que la fin de l'ingérence russe sur le gouvernement des principautés et la restitution par le tsar d'une partie de la Moldavie annexée par la Russie. En 1857, l'empereur se rendit à Osborne pour s'entretenir avec la reine Victoria et lui demander son soutien dans la cause roumaine. Rassuré sur ce point, il rentra à Paris et convoqua une conférence internationale en mai 1858. Les discussions aboutirent à la Convention de Paris qui, en août de la même année, décida que, désormais, la principauté de Moldavie et la principauté de Valachie formeraient les « Principautés Unies ».

Coup de chapeau pour un coup de théâtre

En dépit de leur nouvelle appellation, les principautés roumaines ne devaient pas former un Etat unique mais deux Etats bénéficiant d'institutions communes limitées à une Cour de Cassation et à une Commission législative. C'était un progrès, mais un progrès insuffisant pour des Roumains à qui l'on demandait de rester — au moins théoriquement — sous tutelle ottomane et surtout d'élire deux princes pour régner dans chacune des principautés. Toutefois, l'ingéniosité des Moldo-Valaques et les intrigues de Victor Place, agent de Napoléon III à Bucarest, allaient permettre de tourner cette difficulté.

L'élection des princes fut fixée au début de 1859. Les partisans de l'union, appuyés en sous-main par la France, choisirent de soutenir la double candidature du colonel Alexandre Cuza, ministre de la Guerre de Moldavie. Ancien magistrat et ancien préfet, le colonel, âgé de 38 ans, était connu pour ses idées libérales et ses liens avec la franc-maçonnerie. Vivant le plus souvent retiré sur son domaine de Galatz, cet ami de Lamartine et de Quinet n'était en réalité candidat à rien. Conscient que ses idées progressistes et anticléricales ne pouvaient que lui aliéner les grands propriétaires et le clergé orthodoxe, il avait préféré, renonçant à l'action politique, se consacrer à ses terres, à ses chiens, à la chasse et aux femmes. Sollicité néanmoins par les délégués unionistes qui avaient fait, dans le froid et la neige, le voyage de Galatz, il déclina la proposition d'être candidat en déclarant : « Elu, mon premier mouvement serait de rendre au paysan sa terre et de chasser des couvents les moines satyres, après avoir sécularisé les domaines qu'ils ont volés à la nation. » Ce langage un tant soit peu provocateur n'impressionna pas les solliciteurs qui revinrent à la charge, insistant sur le soutien de Napoléon III à sa candidature. Après avoir répété qu'il n'aspirait qu'à sa tranquillité, Cuza, lassé, et sans doute ébranlé par une lettre personnelle de Lamartine, finit par lâcher : « Vous avez ma candidature, mais je n'irai quémander la voix de qui que ce soit. Je me réserve cependant le droit de démissionner si je ne suis élu que dans une seule des deux principautés. »

Les agents unionistes, soulagés, ne perdirent pas une minute. Ils se répandirent dans les principautés et, à Bucarest comme à Jassy, firent une campagne active et passionnée pour un candidat qui, lui, se tenait à l'écart de toutes les tractations occultes et de tous les conciliabules agitant le pays. Le résultat fut à la hauteur de leurs espérances puisque, le 17 janvier 1859, l'assemblée électorale de Jassy porta Cuza au trône de Moldavie à l'unanimité. Une semaine plus tard, le 24 janvier 1859, un scénario identique se déroula à Bucarest où l'assemblée électorale le choisit également pour occuper le trône de Valachie. Mis devant le fait accompli, le colonel accepta d'assumer la charge que les principautés venaient de lui confier et, sortant de sa retraite, entra de plain-pied dans l'Histoire sous le nom d'Alexandre-Jean Ier.

Une reconnaissance éternelle

Napoléon III convainquit le tsar et le sultan d'accepter la double élection d'Alexandre-Jean de Moldo-Valachie. Ce tour de passe-passe avait irrité les Russes et les Turcs, mais l'appui ferme et constant de l'empereur des Français, toujours assuré de son côté de la neutralité de la reine Victoria, triompha des oppositions et empêcha toute mesure de rétorsion contre les principautés. Napoléon réunit une conférence à Paris en avril 1859 pour envisager l'avenir des pays roumains et favoriser leur union définitive. Lors de la Conférence de Constantinople de novembre 1861, les ambassadeurs des Grandes Puissances acceptèrent la fusion des principautés en un seul Etat qui prit officiellement, quelques semaines plus tard, le nom de Roumanie.

Alexandre-Jean Ier fut d'une gratitude exemplaire à l'égard de Napoléon III et de la France. Il s'entoura de conseillers français comme Baligot de Beyne et Victor Place, et confia à des spécialistes tels François de Coudray, Trousson ou Bechet le soin d'organiser les finances du nouvel Etat. Sachant que l'empereur des Français s'intéressait à toutes les innovations techniques, il demanda à l'ingénieur Foucault de prendre en charge la prospection du pétrole tandis que d'autres ingénieurs, Collignan et Dumont, se consacraient, eux, au télégraphe et aux chemins de fer. Pour couronner le tout, une importante mission militaire française commandée par le lieutenant-colonel Lamy vint encadrer la jeune armée roumaine pour assurer sa formation.

En avril 1861, Victor Place écrivait de Bucarest : « Tout va se faire ici, s'organiser avec nos hommes, avec notre langue, d'après nos principes. Que je parvienne encore à y introduire, à côté de nos codes, notre système de poids et de mesures, et ce sera une petite France que je serai parvenu à organiser de ce côté de l'Europe. » C'était donc bien, si l'on s'en rapporte à ce texte, la réalisation du projet impérial de « France orientale » qui était en cours en Roumanie et qui progressait admirablement grâce à la bonne volonté, la loyauté et la fidélité du prince régnant.

Le prince n'oubliait cependant pas que la province roumaine de Transylvanie demeurait encore sous domination autrichienne et que l'unité de la nation ne serait pas totalement réalisée tant que cette situation anachronique se perpétuerait. Aussi songea-t-il, lors de la guerre d'Italie de 1859 opposant la France et le Piémont à l'Autriche, à entraîner la Roumanie dans le conflit. Malheureusement, horrifié par la sanguinaire bataille de Solferino, Napoléon III conclut rapidement un armistice avec François-Joseph, ce qui lui attira les foudres des patriotes italiens. On ignore, toutefois, que si l'armistice prématuré de Villafranca a retardé l'unité italienne, il a eu également des conséquences fâcheuses pour l'unité roumaine condamnée à rester incomplète sans le retour de la Transylvanie à la mère patrie. Alexandre-Jean n'en voulut pourtant pas à Napoléon puisqu'en 1863, lors du refroidissement des relations franco-russes à propos de la Pologne, il n'hésita pas à proposer l'assistance de vingt-cinq mille soldats roumains en cas de conflit. Avouons que rarement au cours de son histoire la France aura trouvé un ami aussi dévoué et obligeant.

Le Prince Rouge

Sur le trône, Alexandre-Jean Ier demeura fidèle aux convictions du colonel Cuza. Rencontrant des paysans victimes d'injustices commises par les grands propriétaires, il leur tint ces propos : « Allez et dites aux gens de votre village que là où le boyard a craché, le souverain du pays a déposé un baiser, effaçant ainsi toute honte. » Le colonel franc-maçon avait cédé la place au « Prince Rouge » dont le progressisme politique et social allait bousculer la toute jeune Roumanie pendant sept ans.

Les premières années du règne virent la mise en place d'institutions publiques communes à la Moldavie et à la Valachie, et furent consacrées à l'organisation d'une vie politique que le prince souhaitait la plus proche possible du modèle occidental, et plus particulièrement — qui s'en étonnerait ? — du modèle français du Second Empire. Il joua parfaitement le jeu constitutionnel qui lui était assigné jusqu'au jour où il se rendit compte que les conservateurs étaient résolus à bloquer les réformes essentielles qui lui tenaient à cœur : le suffrage universel, le partage des terres et la sécularisation des biens du clergé. Jusqu'en 1863, les grands propriétaires, qui formaient la base du parti conservateur, restèrent dans une attitude expectative en raison de l'immense popularité d'un monarque qui n'hésitait pas à aller vérifier sur place, et sous couvert de l'anonymat, l'application effective des décisions prises par son gouvernement. De plus, le soutien affiché de Napoléon III au régime ne pouvait qu'inciter à la plus grande prudence des hommes qui avaient toujours considéré la France comme une puissance tutélaire et qui, du reste, vivant eux-mêmes une partie de l'année dans leurs hôtels parisiens, pouvaient sans exagération être qualifiés de « Franco-Roumains ».

Toutefois, lorsque le prince s'attela à la réforme agraire, la hache de guerre fut déterrée. Nullement impressionné par cette opposition violente qu'il pressentait d'ailleurs, Alexandre-Jean chassa les conservateurs du pouvoir et y nomma le libéral Michel Kogalniceanu. Astucieusement, le nouveau gouvernement, qu'il faut bien nommer révolutionnaire, s'attaqua d'abord au clergé dont les domaines fonciers étaient immenses et convoités par les grands propriétaires laïcs eux-mêmes. En décembre 1863, le prince décida la sécularisation. Ne voyant pas le danger, ou plutôt espérant profiter du malheur de l'Eglise en s'appropriant une partie de ses terres, l'assemblée conservatrice approuva la réforme qui, naturellement, provoqua la colère des orthodoxes et du patriarche de Constantinople. En réponse aux critiques virulentes des autorités ecclésiastiques, le prince, tel un Henri VIII oriental, proclama l'autonomie de l'Eglise roumaine qui, désormais, ne relèverait de Constantinople que pour les questions de dogme.

Le président du Conseil présenta ensuite, au début de l'année 1864, un projet global de réforme agraire visant cette fois tous les grands domaines fonciers du pays. Le partage des terres et l'abolition de la corvée furent inscrits à l'ordre du jour de l'assemblée qui vota une motion de défiance au gouvernement. Kogalniceanu présenta sa démission au prince qui la refusa. Le 14 mai 1864, il répliqua par la dissolution de la Chambre et soumit au plébiscite une réforme constitutionnelle visant à accroître les pouvoirs du chef de l'Etat et à étendre le droit de vote. A l'évidence, Alexandre-Jean s'inspirait là du coup d'Etat perpétré par Louis-Napoléon plus de dix ans auparavant, le 2 décembre 1851.

Le plébiscite fut favorable au prince. Par 682 000 oui contre 1 300 non et 70 000 abstentions, il obtint gain de cause. Le 26 août 1864, il promulgua par décret la réforme agraire à laquelle il tenait tant. La corvée était supprimée et cinq cent mille familles de paysans pouvaient racheter pour une somme modique plus de deux millions d'hectares arrachés aux grands propriétaires. Alexandre-Jean annonça alors solennellement à son peuple : « Les corvées sont supprimées pour toujours et, à dater d'aujourd'hui, vous êtes les propriétaires libres des lieux où votre labeur s'exerce. A dater d'aujourd'hui, vous avez une patrie à aimer et à défendre. »

Les grands propriétaires, bien que devant être indemnisés par l'Etat lui-même, trouvèrent la potion saumâtre et firent tout pour bloquer la réforme. En Roumanie, ils cédèrent les terres les plus incultes aux paysans et, à l'étranger, entamèrent une campagne de dénigrement contre leur monarque. Pour comble de malheur, Alexandre-Jean se brouilla avec Kogalniceanu et les libéraux en raison de mesures prises contre la liberté de la presse et surtout à cause de sa vie privée qui était loin d'être exemplaire. Quoiqu'il fût légitimement marié à Hélène Rosetti, le prince, homme à femmes, était excessivement volage et devait constamment pourvoir à l'établissement des parents de ses maîtresses. Cet état de choses créait un népotisme profondément choquant dans un régime progressiste cherchant à rompre avec les mœurs orientales de l'ancienne Roumanie byzantine. Par ailleurs, et plus gravement encore, le prince n'avait pas d'enfant légitime. Aussi, pour combler l'absence d'héritier du trône, il résolut en 1865 d'adopter le fils naturel que lui avait donné sa maîtresse, la princesse Marie Obrenovitch, belle-sœur de Miloch Obrenovitch Ier de Serbie. Cette affaire causa des remous considérables, non seulement chez les conservateurs et les orthodoxes sincères, mais aussi chez les libéraux qui se demandaient avec angoisse qui succéderait à Alexandre-Jean et comment pourraient être préservées à l'avenir les grandes réformes du règne. Ainsi, dans un climat détestable, l'opposition au prince souverain se développa.

La chute d'un aigle

« Inspiré par ma bienveillance particulière pour votre pays et pour vous-même, je fais des vœux sincères pour la prospérité de la Roumanie et je serai heureux de contribuer à l'affermir et à la développer toutes les fois que les circonstances m'en fourniront l'occasion », écrivait Napoléon III à Alexandre-Jean en décembre 1863. Deux ans plus tard, le ton de l'Empereur avait changé.

Empêtré dans l'affaire du Mexique, en mauvais termes avec l'Italie, inquiet des ambitions de la Prusse, Napoléon III, en

1865, ne considérait plus la Roumanie comme une priorité. Au demeurant, il avait un ministre des Affaires étrangères, Edouard Drouyn de Lhuys, qui, sans doute sous l'influence de l'aristocratie roumaine de Paris, manifestait une hostilité croissante à l'encontre du régime de Bucarest. Dans la capitale française, la presse conservatrice se faisait l'écho des critiques virulentes que les grands propriétaires, le clergé roumain et tous ceux qui refusaient les réformes ou n'acceptaient pas leur rythme endiablé proféraient contre Alexandre-Jean, dépeint comme une sorte de dictateur fou et lubrique conduisant le jeune Etat à sa ruine.

Conscient du travail de sape qui était mené contre lui, et alerté par Jean Alecsandri, son ministre à Paris, qui lui rapportait les propos malveillants de Drouyn de Lhuys et lui faisait part de la lassitude de Napoléon III, le prince écrivit directement à l'Empereur en octobre 1865 pour l'informer de ses difficultés et solliciter son appui. Il se déclara prêt, également, à renoncer au trône si cette décision pouvait consolider les relations franco-roumaines. Napoléon, lâchement, ne répondit pas à cet homme aux abois qui lui offrait pourtant, en contrepartie de son soutien, l'alliance militaire de la Roumanie en cas de guerre européenne. Alexandre-Jean comprit que tout était fini pour lui et, abandonné par un protecteur vis-à-vis duquel il avait toujours manifesté une grande déférence et une admiration sans bornes, ne résista plus à l'assaut de ses adversaires coalisés. Dans la nuit du 23 février 1866, un complot éclata à Bucarest. Le palais ayant été investi, la chambre du monarque fut forcée et Alexandre-Jean, sous la menace des armes — mais était-ce vraiment nécessaire ? —, signa son abdication. Au petit matin, il prit le chemin de l'exil qui devait le conduire à Vienne, puis à Florence, enfin à Heidelberg où il mourut en 1873.

Le règne du Prince Rouge avait duré exactement sept ans, chiffre éminemment symbolique pour le franc-maçon qu'il était. Au cours de ce septennat princier, l'unité de la Roumanie orientale avait été réalisée, la réforme agraire et la réforme électorale promulguées, l'armée et la fonction publique réorganisées, la justice rénovée sur les bases du code Napoléon, le Conseil d'Etat et la Cour des Comptes établis sur le modèle français, enfin l'instruction primaire obligatoire et gratuite instaurée. Dans le peuple, le souvenir du prince, victime de la « monstrueuse coalition », selon l'expression de l'époque, resta vivace. Si vivace à travers les années et les générations que, cent vingt-trois années plus tard, lorsque le peuple roumain se souleva en décembre 1989 contre une effroyable dictature, la première monnaie frappée par la Roumanie libre le fut à l'effigie d'Alexandre-Jean.

La Roumanie d'un prince à l'autre

Les parlementaires roumains nommèrent un gouvernement provisoire et, avec une étrange précipitation, élirent un nouveau souverain. La rapidité avec laquelle fut enclenchée la procédure de succession monarchique, si elle visait à prendre de court le sultan qui n'avait accepté l'union des provinces roumaines qu'en la personne d'Alexandre-Jean, laisse supposer aussi que les conspirateurs victorieux craignaient un soulèvement populaire en faveur du prince déchu. Pour éviter tout retour en arrière, l'assemblée de Bucarest, à l'unanimité, offrit la couronne au prince Philippe de Belgique, comte de Flandres, frère cadet du roi Léopold II, et le proclama même sous le nom de Philippe Ier de Roumanie.

Il n'est pas douteux que le choix d'un prince étranger avait été dicté essentiellement par la volonté de combattre le népotisme local tel qu'il avait sévi sous le précédent règne. En revanche, l'élection d'un prince belge est moins facile à décrypter. Il est probable, cependant, que les classes supérieures roumaines avaient été impressionnées favorablement par cette dynastie de Saxe-Cobourg-Gotha qui, par deux fois au cours du XIXe siècle, avait donné à l'Europe des figures brillantes comme le prince consort Albert de Grande-Bretagne, époux de la reine

Victoria, et le roi Léopold Ier de Belgique, l'un et l'autre modèles parfaits de prince libéral.

Quoi qu'il en soit, Philippe Ier de Roumanie ne régna jamais. La délégation roumaine venue lui signifier à Bruxelles le vœu de l'assemblée de Bucarest se vit opposer un refus courtois mais définitif. Là encore, un mystère subsiste quant à la motivation du comte de Flandres. Les Saxe-Cobourg n'ayant jamais refusé un trône — à l'exception, il est vrai, de Léopold Ier qui, avant d'être élu roi des Belges, avait renoncé au trône de Grèce sur lequel il n'acceptait de monter qu'avec une fille de Louis-Philippe —, on conviendra que le prince Philippe dût avoir des raisons de la plus haute importance pour justifier sa décision. La thèse la plus communément admise est que Napoléon III opposa son veto. En effet, Philippe de Belgique était par sa mère, Louise d'Orléans, un petit-fils de Louis-Philippe Ier et Napoléon ne voulait sans doute pas favoriser un cousin germain du comte de Paris, lui aussi petit-fils de Louis-Philippe et surtout chef de l'opposition orléaniste au Second Empire.

Dépitée par le refus du comte de Flandres, la délégation roumaine, conduite par Jean Bratianu, l'un des principaux conjurés du 23 février, se rendit alors aux Tuileries pour conférer avec l'empereur des Français. Cette démarche qui ne peut que confirmer l'intervention personnelle de Napoléon III dans cette affaire, aboutit à la proposition d'un nouveau candidat : le prince Charles de Hohenzollern-Sigmaringen.

Né en 1839, Charles de Hohenzollern-Sigmaringen était le fils du prince Charles-Antoine et de la princesse Joséphine de Bade. Bien qu'appartenant à la branche aînée et catholique des Hohenzollern, il avait du sang français par sa grand-mère paternelle, Antoinette Murat, nièce du roi Joachim-Napoléon Ier de Naples, et par sa grand-mère maternelle Stéphanie de Beauharnais, nièce de l'impératrice Joséphine et fille adoptive de Napoléon Ier. Ce sang français étant apparenté à celui des Bonaparte, ce cousinage, même lointain, explique à n'en pas douter l'agrément donné à ce prince par Napoléon III. De plus, la petite histoire n'étant jamais bien éloignée de la grande, il n'est pas inutile de rappeler que la vieille amie et fidèle confidente de l'empereur des Français, Hortense Cornu, avait été la gouvernante des enfants du prince de Hohenzollern-Sigmaringen et qu'à ce citre elle était la mieux placée pour vanter les mérites du jeune Charles. Cela étant, ce choix d'un candidat allemand, cousin très déférent du roi de Prusse Guillaume Ier, était dangereux pour la France comme pour l'Europe qui, à Vienne comme à Saint-Petersbourg, émit les plus vives réserves. Napoléon défendit son poulain qui, allant solliciter les conseils du chancelier Bismarck, s'entendit répondre : « Pourquoi ne pas tenter l'expérience ? Si vous réussissez, tant mieux pour vous ! Si vous échouez, vous nous reviendrez avec d'intéressants souvenirs... » L'Europe s'inclina devant la volonté de l'empereur des Français et Charles de Hohenzollern-Sigmaringen, officier au 2e régiment de Dragons prussiens, devint le successeur officiel d'Alexandre-Jean de Roumanie. Le prince Philippe de Belgique, quant à lui, épousa l'année suivante la princesse Marie de Hohenzollern-Sigmaringen, sœur de Charles et, par cette alliance, demeura assez proche d'un trône sur lequel il avait failli monter.

Carol Ier le Grand

En avril 1866, Charles fut plébiscité en Roumanie par 686 000 voix contre 224 seulement. Le suffrage étant restreint, seuls les notables et les gens instruits avaient pu participer au vote. Le petit peuple et les paysans, soigneusement tenus à l'écart des urnes, ne s'étaient pas exprimés et, dès lors, la nouvelle dynastie manqua singulièrement de base populaire. On dira que ce fut le cas également pour Alexandre-Jean, mais celui-ci, en raison de son origine roumaine et de son passé politique était, lors de son élection en 1859, unanimement connu et respecté. Le 22 mai 1866, Charles devint Carol Ier de Roumanie et, pressées par Napoléon III, les Puissances le reconnurent. Le sultan Abdul-Aziz lui-même accorda son investiture au nouveau prince, procédure purement formelle mais visant à maintenir la fiction d'une suzeraineté de la Sublime Porte.

Jeune homme éminemment sage, Carol Ier accepta une constitution moins autoritaire que celle du règne précédent et calquée sur le modèle orléaniste. Les conservateurs avaient tenu à prendre leurs précautions contre toute dérive institutionnelle. Le prince, chef du pouvoir exécutif et de l'armée, choisissait le président du Conseil au sein des partis majoritaires à la Chambre et sanctionnait les lois votées par un parlement bicaméral élu au suffrage censitaire. Toutefois, comme il n'avait pas le tempérament d'un monarque représentatif, Carol veilla à ne placer à la présidence du Conseil que des hommes sur la loyauté desquels il pouvait compter et qui renonçaient à empiéter sur le domaine qu'il s'était réservé, à savoir l'armée et la diplomatie. Naturellement, son premier chef de gouvernement fut le libéral Jean Bratianu, celui-là même qui, avec l'aide de Napoléon III, l'avait porté au trône.

Si les Roumains n'eurent pas à se plaindre de leur choix, en revanche, il n'en alla pas de même des Français qui virent la Roumanie se réorienter vers la Prusse. Les conseillers, les ingénieurs, les militaires et les commerçants français furent progressivement remplacés par des Allemands, à la grande colère de Napoléon III qui s'écria : « S'il convient à Charles d'oublier que c'est moi qui l'ai fait reconnaître, qu'il se jette dans les bras de la Prusse et de la Russie ! Quelle importance voulez-vous que cela ait ? Je l'abandonnerai, voilà tout ! » Mais le Second Empire était à son déclin et, en dépit de ses lettres respectueuses à l'Empereur, Carol s'éloignait d'une France qu'il sentait bien de plus en plus distancée par la Prusse de Bismarck. Il alla jusqu'au bout de sa logique lors de la guerre franco-prussienne de 1870 — provoquée d'ailleurs par la candidature de son frère Léopold de Hohenzollern-Sigmaringen au trône d'Espagne — en apportant son soutien à son cousin Guillaume Ier à qui il écrivit : « Mes sentiments seront toujours là où flotte la bannière noire et blanche, et de l'Orient lointain nos cœurs se seraient volontiers associés aux cris de joie qui ont accueilli Votre Majesté dans la capitale. Que Dieu protège votre vaillante armée ! » Malheureusement pour lui, les Roumains ne partagèrent pas son enthousiasme pour les Prussiens. En mars 1871, ils organisèrent une gigantesque manifestation profrançaise à Bucarest et réclamèrent l'abdication de Carol Ier et l'instauration de la république pour sanctionner le refus de leur souverain de se porter au secours de la France vaincue et envahie. Le prince se le tint pour dit et, prudemment, se garda de manifester publiquement son admiration pour l'armée prussienne. En janvier 1873, lors de la mort à Chislehurst, en Angleterre, de Napoléon III, un service funèbre fut célébré dans toutes les églises de Roumanie et le parlement de Bucarest envoya un message de condoléances à l'impératrice Eugénie et au prince impérial dans lequel il était expressément fait référence au rôle éminent joué par l'empereur déchu dont la générosité à l'égard de la nation roumaine avait été exemplaire.

Si Carol Ier fut grand, ce n'est évidemment pas pour son ingratitude envers la France mais parce qu'il travailla avec acharnement et persévérance à faire de la Roumanie le premier Etat des Balkans. D'une remarquable conscience professionnelle, il sacrifia sa vie entière à l'édification d'une nation moderne et mit au service de son pays d'adoption ses qualités militaires de rigueur, d'organisation et de désintéressement. C'est sous son règne que la Roumanie accéda enfin à l'indépendance, se libérant ainsi définitivement de la tutelle ottomane qui, pour n'être que formelle depuis 1859, n'en constituait pas moins une vexation pour l'amour-propre national. Carol Ier profita de la guerre russo-turque de 1877 pour réaliser cette aspiration patriotique. Il s'allia à la Russie, accepta le passage des troupes russes sur son territoire où il reçut avec de grands égards le tsar Alexandre II et, prenant lui-même le commandement de l'armée roumaine, obtint des succès militaires non négligeables. C'est grâce à ses troupes, notamment, que les Russes purent s'emparer de Plevna après un siège difficile et acculer l'armée ottomane à la capitulation. En juillet 1878, le Congrès de Berlin reconnut officiellement l'indépendance de la Roumanie que Carol avait lui-même proclamée unilatéralement dès 1877, au moment de la déclaration de guerre au sultan. Pour renforcer encore le prestige du pays, Carol érigea la principauté de Roumanie en royaume et se ceignit le front d'une couronne coulée dans l'acier d'un canon turc pris à Plevna.

Un roi sans postérité

Par un sort décidément funeste aux premiers monarques roumains, Carol, comme son prédécesseur, n'eut pas de postérité. Marié en 1869 à la princesse Elisabeth de Wied, une Allemande de la Prusse rhénane, il n'en eut qu'une fille, la princesse Marie, née en 1870 et morte de la fièvre typhoïde en 1874. La question dynastique fut alors résolue par l'adoption d'un héritier. Cette adoption fut, cependant, plus conforme aux règles de la morale et de la bienséance que celle réalisée par Alexandre-Jean puisque l'élu fut d'abord le prince Guillaume de Hohenzollern-Sigmaringen, fils aîné du frère de Carol, le prince Léopold, le roi manqué d'Espagne en 1870. Guillaume déclina pourtant l'offre de son oncle et Carol dut se rabattre sur le second fils de Léopold, le prince Ferdinand.

Timide et effacé, très attaché à ses parents, le prince Ferdinand était né en 1865 et avait donc seize ans lorsque le roi de Roumanie décida d'en faire son héritier. Cette prétention fut vigoureusement combattue par la princesse Antonia de Portugal, mère du jeune homme, qui ne souhaitait pas se séparer d'un fils qu'elle savait d'un caractère doux et faible. De plus, Antonia imaginait avec angoisse le destin qui attendait son garçon dans un pays encore peu connu en Europe et sous la férule d'un beau-frère apparemment dépourvu de toute sensibilité. La personnalité de Carol Ier, homme rigide pour lequel seul comptait le devoir d'Etat, n'était évidemment pas faite pour rassurer la mère attentive d'un adolescent fragile, passionné de musique et de botanique. Toutefois, le sens du devoir l'emporta chez les Hohenzollern-Sigmaringen et Léopold, soit parce qu'il ne pouvait envisager d'opposer un nouveau refus à son frère, soit parce que la perspective de l'accession au trône de Roumanie de l'un de ses fils lui apparaissait comme la revanche de sa propre destinée, accepta de sacrifier Ferdinand.

Arraché à sa famille — car c'est bien ici d'arrachement qu'il faut parler —, Ferdinand, promu héritier du trône par Carol et confirmé dans ce statut par un vote du parlement roumain, lorsqu'il eut vingt et un ans, en 1886, subit, dès son arrivée en Roumanie, un dressage rigoureux. Ce tendre Hohenzollern amoureux des fleurs des champs dut se faire soldat et cavalier pour plaire à son oncle, bien qu'il n'eût lui-même que peu d'attrait pour la chose militaire et particulièrement pour les chevaux qui, sentant son manque d'assurance, se plaisaient à le désarçonner au beau milieu des cérémonies officielles. Le roi Carol voulut forger Ferdinand à son image en cassant sa personnalité mais il échoua dans cette entreprise. Le neveu, tremblant de peur devant le terrible « Onkel », demeura toujours le timide jeune homme de Sigmaringen qui, à la pompe des Cours et aux marques extérieures du pouvoir royal, préférait la solitude, studieuse ou rêveuse selon son humeur de romantique allemand. Malheureusement, à cause de cette formation inhumaine dénuée de compréhension et d'amour, Ferdinand contracta un bégaiement qui accentua encore sa gêne en public et son horreur de la représentation.

La plus artiste des souveraines

Jusqu'en 1893, la famille royale de Roumanie fut réduite à trois personnes : un roi autoritaire, froid et sans humour ; un prince héritier terrorisé par le moindre froncement de sourcils du monarque tout-puissant ; enfin une reine sensible et cultivée qui, pour combattre l'atmosphère oppressante du palais royal de Bucarest ou du château de Sinaïa — le Balmoral roumain des Carpathes — s'entoura d'intellectuels et d'artistes et devint elle-même une poétesse et un écrivain d'un certain renom à la fin du XIXe siècle.

Elisabeth de Wied ou de Roumanie, plus connue sous le pseudonyme littéraire de Carmen Sylva, fut une femme délaissée par un mari trop affairé qui, du reste, en bon Allemand de son temps, ne demandait à son épouse que de tenir son foyer et de lui faire des enfants. Pour les enfants ce fut un échec, comme l'on sait, puisque la petite Marie, morte à quatre ans, n'eut pas de frère ou de sœur. Ce drame, car c'en fut un, accentua le repliement de Carol sur lui-même tandis qu'Elisabeth trouvait dans l'écriture un substitut à sa maternité blessée et à sa vie de couple ratée. Quelques vers de la reine expriment mieux que bien des phrases la douleur ineffaçable de la mort de la petite Marie :

« Que de fois je regarde, hélas, ta porte close.
Que de fois je me dis : elle va s'entrouvrir...
Je vais, comme jadis, voir ma fillette rose
Vers moi, par bonds légers, en dansant accourir.

« Si même ce n'était qu'un fantôme ! Qu'une ombre
Rapide, fugitive et qui me narguerait,
De quel trouble mon cœur, toujours saignant et sombre,
O mon cher ange, à ton aspect se remplirait ! »

Contrairement à ce que l'on pourrait croire, Carol et Elisabeth, pour différents et étrangers l'un à l'autre qu'ils fussent, ne formèrent pas moins un couple royal qui travailla avec efficacité au prestige et à la grandeur de la Roumanie. Laissant la politique à son mari, Elisabeth qui ne s'y intéressa vraiment qu'à une seule reprise, au moment de la création de la principauté d'Albanie en 1913, se consacra tout entière au monde des arts et des lettres, et fit de la Roumanie le passage obligé de ce que l'Europe connaissait de meilleur dans ce domaine. Ainsi, c'est grâce à elle que Frédéric Mistral, Pierre Loti ou Sarah Bernhardt vinrent à Bucarest, contribuant ainsi à donner au « Petit Paris des Balkans », comme on disait alors, une renommée internationale. Après Bucarest, la reine recevait tous les artistes et hommes de lettres au château de Sinaïa et chacun, dans ce décor enchanteur et mystérieux des Carpates, devisait avec cette hôtesse incomparable, échangeant avec elle les derniers potins de Paris et les critiques les plus drôles sur les derniers ouvrages parus ou sur les dernières créations théâtrales. Femme de cœur, Elisabeth venait toujours au secours d'un auteur injustement attaqué en s'écriant, devant un auditoire amusé : « Moi aussi, j'ai été sifflée, et pourtant j'ai tout de même fini par percer ! » De fait, la reine fut couronnée pour ses œuvres poétiques par l'Académie française.

C'est surtout l'amitié de la reine et de Pierre Loti qui retint l'attention du monde. Reçu dans l'intimité de Sinaïa en 1887, Pierre Loti, dont la reine traduisit en allemand *Pêcheur d'Islande*, fut un ami fidèle d'Elisabeth. Unis par une admiration réciproque et une sensibilité commune, la reine de Roumanie et l'écrivain français formèrent un couple de gens de lettres assez pittoresque où le sentiment maternel et protecteur d'Elisabeth répondait aux inquiétudes et à la fragilité d'un homme plus jeune qu'elle et qui s'efforçait, à travers ses écrits, de donner une image volontaire et virile de sa personnalité.

Cette amitié s'exprima très concrètement lorsque survint à la Cour de Roumanie le scandale Vacarescu. Le prince héritier Ferdinand, sevré d'affection, tomba un jour amoureux, en effet, d'Hélène Vacarescu, demoiselle de compagnie de la reine Elisabeth. Femme de lettres de talent, écrivant en français, lauréate elle aussi de l'Académie française pour ses poèmes, Hélène était d'une beauté encore controversée de nos jours mais d'une intelligence réelle. Séduit par son fort caractère, le faible Ferdinand voulut l'épouser tandis que la reine Elisabeth, incurable rêveuse, couvrait imprudemment cette idylle naissante de son indulgente protection. Lorsque l'affaire vint aux oreilles de Carol Ier, le drame éclata. Furieux contre un héritier qui aspirait à des amours ancillaires et contre une épouse qui favorisait avec une grande inconséquence les sentiments des deux jeunes gens, le roi cassa le beau projet, écarta Hélène Vacarescu de la Cour et exila la pauvre Elisabeth à Venise. Pendant que Ferdinand était assommé de corvées militaires censées lui faire oublier sa « promise », la reine de Roumanie trouvait refuge à l'hôtel Danieli où elle put méditer sur les amours brisées de George Sand et de Musset. Loti n'abandonna pas sa royale amie. Il vint s'entretenir à plusieurs reprises avec elle à Venise, lui tint ostensiblement compagnie à la barbe des espions de Carol, et prit sa défense pour finir en publiant un roman intitulé *L'Exilée* et dont, bien sûr, Elisabeth était l'héroïne. Tout ce bruit aggrava l'irritation du roi et une représentation diplomatique contraignit notre officier de marine-écrivain-chevalier servant à plus de réserve.

Missy

Alerté par l'affaire Vacarescu, Carol Ier résolut de marier au plus vite l'héritier du trône afin que la continuité dynastique soit assurée par une union respectable qui ne ferait pas rire l'Europe aux dépens de la monarchie roumaine. Il se confia à son cousin Guillaume II, empereur d'Allemagne depuis 1888, et lui demanda comme un service de trouver un parti convenable pour Ferdinand. Si l'Allemagne voulait maintenir, selon le mot de Guillaume Ier, « un Hohenzollern aux sources du Danube et un autre à son embouchure », il fallait à tout prix, et le kaiser en était conscient, permettre que le prince héritier de Roumanie fasse souche.

Guillaume II jeta son dévolu sur sa cousine germaine, la jeune et ravissante Marie de Grande-Bretagne, fille du duc d'Edimbourg, petite-fille de la reine Victoria qui l'appelait affectueusement « Missy ». Née en 1875, Marie, comme tous les princes et princesses britanniques, était d'origine allemande, tant par les Hanovre, dynastie à laquelle appartenait la reine Victoria, que par les Saxe-Cobourg, famille de son grand-père, le prince consort Albert. Guillaume II, qui ne manquait jamais une occasion de tourmenter et de désobliger la reine Victoria, sa grand-mère également puisqu'il était lui-même le fils aîné d'une fille de la reine, décida que sa cousine Missy, que la famille royale d'Angleterre voulait marier au duc d'York, futur George V, serait l'épouse de Ferdinand de Roumanie. Le kaiser put prendre cette décision importante dans la mesure où le père de la princesse, le duc d'Edimbourg, avait hérité du duché allemand de Saxe-Cobourg-Gotha et se trouvait être ainsi un vassal de Guillaume II.

Cette affaire fut menée promptement pour ne pas alerter Windsor. La duchesse d'Edimbourg, mère de Marie mais germano-russe d'origine, se fit la complice du kaiser car, comme lui, elle haïssait les Anglais. La jeune princesse de seize ans, immature et privée des conseils de son père et de sa grand-mère, succomba au piège matrimonial qu'on lui tendait. Elle dit « oui » à Ferdinand, avec plus de tendresse pour l'homme timide qu'il était que de véritable amour, fut fiancée à la fin de l'année 1892 et mariée en janvier 1893 au château de Sigmaringen. La reine Victoria, le duc d'Edimbourg, le prince de Galles, futur Edouard VII, et son fils le duc d'York boudèrent la cérémonie et versèrent des larmes abondantes qui firent rire Guillaume.

Cette union fut un succès diplomatique à court terme pour le kaiser auquel la future reine Marie de Roumanie rappellera un jour qu'elle n'avait jamais cessé d'être princesse anglaise. Pour la monarchie roumaine, en revanche, ce mariage fut une chance inespérée d'accéder aux premiers rangs des monarchies européennes en raison des liens étroits de la nouvelle princesse héritière avec toutes les dynasties prestigieuses du Vieux Continent. Si Carol Ier et son neveu Ferdinand étaient cousins éloignés du kaiser, Marie, elle, était cousine germaine de Guillaume II également, du futur George V d'Angleterre et, par sa mère, elle-même grande-duchesse russe, du futur tsar Nicolas II. Par ailleurs, du côté Saxe-Cobourg, outre les cousinages anglais, elle était étroitement apparentée avec le roi Léopold II et son neveu, futur Albert Ier de Belgique, ainsi qu'avec le prince Ferdinand Ier de Bulgarie qui se fera roi en 1908. C'est donc un prestige incomparable que la princesse apportait en dot à une monarchie roumaine trop récente pour être considérée.

Aussi volontaire et brillante que son mari manquait d'assurance, la princesse, après avoir forgé son caractère au travers d'affrontements incessants avec l'intolérant Carol Ier qui ne prisait guère les jeunes femmes trop émancipées à son goût, devint la première femme du royaume. En dépit d'une vie privée assez peu flamboyante aux côtés de celui qu'elle appelait malicieusement « Nando », pour singer sa belle-mère Antonia de Portugal pour qui Ferdinand était toujours le petit « Ferdinando », elle remplit ses devoirs dynastiques en donnant six enfants, trois garçons et trois filles, à la monarchie roumaine. L'avenir de la Couronne de Roumanie fut ainsi assurée grâce à elle et le vieux Carol Ier, reconnaissant, finit par rendre les armes devant cette princesse anglaise qu'au fond de lui il n'était pas loin de considérer comme le seul élément solide de la famille royale.

Un règne interminable

En 1906, la Roumanie officielle fêta le quarantième anniversaire de l'accession au trône de Carol Ier. Pendant ce règne déjà long, les institutions s'étaient affermies et chacun y avait trouvé sa place. Le roi nommait les présidents du Conseil issus de la majorité parlementaire et conservait intact son domaine réservé diplomatique et militaire. Le parlement, fonctionnant avec un bipartisme à l'anglo-saxonne, voyait se succéder des majorités libérales ou conservatrices qui toutes, unanimement, respectaient la personne du roi et légiféraient avec une remarquable liberté d'expression. Parfois, cependant, les excès oratoires et les passions partisanes — éternels défauts des peuples latins — perturbaient la vie démocratique, mais la présence tutélaire du monarque, arbitre suprême, garantissait la pérennité du système.

Sur le plan économique également la Roumanie, en quarante ans, avait fait des progrès considérables. Routes, voies ferrées, transports fluviaux et maritimes s'y étaient harmonieusement développés. L'agriculture s'était modernisée et l'industrie pétrolière roumaine était devenue la seconde d'Europe après celle de la Russie. Bucarest avait été transformée en métropole moderne grâce à des architectes français qui s'appelaient Gottereau, Galleron ou Ballu et qui l'enrichirent de grandioses bâtiments officiels que le Paris de la IIIe République n'aurait pas désavoués. Les architectes français, protégés par la reine Elisabeth, jouèrent le même rôle dans l'embellissement de Bucarest que l'Allemand Kienze ou le Danois Hansen dans celui d'Athènes sous le règne d'Othon Ier.

Hélas, si le sage Carol Ier gérait fort convenablement la Roumanie pour laquelle il avait l'amour d'un hobereau allemand soucieux de mettre en valeur son domaine, en revanche, il prêtait beaucoup moins d'attention aux Roumains eux-mêmes. Ne fréquentant que les classes supérieures qui avaient chassé Alexandre-Jean, c'est-à-dire l'aristocratie terrienne et la grande bourgeoisie dont la famille Bratianu fut la plus illustre représentante, il ignorait tout, ou presque, des sept millions d'habitants qui peuplaient son royaume, notamment les paysans qui formaient pourtant le socle de la nation. A peu près délaissés depuis le coup d'Etat de 1866, les paysans roumains, qui vivaient dans des conditions éminemment précaires et qui avaient espéré une amélioration de leur sort misérable sous le précédent règne, se révoltèrent à plusieurs reprises. En 1888, éclata une première grande jacquerie en Moldavie qui nécessita l'intervention de l'armée. Dix-neuf ans plus tard, au printemps de 1907, le royaume tout entier fut ébranlé par une véritable insurrection qui faillit emporter la monarchie. Carol ne sauva son trône qu'au prix d'une répression féroce des paysans révoltés qui s'apprêtaient à investir la capitale après avoir tendu la main à un prolétariat dont les conditions de vie, dans les mines surtout, étaient effroyables. Dix mille insurgés au moins furent massacrés et des dizaines de villages détruits au canon. Il est vraisemblable que le chiffre des victimes ait avoisiné en réalité les quinze mille mais aucune preuve ne pourra jamais en être rapportée puisque les archives d'Etat ont été détruites. Les événements dramatiques de 1907, survenant quelques mois à peine après le jubilé de 1906, ébranlèrent le roi qui commença à être contesté.

Sur le plan diplomatique, les choses empirèrent également. Carol, depuis 1883, et suivant en cela la mauvaise pente qu'il avait empruntée dès 1866, avait lié la Roumanie à l'Autriche-Hongrie et à l'Allemagne qui avait contresigné le traité secret roumano-autrichien. Or, l'alliance austro-hongroise contraignait le pays à renoncer au rattachement de la province roumaine de Transylvanie qui, depuis le compromis de 1867, faisait partie du royaume de Hongrie. Cet abandon du grand rêve d'unité nationale aigrit l'opposition qui s'en prit directement au roi. Carol n'eut d'ailleurs pas de chance avec son allié autrichien, puisque non seulement François-Joseph refusa d'intervenir dans les affaires hongroises, laissant ainsi les Magyars exercer sur la population roumaine de Transylvanie une oppression politique et culturelle scandaleuse, mais il interdit au roi de Roumanie de se mêler des affaires balkaniques, notamment de la question de Macédoine où, pourtant, Bucarest avait son mot à dire en raison de l'existence dans cette région d'une minorité d'origine roumaine : les Koutzo-Valaques.

En 1908, au moment de l'annexion de la Bosnie-Herzégovine, l'Autriche manifesta encore le peu de considération qu'elle avait pour son alliée roumaine en favorisant, pour neutraliser la Serbie avec laquelle la Roumanie avait de bons rapports, la principauté de Bulgarie qui, au contraire, inquiétait les Roumains par ses ambitions territoriales. C'est, d'ailleurs, avec le soutien de François-Joseph que Ferdinand de Bulgarie érigea son pays en royaume, le mettant ainsi sur le même pied que la Roumanie. L'opposition à la politique extérieure menée par Carol Ier fut aggravée lorsqu'en 1912 l'Autriche empêcha la Roumanie de participer à la Première Guerre balkanique, ce qui la priva de la possibilité d'exercer ses droits sur la Macédoine. Conscient que ses alliés germaniques se moquaient de lui, Carol, ne tenant désormais plus aucun compte des avis de Vienne et de Berlin, engagea le royaume dans la seconde guerre balkanique de 1913 et permit ainsi à son pays, lors du troisième Traité de Bucarest, d'arracher à la Bulgarie la forteresse de Silistrie et la Dobroudja méridionale.

Ferdinand le Loyal et Marie la Grande

Depuis la tragique insurrection de 1907 et la crise de Bosnie-Herzégovine de 1908, la famille royale de Roumanie était de plus en plus divisée. Si le prince héritier Ferdinand se gardait de mener une quelconque opposition contre son oncle qu'il craignait toujours autant, en revanche, sa femme Marie, tant par ses opinions en faveur d'une démocratisation du pays que par ses sentiments proanglais et prorusses, apparaissait aux yeux de la nouvelle génération comme la personnalité la plus apte de la monarchie à favoriser l'émergence d'une ère nouvelle.

Le déclenchement de la Première Guerre mondiale en août 1914 coupa définitivement le roi Carol de son peuple. Souhaitant combattre aux côtés de l'Allemagne, conformément d'ailleurs au traité secret de 1883 qui le liait aux Empires centraux, Carol Ier se trouva en totale contradiction avec la princesse Marie et l'immense majorité du peuple roumain qui aspirait à rejoindre le camp de la France et de l'Angleterre. Comme en 1871, des manifestations d'hostilité eurent lieu contre le roi à Bucarest où la foule chantait *La Marseillaise* sous les murs du palais royal en agitant des drapeaux français. Pour ne pas mettre le vieux roi dans une position délicate et le contraindre à l'abdication, le Conseil de la Couronne, sachant que le souverain était atteint d'un cancer et que ses jours étaient comptés, décida de proclamer la neutralité de la Roumanie. Le 11 octobre 1914, Carol Ier, dont la maladie avait été incontestablement aggravée par le sentiment qu'il avait d'avoir failli à son devoir d'officier allemand et de prince Hohenzollern, mourut au château de Sinaïa à l'âge de soixante-quinze ans. Il fut immédiatement remplacé sur le trône par son neveu Ferdinand Ier.

Si le roi Ferdinand, par respect pour la mémoire de son oncle, et parce qu'il était lui-même officier allemand, voulut maintenir la neutralité, sa femme Marie manifesta ouvertement des opinions favorables à l'intervention. Très proche de Nicolas II de Russie et de George V d'Angleterre, ses cousins germains préférés, et amoureuse de la France — sentiment qu'elle avait contracté auprès de son oncle, le très Parisien Edouard VII — Marie opta pour l'engagement de la Roumanie aux côtés de l'Entente. Toutefois, le président du Conseil Ion Bratianu, fils de celui qui, en 1866, avait porté au trône Carol Ier avec la bénédiction de Napoléon III, tempéra les ardeurs patriotiques et ententophiles de la belle souveraine. Il lui fit comprendre que, par nature, les Grandes Puissances étaient égoïstes, et qu'il convenait, avant de s'engager, d'obtenir des promesses formelles d'accroissement territorial. Bratianu voulait la Transylvanie, la Bukovine et le Banat austro-hongrois et, si possible, une rétrocession de la province de Bessarabie que les Russes, indûment, avaient annexée en partie en 1812 puis totalement en 1878.

Nicolas II n'étant pas prêt, même pour les beaux yeux de sa chère cousine Missy, à renoncer à la Bessarabie, et ne voulant pas non plus sacrifier les droits des Serbes sur le Banat, les négociations avec les Alliés furent interminables. Enfin, en juillet 1916 et alors que la France, pour alléger le front de Verdun, avait absolument besoin qu'un second front s'ouvrît à l'est de l'Europe, les Alliés acceptèrent toutes les revendications territoriales roumaines à l'exception de la Bessarabie.

Le 28 août 1916, jour de la Sainte-Marie orthodoxe et donc fête de la reine, les armées roumaines franchirent les Carpates et pénétrèrent en Transylvanie après que Bucarest eut déclaré la guerre à l'Autriche-Hongrie. Pour ménager le roi, le gouvernement avait évité de déclarer la guerre à l'Allemagne avec laquelle, au demeurant, la Roumanie n'avait aucun conflit territorial. Les Roumains furent vainqueurs en Transylvanie et repoussèrent les troupes austro-hongroises sur plus de cent kilomètres. Malheureusement, furieux de voir un pays gouverné par un souverain Hohenzollern choisir le camp de ses adversaires, Guillaume II décida d'écraser la Roumanie avec tous les moyens militaires dont il disposait, n'hésitant pas même à prélever des troupes à Verdun pour les envoyer sur le front roumain. Pour couronner le tout, la Bulgarie, qui voulait récupérer les territoires qu'elle avait perdus en 1913, attaqua la

Roumanie sur le Danube sans avoir la décence de lui déclarer officiellement la guerre.

L'armée impériale russe, soit par antipathie pour les Roumains, soit parce que la sédition et l'anarchie commençaient à y sévir, ne porta qu'un secours dérisoire à l'armée roumaine attaquée par les Austro-Allemands à l'ouest et par les Bulgares au sud. En dépit des vociférations et des menaces du général Joffre qui se rendait compte que l'attitude russe équivalait à une véritable non-assistance, les Russes laissèrent les Roumains se battre pratiquement seuls et détournèrent même une grande partie de l'armement que la France et l'Angleterre envoyaient à Bucarest en le faisant transiter par le territoire russe, seul accès possible pour les Alliés à ce moment-là. Effrayés par la position de l'armée roumaine qui, très inférieure en nombre à ses adversaires et moins bien outillée qu'eux, reculait sur tous les fronts malgré une résistance acharnée de montagne en montagne et de rivière en rivière, le général Joffre et le président du Conseil Aristide Briand, qui avait été l'un des concepteurs de l'intervention roumaine, confièrent une mission d'assistance militaire au général Henri Berthelot, adjoint et ami du chef d'état-major de l'armée française.

Arrivé à Bucarest avec deux mille oficiers chargés d'encadrer l'armée roumaine, le général Berthelot, bénéficiant de la confiance du roi Ferdinand et de la reine Marie, redonna un esprit combatif à des soldats roumains qui commençaient à fléchir sous les coups des ennemis coalisés. En dépit de ce soutien moral et technique mais qui ne changeait rien à l'angoissante question des effectifs et du matériel, la Roumanie, après quatre mois d'une lutte inégale, était en passe d'être vaincue. En décembre 1916, Bucarest fut investie par les troupes du maréchal Falkenhayn après des bombardements aériens meurtriers et les Roumains, sous la conduite de leur roi et de leur reine, se retirèrent en Moldavie, abandonnant le reste du pays à l'ennemi après avoir incendié les puits de pétrole et détruit les réserves de carburant.

Ferdinand, fidèle aux Alliés malgré ses origines allemandes, et Marie, convaincue que la France et l'Angleterre finiraient par triompher des Empires centraux, refusèrent la capitulation et entreprirent de résister en Moldavie avec l'aide du général Berthelot. Celui-ci ayant réorganisé l'armée, les troupes roumaines, en concertation avec l'armée russe, reprirent le combat en juillet et août 1917, remportant les magnifiques victoires de Marasti et de Marasesti. Malheureusement, la Russie sombra progressivement dans le bolchevisme et dans le pacifisme. En novembre 1917, Lénine prit le pouvoir à Petrograd et entama des négociations de paix avec l'Allemagne.

La paix de Brest-Litovsk incita les dirigeants roumains à s'engager dans la même voie. Clemenceau le leur interdit formellement tandis que les Anglais et les Italiens donnaient des conseils opposés. En mai 1918, contre la volonté de la reine Marie qui préconisait la résistance à outrance et préférait l'exil à la capitulation, le quatrième Traité de Bucarest fut signé avec les Empires centraux par un gouvernement roumain de collaboration. La Roumanie rompait ainsi officiellement ses liens avec les Alliés et devenait un pays totalement asservi à l'impérialisme économique allemand. Toutefois, sur les conseils de sa femme, le roi Ferdinand s'abstint de ratifier le Traité de Bucarest malgré les pressions exercées sur lui par les collaborateurs et les occupants.

La sévérité de ce traité eut un immense retentissement dans le monde. Les Allemands ayant déclaré pourtant que ce traité n'était rien en regard de celui qu'ils préparaient pour la France vaincue, Clemenceau, Lloyd George et le président américain Wilson comprirent qu'aucun compromis n'était désormais possible avec l'ennemi et redoublèrent leurs efforts militaires.

Cependant, ce n'est pas sur le front occidental mais dans les Balkans que la victoire se profila. Le général Franchet d'Esperey ayant pris la tête de l'Armée d'Orient en août 1918 en fit une force capable de bousculer les Empires centraux dans cette partie de l'Europe. Il lança son offensive en septembre 1918 et, très rapidement, les opérations furent couronnées de succès. Fin septembre, la Bulgarie mettait bas les armes puis, en octobre/novembre, la Serbie et la Roumanie, qui avait déchiré le Traité de Bucarest et avait repris le combat, étaient libérées.

Le 1er décembre 1918, à Bucarest, le roi Ferdinand, la reine Marie et le général Berthelot conduisirent le défilé de la victoire. La reine Marie portait fièrement sur son uniforme la croix de guerre que Clemenceau lui avait décernée.

Du Vieux Royaume à la Grande Roumanie

Si la guerre fut cruelle pour la Roumanie abandonnée, vaincue, envahie, occupée et martyrisée, les six cent mille morts civils et militaires ne furent pas inutiles. Les sacrifices et les souffrances de cette petite nation alliée émurent les plénipotentiaires de la paix qui, par les Traités de Saint-Germain et de Neuilly de 1919, puis par celui de Trianon de 1920, accordèrent aux Roumains la presque totalité de leurs revendications territoriales de 1916. Ainsi, l'Autriche et la Hongrie durent céder à la Roumanie les provinces de Transylvanie et de Bukovine, tandis que le Banat était partagé entre la Roumanie et la Serbie. Cette partition, non prévue par les accords de 1916, fut contestée par les Roumains mais, par une sorte de compensation, la Convention de Paris de 1920 leur avait reconnu la possession de la Bessarabie qui ne leur avait pas été promise en 1916 puisque appartenant alors à l'Empire russe. Enfin, avec la Bulgarie, la Roumanie retrouvait sa frontière de 1913, englobant la Silistrie et la Dobroudja méridionale.

De la sorte, l'union des provinces roumaines souhaitée par les patriotes depuis le milieu du XIXe siècle était réalisée. Le roi Ferdinand Ier et la reine Marie avaient restauré la Grande Roumanie de Michel le Brave dont tous les cœurs roumains gardaient la nostalgie. Le nouvel Etat faisait plus que doubler sa superficie et sa population : les 130 000 km^2 et les sept millions d'habitants de 1914 étaient devenus les 290 000 km^2 et les seize millions d'habitants de 1920. L'accroissement était gigantesque, sans doute l'un des plus considérables de l'après-guerre, mais il portait en lui, en raison de la présence sur le territoire roumain de minorités importantes évaluées à plus de quatre millions de personnes, des germes de division.

Les monarques, solennellement couronnés à Alba Julia le 15 octobre 1922, s'attachèrent, avec l'aide de personnalités politiques de premier plan comme Ion Bratianu le Jeune, Take Ionescu, Nicolas Titulescu ou Alexandre Vaïda-Voevod, à faire de la Grande Roumanie un véritable Etat moderne. En 1923, une nouvelle constitution fut promulguée par le roi et intégrait à la vie de la nation le suffrage universel et la réforme agraire, vieux rêves d'Alexandre-Jean. Le roi Ferdinand et la reine Marie se firent les commis-voyageurs de leur pays. En 1924, leur périple à travers l'Europe occidentale leur permit non seulement de resserrer les liens avec les anciens alliés de la Première Guerre mondiale mais encore de faire appel aux investisseurs étrangers pour mettre en valeur les richesses économiques roumaines. L'enthousiasme et la bonne volonté des souverains furent cependant tempérés par le gouvernement libéral de Bratianu qui acceptait la collaboration du capital étranger mais ne voulait pas que les ressources du patrimoine national, notamment le pétrole, soit détournées ou même simplement contrôlées par les grandes sociétés françaises, anglaises ou américaines.

De 1918 à 1927, la Grande Roumanie connut son âge d'or. L'influence germanique d'avant 1914 avait cédé la place à une double influence franco-britannique qui se partageait des zones bien distinctes. L'Angleterre avait une position dominante dans le domaine économique et surtout pétrolier, tandis que la France axait son effort sur la diplomatie et la défense. Dans le cadre de la Petite Entente, constituée à partir de 1921 avec la Tchécoslovaquie et la Yougoslavie, la Roumanie devint la pierre angulaire du bloc des alliances françaises en Europe orientale. L'alliance roumano-polonaise, concrétisée par le voyage du roi Ferdinand et de la reine Marie à Varsovie, et par celui du maréchal Pilsudski à Sinaïa, apparaissait également aux yeux des militaires français, du vieux maréchal Foch au jeune capitaine De Gaulle, comme une garantie de l'Occident contre la menace bolchevique. Sur ce plan, d'ailleurs, les Roumains avaient déjà brillamment fait leurs preuves en chassant de Hongrie les bolcheviks de Bela Kun en 1919. Ce succès leur avait valu le titre de « Sauveurs de la Civilisation » dans la presse occidentale mais leur avait aliéné durablement les communistes du monde entier.

La monarchie roumaine fut, à cette époque, une monarchie bénie des dieux. Victorieuse dans une guerre qui aurait pu la balayer comme tant d'autres monarchies européennes, elle se maintint et se fortifia grâce à des alliances dynastiques voulues par la reine Marie. Missy, la « Reine Soleil », partageait en effet avec sa grand-mère Victoria le goût des combinaisons matrimoniales. Femme émancipée, souveraine d'avant-garde n'hésitant pas à fréquenter un monde cosmopolite ou à flirter avec les socialistes français, elle considérait néanmoins que l'éclat d'une dynastie s'appréciait au regard des mariages brillants qu'elle pouvait contracter. En 1921, Marie de Roumanie réussit un magnifique « doublé » qui fit pâlir de jalousie les autres cours d'Europe. Elle maria son fils aîné, le prince héritier Carol, avec la princesse Hélène, fille du roi Constantin Ier de Grèce, et sa fille Elisabeth, née en 1894, avec le diadoque Georges, fils aîné de Constantin et futur roi Georges II de Grèce. Un an plus tard, en 1922, sa seconde fille, Marie, née en 1900, épousa le roi Alexandre Ier de Yougoslavie, l'un des plus fidèles alliés de la France dans les Balkans. Ces alliances ajoutèrent encore au prestige de la Roumanie et renforcèrent dans les conférences internationales et à la S.D.N. le poids des diplomates roumains qui, de Take Ionescu à Ion Duca, en passant par Nicolas Titulescu ou Hélène Vacarescu, ancienne « fiancée » du roi Ferdinand, portaient aux quatre coins du monde la voix de leur pays.

Le ver dans le fruit

L'on sait depuis longtemps que la roche tarpéienne est proche du Capitole, et la roche tarpéienne de la monarchie roumaine n'était autre que le prince héritier Carol. Premier-né de

Ferdinand et de Marie, le prince Carol fut, dès sa naissance, l'objet des soins les plus attentifs du fondateur de la dynastie qui rêvait, en observant ce petit garçon robuste, turbulent et parfois brutal, d'avoir en lui un successeur plus digne que le trop effacé Ferdinand. Adulé par Carol Ier, excessivement gâté par une mère qui voulait se faire pardonner ses absences, son goût de la liberté et son amour envahissant de la politique, le jeune prince eut une éducation contestable. Devenu adolescent, il manifesta des penchants autoritaires à l'égard de sa famille et de sa propre mère qu'il soupçonnait d'aventures galantes et surtout d'une liaison avec l'énigmatique prince Stirbey.

C'est vraisemblablement pour se débarrasser de l'encombrant jeune homme dont l'attitude était plus qu'ambiguë que Marie, en 1914, envisagea de le marier avec la grande-duchesse Olga, fille de Nicolas II. Le projet échoua et, la guerre éclatant, le prince, sans doute pour se montrer digne d'une mère dont il était secrètement amoureux, se comporta en excellent officier des Chasseurs Alpins. Il fit ce qu'il est convenu d'appeler une « belle guerre » jusqu'à la paix séparée de Bucarest au printemps de 1918 puis, à partir de là, tourna mal.

Alors que son pays était vaincu et occupé par l'ennemi, que son père le roi Ferdinand manœuvrait subtilement les collaborateurs germanophiles pour sauver sa couronne et que sa mère la reine Marie maintenait des contacts secrets avec les Alliés occidentaux, le prince héritier Carol déserta son régiment. Il s'était en effet amouraché de la ravissante Jeanne Lambrinu, fille d'un officier de l'armée roumaine, et s'était mis en tête de l'épouser. Sachant que ses parents s'opposeraient à une mésalliance qui ne pourrait que discréditer la monarchie aux yeux des collaborateurs et soulever la réprobation générale dans un pays où, depuis le règne d'Alexandre-Jean et ses excès népotiques, on considérait que les membres de la famille régnante devaient être d'origine étrangère pour garantir la neutralité de la Couronne, Carol emmena la jeune fille à Odessa, dans une Russie en pleine tourmente révolutionnaire, et l'épousa en août 1918. Le président du gouvernement de collaboration, Alexandre Marghiloman, déclara alors au roi Ferdinand : « Le prince héritier ne croit pas à la monarchie », remarque contenant la plus perfide des menaces contre la famille royale.

La victoire de 1918 sauva la dynastie roumaine. Ferdinand et Marie, après d'interminables palabres et des tractations inimaginables avec leur fils aîné qui prétendait ne rentrer en Roumanie qu'avec sa femme, finirent par obtenir le retour du fuyard. Il fut mis aux arrêts de rigueur dans un monastère — le respect du code militaire eût exigé la cour martiale et la condamnation à mort pour désertion sur le front — et son mariage, inconstitutionnel à plus d'un titre, fut annulé par la justice roumaine pour « défaut de publications légales ». Le prince rentra dans le rang tandis que la malheureuse Jeanne Lambrinu quittait la scène avec une rente confortable et un petit garçon que lui avait fait Carol.

La tranquillité de la famille royale dura peu. On soupçonna le prince héritier de chercher à reprendre secrètement ses relations avec Jeanne Lambrinu alors qu'en réalité il multipliait les aventures sulfureuses dans les endroits les plus douteux de la capitale. Devant cette situation, le roi et la reine décidèrent de le marier pour tenter de le ranger définitivement. C'est dans ce contexte qu'intervint, en mars 1921, le mariage grec avec la belle princesse Hélène. Nul ne peut s'aventurer à dire si les deux jeunes gens éprouvèrent l'un pour l'autre des sentiments sincères. Ce qui est certain, c'est qu'ils formaient un beau couple et que, dynastiquement, leur union était irréprochable.

En octobre 1921, la princesse Hélène mit au monde un garçon que l'on baptisa Michel en souvenir de Michel le Brave, fondateur de la première Grande Roumanie de l'Histoire. A partir de là, il n'y eut plus d'autres naissances dans le jeune couple princier, ce qui peut laisser supposer que le ménage ne fonctionnait pas d'une façon harmonieuse. En tout cas, les apparences furent sauves jusqu'en 1923 à peu près. Ensuite, de nouvelles rumeurs se répandirent sur la vie privée de Carol. De fait, il semble bien que le prince ait délaissé de plus en plus souvent et de plus en plus ouvertement sa jeune femme et son petit garçon. On parlait même, désormais, non plus de plusieurs maîtresses mais d'une seule, ce qui, à la vérité, était autrement plus inquiétant.

Le scandale éclata publiquement en novembre 1925. Carol, qui représentait la famille royale de Roumanie aux obsèques de la reine Alexandra d'Angleterre, veuve d'Edouard VII, envoya un télégramme à Bucarest dans lequel il déclarait à ses parents qu'il ne rentrerait pas au pays sans sa maîtresse en titre, Hélène Lupescu, fille d'un commerçant juif de Bessarabie et épouse divorcée d'un officier roumain qu'elle avait abondamment trompé. Ferdinand, Marie et le président du Conseil Bratianu, irrités par la réitération des événements de 1918-1919, se braquèrent et refusèrent l'ultimatum de Carol. Pour eux, le prince devait regagner la Roumanie et reprendre ses obligations d'héritier comme de père de famille. Carol, réfugié avec Hélène Lupescu à Paris, puis à Venise et Milan au vu et au su de tous les paparazzi de l'époque, s'entêta. Il proposa des solutions absurdes comme de faire croire à l'opinion publique qu'il était mort en se noyant dans un lac italien, puis, voyant que ces puérilités ne convainquaient personne, il renonça solennellement à deux reprises et par écrit à ses droits dynastiques en faveur de son fils, le petit prince Michel. Ce n'était pas la première fois que Carol agissait ainsi puisque, lors de la première crise de 1918-1919, il avait également envoyé une renonciation en bonne et due forme à ses parents. Cette fois, lassés par les exigences de leur fils et profondément choqués par sa volonté de répudier sa femme et de vivre officiellement avec sa maîtresse, Ferdinand et Marie se résignèrent à l'exclure du trône.

Le 4 janvier 1926, après avis conforme du Conseil de la Couronne, le parlement roumain prononça la déchéance du prince héritier Carol qui, de son côté, se répandait en calomnies odieuses sur son père et sa mère qu'il traitait, pour l'un, de « vieil ivrogne », et pour l'autre, de « prostituée ». Le roi Ferdinand, malade du cancer, ne se remit jamais de ce drame. Sa maladie s'aggrava irrémédiablement et il mourut en juillet 1927, n'étant plus que l'ombre de lui-même, en jetant un dernier regard sur la photographie jaunie d'un prince héritier aux boucles blondes qui portait alors les espoirs de la dynastie. La reine Marie, voyant l'œuvre de sa vie détruite, partit un temps aux Etats-Unis où elle reçut un accueil triomphal qui lui fit oublier un peu ses soucis de mère et de souveraine.

La monarchie poignardée

Conformément à l'acte de déchéance du 4 janvier 1926, le successeur de Ferdinand Ier fut le prince Michel, âgé de six ans. Proclamé roi le 20 juillet 1927, Michel Ier, abandonné par son père mais soutenu par deux femmes courageuses : sa mère, la princesse Hélène, et sa grand-mère, la reine douairière Marie, fut assisté par un Conseil de Régence pour toute la durée de sa minorité.

Par une aberration constitutionnelle, la régence fut tricéphale et partagée entre le prince Nicolas, oncle du roi, le patriarche orthodoxe Miron Cristea, et le président de la Cour de Cassation, Georges Buzdugan. Le système, comme tous les systèmes collégiaux, ne fonctionna pas. Incapable d'agir avec efficacité, la régence se trouva confrontée à des problèmes intérieurs d'envergure. En effet, le gouvernement libéral de Bratianu fut violemment attaqué par l'opposition nationale-paysanne qui, outre son autoritarisme, reprochait au président du Conseil d'avoir laissé les libéraux s'emparer de tous les postes clés de l'Etat et d'avoir conspiré avec la reine douairière Marie pour écarter le prince Carol du trône.

Blessé par la seconde accusation qui était d'une injustice flagrante car il avait tout fait pour convaincre Carol que son attitude était suicidaire pour la monarchie, Ion Bratianu, souffrant d'un phlegmon à la gorge et négligeant de se faire soigner à temps, mourut en novembre 1927. En quatre mois, la Roumanie avait ainsi perdu un roi d'une infinie sagesse et d'une grande bonté, et un chef de gouvernement dont les compétences compensaient largement les défauts personnels qui, comme l'autorité excessive et le sentiment d'infaillibilité, sont communs à tous ceux qui tiennent longtemps les rênes du pouvoir.

La mort de Ferdinand Ier et de Bratianu laissait le champ libre à l'ex-prince héritier Carol qui, voyant les difficultés intérieures de la Roumanie, s'efforça d'envenimer les choses en laissant entendre que ses renonciations au trône n'avaient pas été librement consenties et qu'il se tenait prêt, manquant ainsi à sa parole et à ses promesses, à rentrer en Roumanie pour se mettre au service du pays. Carol s'appuya habilement sur l'opposition nationale-paysanne de Jules Maniu et sur quelques officiers ambitieux comme le général Alexandre Averescu, adversaire résolu de la France et ami de Mussolini, pour déstabiliser l'Etat roumain. Le parti libéral renversé par les élections, la régence incapable d'agir, la reine Marie refusant, par peur de son fils aîné, de prendre les affaires en main avec le soutien d'officiers loyalistes comme le général Constantin Prezan, le trône du jeune roi Michel était bien menacé. Au printemps de 1930, les nationaux-paysans parvenus au pouvoir et affolés par la grande crise économique de 1929 qu'ils étaient bien incapables de maîtriser, signèrent un pacte avec le diable. Le 4 juin 1930, après avoir trompé la vigilance des Français, le prince Carol quitta son exil du château de Bellême et s'envola de l'aéroport du Bourget aux commandes d'un avion qu'il pilotait lui-même. Après une escale à Munich, il redécolla pour Bucarest où il atterrit le 6 juin. Accueilli par son frère, le régent Nicolas, puis acclamé par un peuple déçu par les hommes politiques et qui voyait en lui un sauveur providentiel capable de redresser le pays, Carol, avec la complicité du président du Conseil Jules Maniu auquel il avait promis de répudier sa maîtresse et de reprendre la vie commune avec la princesse Hélène, destitua son fils, le roi Michel Ier, et fut proclamé roi de Roumanie sous le nom de Carol II. Ce faisant, Carol se conduisait plus en aventurier qu'en prince soucieux de préserver l'avenir de sa dynastie. Il sacrifiait la légitimité à ses ambitions personnelles et inoculait à la monarchie roumaine un virus mortel. Le grand Bratianu, en juillet 1927, quelques mois avant sa mort, avait pourtant tenu à mettre en garde le prince exilé en lui écrivant :

« Les monarchies héréditaires ont des fondements qu'on ne saurait changer sans faire péricliter leur existence même. » Une fois encore l'homme d'Etat le plus remarquable que la Roumanie ait connu au XXe siècle avait pressenti l'effroyable drame qui allait s'abattre sur la Couronne de Roumanie.

Le règne le plus contesté de l'Histoire

Le règne de Carol II fut, et sera pendant longtemps encore, l'un des plus contestés de l'Histoire. Sans doute Carol II ne fit-il pas son cheval consul ; sans doute ne fit-il pas incendier Bucarest pour jouer de la lyre sur les ruines fumantes de sa capitale, mais peut-être fit-il plus, beaucoup plus. Ayant sali la réputation et la mémoire d'un père qui fut un saint laïque, ayant eu pour sa mère des sentiments troubles, ayant bafoué publiquement son épouse légitime et détourné l'héritage de son fils unique, il ruina la réputation de la monarchie roumaine.

Les défenseurs de Carol II — il y en a peu mais il faut les entendre — diront que ce sont les vices privés du roi, incontestables, qui sont constamment ressassés contre le souverain mais que celui-ci, sur le plan public, fut un homme de qualité. La remarque mérite qu'on s'y attarde. Sur le plan public, donc, relevons que Carol parvint au pouvoir en dépit de trois renonciations solennelles au trône ; qu'il s'acoquina pour ce faire avec des adversaires des traités de paix, en particulier Lord Rothermere qui, comme Mussolini, estimait que la Hongrie avait été injustement spoliée par un Traité de Trianon trop favorable à la Roumanie ; qu'enfin, il mentit effrontément au naïf Jules Maniu, chef du parti national-paysan, à qui il avait promis — selon ce que soutiendra Maniu ultérieurement — de ne revendiquer à son retour en Roumanie que la régence de son fils Michel et, surtout, de reprendre des relations normales avec sa femme Hélène de Grèce. En réalité, comme on sait, Carol destitua Michel Ier et, après un délai que l'on n'ose appeler de convenance, reprit officiellement la vie commune avec Hélène Lupescu. La princesse Hélène, fatiguée d'être ridiculisée depuis 1925, avait, quant à elle, demandé le divorce et, consciente que son mari ne lui reviendrait pas, s'était réfugiée en Suisse, ne conservant sur son fils Michel qu'un droit de visite épisodique. On objectera sans doute que ces derniers faits relèvent de la vie privée et non de la vie publique du souverain, mais il paraît difficile, dans une monarchie, de ne pas tenir pour publiques des circonstances aussi graves qu'un divorce et que la promotion d'une maîtresse en titre au rang de reine par substitution.

Carol II visait le pouvoir personnel. Sa stratégie insidieuse aboutit à dresser les uns contre les autres les partis politiques roumains et à susciter en leur sein des scissions insurmontables. Il s'agissait de prouver à l'opinion publique que les organisations démocratiques traditionnelles étaient incapables de gouverner. Floué par un homme qu'il avait cru sur parole, Jules Maniu entra dans l'opposition après avoir maudit le roi. Celui-ci demanda à sa mère, qui avait toujours été en bons termes avec les libéraux, de favoriser un rapprochement de Ion Duca, successeur de Bratianu et chef de l'opposition libérale, avec lui. Marie, aussi naïve en la circonstance que Maniu en d'autres, tomba dans le piège. Elle pria instamment Duca de cesser son opposition et de collaborer avec le roi. En vérité, Carol II n'avait qu'une idée : se servir de Duca, dont la forte personnalité était connue, pour casser le mouvement fasciste de la Garde de Fer qui commençait à émerger dangereusement dans le pays. A la fin de l'année 1933, Ion Duca accepta la présidence du Conseil et prit des mesures coercitives contre les légionnaires de la Garde de Fer dont le mouvement fut dissous. Le 29 décembre 1933, le dangereux travail ayant été accompli, Duca fut mystérieusement assassiné sur le quai de la gare de Sinaïa alors qu'il revenait d'un entretien avec le roi. Les services de sécurité ayant été opportunément allégés et la gare de Sinaïa ayant été plongée dans l'obscurité en raison d'une panne de courant providentielle, le meurtre put se dérouler sans encombre. La reine Marie suspecta son fils d'avoir été à l'origine du drame, mais Carol rejeta la responsabilité sur la Garde de

Fer. De fait, trois assassins proches du mouvement fasciste furent jugés et condamnés à la prison perpétuelle. Toutefois, comme le parquet abandonna subitement l'accusation contre le chef de la Garde de Fer, le capitaine Corneliu Codreanu, et son complice, le prince Jean Cantacuzène, cette affaire demeura extrêmement trouble.

Après la mort de Duca, Carol II porta à la présidence du Conseil le docteur Angelescu qu'il congédia sans motif apparent une semaine plus tard. Il choisit alors Georges Tatarescu qui était membre du parti libéral sans en être le chef. Cette manœuvre rompit l'unité du parti dont la majorité souhaitait, selon les usages constitutionnels, que son président Constantin Bratianu soit chef du gouvernement. Comme un an auparavant, au début de 1933, le roi avait également semé la zizanie au sein du parti national-paysan pour isoler Jules Maniu, il se retrouva seul face à une opposition parlementaire complètement morcelée.

Cette méthode fut si efficace que les élections de 1937 ne dégagèrent aucune majorité. Voyant cependant que les fascistes renforçaient leurs positions dans le pays, Carol appela un extrémiste de droite, Octavian Goga, à la présidence du Conseil. Cette expérience échoua devant l'obstruction de la Chambre des députés qui, démocrate dans son immense majorité, n'accepta pas la menace que représentait le nouveau cabinet. Le vide était désormais si complet que le roi put parvenir à ses fins. Le 18 janvier 1938, il renvoya le parlement, proclama l'état de siège, et, le 30 février, promulgua une nouvelle constitution lui accordant des pouvoirs exceptionnels et supprimant les partis politiques. La presse française relata ainsi le coup de force : « Le roi Carol II gouvernera, dorénavant, avec une puissance dictatoriale presque aussi grande que celle du Duce, en Italie, ou du Führer, en Allemagne. Une dictature de plus est née en Europe. »

Le 18 juillet 1938, la reine douairière Marie, isolée depuis 1930, soumise à toutes sortes de vexations, et constamment surveillée par les espions de son fils, rendit le dernier soupir. Cette démocrate de conviction n'avait pas vu sans désespoir la voie dangereuse sur laquelle Carol avait engagé la monarchie. Le renversement de Michel Ier, l'assassinat de Ion Duca, l'abolition de la constitution promulguée par le roi Ferdinand en 1923 furent les étapes du chemin de croix de la vieille souveraine. Sa disparition fut pour le peuple roumain le signe que la Grande Roumanie était condamnée.

La fin d'un aventurier

Le dictateur Carol II se trouva immédiatement menacé par le capitaine Corneliu Codreanu qui, à la tête de la Garde de Fer, aspirait également au pouvoir suprême. Ne pouvant s'entendre avec lui, Carol le fit emprisonner avec plusieurs de ses compagnons en attendant de le faire juger pour activités subversives. Le 30 novembre 1938, à la suite d'une prétendue tentative d'évasion, Codreanu fut abattu. Soupçonné, le roi s'écria : « Comment aurais-je pu agir ainsi, moi qui ne suis jamais informé de rien ! »

La description du règne de Carol II serait incomplète si l'on omettait de rappeler les plus tenaces rumeurs d'affairisme qui ont constamment pesé sur le monarque. Homme d'argent, Carol, lors de ses renonciations de 1925, avait exigé de la Couronne une rente financière considérable. Ayant pris le pouvoir en 1930, il avait demandé au parlement de lui verser rétroactivement sa liste civile de souverain à compter de juillet 1927, date de la mort de son père le roi Ferdinand. On a affirmé que, de 1930 à 1940, aucun contrat d'importance, pétrolier ou d'armement, n'a été passé en Roumanie sans que le roi ou ses hommes de paille y trouvent leur profit. Si certaines de ces accusations sont fondées, comme la compromission du monarque avec le groupe industriel Malaxa, d'autres preuves accablantes reposent sans doute encore dans les archives secrètes roumaines et constituent une terrible épée de Damoclès pesant sur la monarchie. Le plus abominable dans cette affaire est que la fortune énorme accumulée par Carol II par des moyens en grande partie malhonnêtes ne fut jamais récupérée. Sa famille légitime et le peuple roumain ne reçurent jamais le moindre leu de ce pactole.

Est-ce à dire que tout fut négatif, amoral et condamnable dans le règne de Carol II ? Pas tout à fait. Le roi de Roumanie, individu pervers mais d'une remarquable intelligence, fut le premier souverain balkanique à se rendre compte de l'incapacité, de la faiblesse et de la lâcheté de la France et de l'Angleterre face au péril hitlérien. Partant de ce constat, il tenta d'organiser les Etats des Balkans afin de leur permettre d'échapper à la catastrophe mondiale qui se profilait. L'Entente balkanique de 1934 fut en grande partie son œuvre, comme les essais infructueux de rapprochement avec la Hongrie et la Bulgarie qui contestaient les traités de paix de 1918-1920. Ayant maintenu des liens étroits avec ses beaux-frères Alexandre Ier de Yougoslavie et Georges II de Grèce, puis avec le régent Paul, tuteur de son neveu Pierre II de Yougoslavie, il fut à un moment l'arbitre de cette région de l'Europe. Mais sa marge de manœuvre était étroite et sa détestable réputation ne pouvait lui permettre de conserver ce rôle bien longtemps. Son action diplomatique fut réduite à néant lorsque l'Allemagne hitlérienne et la Russie stalinienne, qu'il avait jouées l'une contre l'autre, s'allièrent en août 1939.

N'ayant pas réussi à constituer le « Bloc des Neutres », Carol se retrouva seul face aux Allemands et aux Russes. Staline revendiqua la Bessarabie et la Bukovine qu'il occupa militairement en juin 1940, tandis qu'Hitler imposait à la Roumanie un pacte du pétrole réservant trois millions de tonnes de pétrole roumain par an au Reich. Enfin, en juillet 1940, Hitler, pour satisfaire son ami, le régent Horthy, exigea une rectification de la ligne Clemenceau, c'est-à-dire de la frontière roumano-hongroise. Par l'arbitrage de Vienne — ne nous leurrons pas sur cette formule hypocrite — la Roumanie dut céder à la Hongrie fasciste 43 500 km² de la province de Transylvanie. Ne voulant pas être en reste, les Bulgares revendiquèrent la Dobroudja méridionale. Cela leur fut accordé en septembre 1940 et les Roumains durent rapatrier en urgence le cœur de la reine Marie qui reposait à Balcic, ancienne villa de la reine sur la mer Noire, désormais propriété de la Bulgarie.

Complètement dépassé par les événements et définitivement discrédité aux yeux de l'opinion publique, Carol II fut contraint d'appeler au pouvoir le général Ion Antonescu, officier de valeur qui s'était souvent opposé à lui et qui avait, dans les circonstances d'alors, l'immense avantage d'être très apprécié d'Hitler. Le 6 septembre 1940, en accord avec les Allemands, Antonescu chassa Carol du trône en lui promettant, toutefois, de sauver l'institution monarchique. Le roi déchu n'abdiqua pas officiellement mais eut l'autorisation de quitter le pays avec son magot et sa maîtresse. Le train royal, gorgé de tableaux inestimables, de meubles rares, de tapis précieux et d'argenterie, fut assailli par des légionnaires de la Garde de Fer qui tirèrent des coups de feu sur le scandaleux convoi. Carol se vit refuser par Hitler, à cause de Mme Lupescu qui était juive, le territoire allemand. Il se réfugia au Portugal où il vécut des jours heureux jusqu'à sa mort en 1953, prouvant ainsi à la face du monde que le crime paie quelquefois.

La restauration de Michel Ier

Le général Antonescu tint sa promesse et rétablit sur le trône le prince Michel qui avait alors dix-neuf ans. La situation était catastrophique. La Grande Roumanie de Ferdinand et de Marie avait vécu ; l'économie roumaine était sous tutelle du Reich, et le général Antonescu, devenu « Conducator », exerçait un pouvoir dictatorial sur lequel le jeune Michel Ier n'eut aucune prise.

Le roi, aux côtés duquel se trouvait sa mère, la reine Hélène, revenue d'exil, fut complètement isolé. Le Conducator érigea la Roumanie en « Etat National Légionnaire », dans lequel la Garde de Fer d'Horia Sima, successeur de Codreanu, devenue le « Mouvement Légionnaire », jouait à peu près le rôle du « Movimiento » phalangiste dans l'Espagne franquiste. Antonescu fit adhérer la Roumanie au pacte tripartite et autorisa en 1941 une mission militaire allemande de 20 000 hommes à pénétrer dans le pays avec tous ses éléments blindés et motorisés. Les Allemands occupèrent les points stratégiques et encadrèrent une armée roumaine désormais elle aussi sous tutelle. Le roi, à la demande du Conducator, sortait parfois de ses palais pour présider des cérémonies militaires où la Wehrmacht tenait une place de plus en plus importante. Si importante du reste qu'elle permit à Antonescu de se débarrasser de l'encombrante Garde de Fer lorsque Horia Sima prétendit s'opposer au Conducator pour se substituer à lui.

En juin 1941, au moment de l'opération Barbarossa, Antonescu déclara la guerre à l'U.R.S.S. en vue de reconquérir la Bessarabie et la Bukovine volées par Staline en juin 1940. Le geste était louable mais sa portée finit par dépasser les vœux des patriotes roumains. En effet, les deux provinces ayant été reconquises au cours de l'été 1941, et le roi ayant montré sa satisfaction au dictateur en le nommant maréchal, Antonescu décida d'aller plus avant et de faire franchir à ses troupes le fleuve Dniestr que la génération de 1918 considérait pourtant comme la frontière naturelle de la Grande Roumanie. L'armée roumaine, devenue ainsi l'auxiliaire de l'armée allemande, participa à l'invasion de l'U.R.S.S. en dépit de la démission en masse de centaines d'officiers qui sauvèrent ainsi l'honneur de la Roumanie. La prise d'Odessa, qui coûta 70 000 hommes aux IIIe et IVe armées roumaines, entraîna la déclaration de guerre de l'Angleterre à la Roumanie.

Pour remercier Antonescu de son aide précieuse, Hitler l'autorisa à administrer la rive gauche du Dniestr, territoire qui s'étendait jusqu'au fleuve Bug et incluait Odessa. Cette province prit le nom de Transnistrie, Dniestr se traduisant Nistru en roumain. Le maréchal accepta ce présent tout en regrettant que son ami le Führer ait refusé de revenir sur l'arbitrage de Vienne qui aurait permis à la Roumanie de reprendre possession de l'intégralité de la Transylvanie. De fait, si la Transylvanie était historiquement une terre roumaine, la Transnistrie, elle, n'avait jamais fait partie du territoire national.

Sous la pression allemande, le Conducator introduisit une

législation antisémite qui, comme en France sous le régime de Vichy, devait entraîner l'exclusion des Juifs de certaines professions et leur expropriation de toutes les entreprises commerciales et industrielles qu'ils possédaient en Roumanie. Plus dramatiquement encore, des persécutions eurent lieu, notamment en Bessarabie et en Bukovine, et de nombreux Juifs furent déportés en Transnistrie. Cette période sombre de la Roumanie a été rappelée par Virgil Gheorghiu dans *La Vingt-cinquième heure* et doit être évoquée par les historiens pour éviter que les futures générations ne soient élevées, comme dans d'autres parties de l'Europe, dans ce rejet de la mémoire qui n'est en réalité que l'expression d'une mauvaise conscience collective.

Le trône est un fauteuil vide

De l'automne 1940 à l'été 1944, Michel Ier fut un roi absent. Certes, les actualités de l'époque nous montrent parfois, furtivement, un beau jeune homme, sanglé dans un uniforme impeccable, présidant telle ou telle manifestation officielle. Mais le regard du beau jeune homme est vide. Parfaitement vide. On n'y lit — si tant est qu'on puisse y lire quelque chose — qu'ennui et lassitude là où l'on voudrait trouver un peu de cette flamme qui anima l'œil d'un Carol Ier ou celui d'une Marie de Roumanie.

Si Michel régna sans gouverner, ce qui, somme toute, est banal pour un monarque constitutionnel, il n'est pas interdit d'affirmer que, pendant quatre ans, il ne régna véritablement que sur les timbres et les pièces de monnaie où son effigie rappelait aux Roumains qu'ils avaient un roi. Cette vacance du trône est assez rare dans l'Histoire et ne correspond même pas, comme on l'a parfois soutenu, à la période la plus dramatique du règne de Ferdinand Ier. Le roi Ferdinand, contraint par l'abandon des Alliés et la trahison russe d'accepter un gouvernement de collaboration et le principe d'une paix séparée avec les Empires centraux au printemps de 1918, sut conserver une part non négligeable de ses prérogatives. Il se maintint sur le trône malgré les pressions des germanophiles, fit connaître secrètement aux Alliés que son cœur et celui de la reine étaient avec eux, s'opposa fermement à ce que des troupes allemandes soient prélevées sur le front roumain pour être transférées sur le front français, enfin refusa de sanctionner le Traité de Bucarest qui, sans la ratification royale, n'avait plus aucune valeur juridique. Nous ne trouvons rien de cela dans les premières années de la restauration de Michel Ier. Tandis que son oncle Georges II de Grèce et son cousin Pierre II de Yougoslavie — ce dernier de deux ans plus jeune que lui — dirigeaient des gouvernements démocratiques en exil ; tandis que son lointain cousin Saxe-Cobourg, Boris III de Bulgarie, tout en acceptant l'alliance allemande, refusait obstinément de se joindre à la croisade hitlérienne contre l'U.R.S.S., Michel Ier légitimait par sa présence sur le trône, comme par sa rencontre avec Hitler à Berlin en novembre 1941, la transformation du royaume en Etat fasciste, la tutelle allemande, la collaboration militaire avec le Reich, les lois antisémites et toutes les horreurs que quarante-cinq ans de totalitarisme stalinien ont pu faire oublier.

Toutefois, si l'on est prêt à trouver de nombreuses excuses à un monarque de 19-23 ans, sans expérience politique, psychologiquement détruit par les dissensions conjugales de ses parents, écrasé par la personnalité d'un père qu'au fond il devait admirer tout en ayant pour lui la répulsion qu'un garçon éprouve pour l'homme qui persécute sa mère, en revanche, que doit-on dire de l'apathie des formations démocratiques ?

Qu'ont fait, entre septembre 1940 et le printemps 1944, les libéraux de Constantin Bratianu, les nationaux-paysans de Jules Maniu et les socialistes de Titel Petrescu ? Alors que les patriotes s'organisaient à Londres autour de l'ambassadeur Tilea et de l'amiral Dumitrescu, et fondaient le Comité National Roumain, ont-ils tenté de s'opposer de quelque manière que ce soit à la politique de collaboration dans laquelle le Conducator entraînait la Roumanie ? L'historien occidental se trouve là devant un « trou noir » que seules des archives permettront peut-être un jour d'explorer. L'opinion qu'on est en droit d'émettre, cependant, est que les partis politiques, divisés et discrédités par Carol II selon un plan parfaitement réfléchi, ont été soulagés lorsque leur bourreau s'est enfui de Roumanie en septembre 1940. L'arrivée du général Antonescu au pouvoir leur est apparue comme une « divine surprise » et, dans le vide créé par Carol II, le général, en dépit de ses sympathies outrancières pour l'Allemagne hitlérienne, faisait figure à leurs yeux de libérateur providentiel. Lors de son procès en 1946, Antonescu criera d'ailleurs à la face de ses juges : « J'ai été en 1940 l'expression des protestations de tout le pays contre les abus de Carol II. » Ces paroles traduisent une vérité. Jouissant d'emblée de la sympathie des partis démocratiques, le Conducator en a usé pour suivre la voie suicidaire qu'il avait choisie. Nul, en dehors de résistants antifascistes agissant isolément ou en petits groupes et des communistes à partir de juin 1941, ne s'est véritablement opposé à lui. Plus encore, il sut s'attirer les bonnes grâces de tous les patriotes en récupérant la Bessarabie et la Bukovine. On lui fut reconnaissant d'avoir fait rendre gorge à l'ours russe. Sans doute, dira-t-on, cette attitude était compréhensible dans la mesure où Staline, en 1940, avait été le premier agresseur de la Grande Roumanie qui, pourtant, depuis 1918, cherchait à rester en bons termes avec sa puissante voisine. Cependant, cette justification est trop simpliste pour emporter la conviction. Comment oublier en effet que si Staline a envahi les provinces roumaines de Bessarabie et de Bukovine en juin 1940, c'est bien parce que ces annexions avaient été concertées entre Moscou et Berlin, et avalisées par le pacte germano-soviétique d'août 1939 ? Comment oublier, par ailleurs, que dès le 15 juillet 1940 Hitler avait soulevé lui-même la question de Transylvanie et imposé par la suite la rétrocession à la Hongrie fasciste d'une partie importante de cette province roumaine ? Après la reconquête des territoires raptés par les Russes, la Roumanie, spoliée de la même manière par Hitler, aurait dû en rester là et proclamer sa neutralité. Ce fut, paraît-il, le sentiment de l'opposition démocratique dont, naturellement, Antonescu ne tint aucun compte. Que l'opposition n'ait pas, à partir de ce moment, rompu les ponts avec le dictateur pour former un gouvernement libre à Londres ou ailleurs et dénoncer tout à la fois l'alliance hitlérienne, la présence des troupes allemandes sur le territoire et les lois antisémites qui déshonoraient la nation roumaine est proprement incompréhensible.

La Roumanie change de camp

La croisade antisoviétique mena l'armée roumaine à Odessa, à Sébastopol et à Stalingrad. 147 000 soldats roumains furent tués et 180 000 autres furent faits prisonniers dans une guerre qui ne servait que les intérêts du Grand Reich et ne concernait en rien la Roumanie.

Winston Churchill, le camarade d'enfance de la reine Marie, le petit garçon turbulent qui, sur la plage d'Osborne, s'amusait à détruire les châteaux de sable de Missy, ne pardonna jamais aux Roumains le mauvais choix qu'ils avaient fait. L'Angleterre déclara la guerre à la Roumanie à la fin de l'année 1941, lorsqu'elle se rendit compte que l'armée roumaine s'engageait dans une guerre qui n'était plus la sienne, et l'aviation alliée bombarda Bucarest et les champs pétrolifères de Ploesti. Pendant ce temps-là, les IIIe et IVe armées roumaines, après avoir contribué brillamment à l'avance allemande en Russie, commencèrent à refluer dès que la bataille de Stalingrad fut perdue pour le Reich. Tout au long de l'année 1943, c'est-à-dire pendant que ce reflux avait lieu, les partis démocratiques, officiellement dissous, mais qui, en réalité, continuaient leurs activités discrètement tout en acceptant que leurs leaders maintiennent des contacts avec le dictateur, s'interrogèrent — enfin ! — sur ce qu'il adviendrait de leur pays en cas de défaite hitlérienne. Pendant ce temps, les communistes menaient une lutte ouverte contre le Conducator et apparaissaient comme les seuls résistants au fascisme.

Au printemps de 1944, l'armée soviétique se rapprochant dangereusement des frontières roumaines, les partis démocratiques, parvenus au terme de leur longue réflexion, envoyèrent au Caire, peut-être d'ailleurs avec le consentement du maréchal Antonescu lui-même, un émissaire secret chargé de prendre contact avec les Alliés et de jauger leur état d'esprit à l'égard de la Roumanie. Cet émissaire n'était autre que le mystérieux prince Barbo Stirbey, dit aussi le « Prince Noir », l'homme qui avait assuré au début du siècle la formation politique de la reine Marie et que Carol II croyait fermement avoir été l'amant de sa mère.

Les Alliés firent la fine bouche. Staline, si près du but militairement parlant, fit monter les enchères et exigea, pour prix d'une paix séparée, que la Roumanie, outre le paiement d'une indemnité de guerre exorbitante, renonce définitivement à la Bessarabie et à la Bukovine. Churchill ne fit rien de son côté pour favoriser la Roumanie. Il laissa les Roumains s'arranger avec les Soviétiques, considérant que cette affaire ne le concernait que de loin. Le lion britannique faisait sa mauvaise tête et était sans doute déjà résolu à abandonner l'aigle roumain à l'ours russe.

Effrayés de se retrouver complètement piégés, et n'ayant plus de reine Marie pour charmer les Alliés par son intelligence, son rire cristallin et ses yeux mauves, les Roumains décidèrent de faire le ménage eux-mêmes. Les partis démocratiques se rapprochèrent des communistes et formèrent en juin 1944 un Bloc National Démocrate qui, avec la bénédiction du roi — lui aussi émergeant de son long sommeil —, devait éliminer Antonescu et rompre l'alliance allemande.

Il fallut que l'armée soviétique pénétrât en territoire roumain et commençât à occuper la Moldavie et à menacer la vieille capitale historique de Jassy pour que le coup d'Etat pût enfin avoir lieu. Le 23 août 1944, Michel Ier prononça une allocution radiophonique : « En cette heure particulièrement difficile de notre histoire, j'ai décidé, en accord absolu avec mon peuple, qu'il n'y avait qu'un seul moyen de sauver notre pays de la catastrophe : renoncer à notre alliance avec les puissances de l'Axe et mettre immédiatement fin à la guerre contre les Alliés. » C'était dire, un peu naïvement, que la Roumanie s'était trompée depuis 1941 et qu'elle n'avait plus désormais le choix de son camp.

Les Russes ne se le firent pas dire deux fois. Le 31 août 1944, leurs troupes investissaient Bucarest et les principales villes du royaume. Le 12 septembre 1944, l'armistice fut officiellement signé entre la Roumanie et l'U.R.S.S. L'armée roumaine, dorénavant alliée des Soviétiques, contribua à chasser les hitlériens du pays. Mieux encore, la Roumanie étant « terre ouverte » pour les blindés russes, Staline décida de les lancer sur le royaume de Bulgarie qui fut envahi et occupé. Pour remercier le roi Michel de sa collaboration tardive mais efficace, le Petit Père des Peuples lui décerna l'ordre soviétique de la Victoire.

De Charybde en Scylla

En octobre 1944 eut lieu la Conférence de Moscou sur l'avenir de l'Europe libérée. Pendant les négociations à propos des Balkans, Churchill, voulant sortir de discussions interminables, griffonna un petit mot pour Staline. Il y avait inscrit : « Grèce : 90 % Royaume-Uni ; Roumanie : 90 % Union soviétique. » Staline opina. Churchill avait ainsi définitivement choisi de sauver l'héroïque monarchie grecque au détriment d'une monarchie roumaine dont le rôle — c'est le moins que l'on puisse dire — avait été ambigu pendant le conflit mondial.

Michel Ier tenta de régner dans un pays où la présence de l'armée soviétique et la vigueur des organisations communistes rendaient la vie difficile à des partis démocratiques compromis par quatre années de collaboration, tacite ou pas, avec le régime Antonescu. Les gouvernements royaux d'union nationale du général Sanatescu puis du général Radescu durent céder la place au gouvernement progressiste de Petru Groza, chef du Front des Laboureurs, en mars 1945. Ce gouvernement étant ouvertement favorable aux communistes, Michel Ier, nouveau « Monsieur Veto », refusa de sanctionner ses décrets. Ce fut la

« grève royale » d'août 1945. Le roi avait espéré que son action serait relayée par un soutien des pays libres d'Occident mais leur appui fut limité et sans efficacité face à l'ingérance personnelle dans les affaires roumaines du redoutable Andreï Vychinski, adjoint de Molotov. Il était d'ailleurs trop tard. La main était prise dans l'engrenage et le bras tout entier devait y passer.

En juin 1946, le maréchal Antonescu fut jugé. Il se défendit avec courage et lança à ses accusateurs : « J'ai perdu la partie, mais si je l'avais gagnée, j'aurais aujourd'hui ma statue dans toutes les villes roumaines. » Demandant à être condamné à mort et affirmant qu'il refuserait toute grâce, il fut exaucé. La condamnation ne fut pas commuée par le roi qui prétendit en avoir été empêché par le gouvernement. Les adversaires de Michel soutiendront que le droit de grâce étant prérogative régalienne, le souverain pouvait agir comme il l'entendait. Le maréchal fut exécuté sans délai et cette mort permit d'éviter que de nombreuses personnalités compromises entre 1940 et 1944 ne soient inquiétées. On dira la même chose après l'exécution d'un autre dictateur, communiste celui-là, en décembre 1989.

A l'automne 1946, des élections parlementaires eurent lieu. Elles furent « libres » comme pouvaient l'être toutes les élections faites à cette époque dans cette région de l'Europe et dans ce contexte. Les partis de la gauche « démocratique », avec les communistes à leur tête, obtinrent 79,80 % des voix et 376 sièges sur 414. Les quelques démocrates qui collaboraient encore avec les communistes, comme les membres du groupe libéral de Tatarescu, furent progressivement éliminés au cours de l'année 1947. En juillet 1947, le parti national-paysan de Jules Maniu fut dissous et Maniu lui-même jugé. Le vide se faisait ainsi autour du roi.

Michel Ier, après la « grève royale » de l'été 1945, avait bien tenté de résister à la montée en puissance des communistes et de leurs alliés, mais on menaça de le destituer pour le remplacer par son cousin, l'archiduc Stefan de Habsbourg-Toscane, fils de la princesse Ileana de Roumanie, elle-même cinquième enfant du roi Ferdinand et de la reine Marie. Pour effrayer le roi, le gouvernement Groza fit entrer le jeune homme à l'Académie militaire de Bucarest en novembre 1945 et l'entoura de prévenances. Michel se tint coi et ses relations s'améliorèrent avec son gouvernement. On vit même le président du Conseil et toute son équipe communiste ou d'extrême gauche dîner en frac au palais royal et recevoir des décorations monarchiques tandis que le roi présidait l'ouverture d'un parlement issu d'élections frauduleuses.

Le 8 novembre 1947, quelques jours avant que le roi ne se rende à Londres pour assister au mariage de la princesse héritière Elisabeth avec le prince Philippe de Grèce, l'organe du parti communiste roumain lui souhaita, à l'occasion de son anniversaire et de la Saint-Michel orthodoxe qui se fêtaient en même temps, « une longue vie et un règne heureux au cours duquel il veillera à la réalisation des réformes démocratiques ». A son retour de Londres, et peut-être parce qu'il avait eu l'imprudence d'annoncer ses fiançailles avec la princesse Anne de Bourbon-Parme, le roi fut battu froid par son gouvernement. Les ministres communistes se virent peut-être mal porter la traîne de la mariée et assister, c'eût été la suite logique des choses, au baptême religieux du futur héritier du trône. Quoi qu'il en soit, ils se tournèrent vers Staline qui, goguenard, les laissa résoudre eux-mêmes cette question. Encouragé par Anna Pauker, la pasionaria du parti communiste roumain, Petru Groza demanda au roi d'abdiquer et de se retirer en Europe occidentale ou aux Etats-Unis en échange d'une confortable liste civile. Le 30 décembre 1947, Michel Ier signa son abdication et partit en Suisse avec, pour viatique, 500 000 francs suisses offerts — ou plus précisément avancés sur la liquidation des biens de la Couronne — par le gouvernement. A peine arrivé en Suisse, le roi affirma que son abdication lui avait été extorquée sous la menace de l'exécution de plusieurs étudiants de droite détenus dans les prisons de Bucarest. Certains contestent aujourd'hui cette version des faits et affirment que l'abdication avait été négociée avec le gouvernement de l'époque, notamment dans ses modalités financières.

L'une ou l'autre version ne change rien au fait que le départ du roi Michel vit la fin d'une dynastie allemande qui était montée sur le trône de Roumanie par le caprice d'un empereur des Français quatre-vingt-un ans plus tôt.

Ire Maison princière de Roumanie
Cuza

Jean CUZA

ALEXANDRE-JEAN Ier
prince de ROUMANIE (1859 † 1866)
(Husi 1820-Heidelberg 1873)
ép. Hélène ROSETTI
(sans postérité légitime)

ALEXANDRE
prince Cuza
(né des relations illégitimes
d'ALEXANDRE-JEAN Ier
avec la princesse MARIE OBRENOVITCH
de Serbie, née Catargiu)
(† 1890)

DIMITRI
(né des mêmes relations
illégitimes de son père
avec la princesse MARIE
OBRENOVITCH de Serbie)
(† 1888)

IIe Maison princière et Ire Maison royale de Roumanie Hohenzollern-Sigmaringen

CHARLES de HOHENZOLLERN-SIGMARINGEN
(1785 † 1853)
ép. 1808
ANTOINETTE MURAT (1793 † 1847)

CAROLINE (1810 † 1885)
ép. 1839
FRÉDÉRIC
de HOHENZOLLERN-HELSSINGEN
(1790 † 1847)

CHARLES-ANTOINE (1811 † 1885)
prince de HOHENZOLLERN-SIGMARINGEN
ép. 1834
JOSÉPHINE, princesse de BADE
(1813 † 1900)

AMÉLIE (1815 † 1841)
ép. 1835
prince ÉDOUARD
de SAXE-ALTENBOURG
(1804 † 1852)

LÉOPOLD, prince de
HOHENZOLLERN
(1835 † 1905)
ép. 1861
ANTONIA,
princesse de PORTUGAL
(1845 † 1913)

STÉPHANIE
(1837 † 1859)
ép. 1858
PIERRE V,
roi de PORTUGAL
(1837 † 1861)

CAROL Ier, roi de
ROUMANIE (1839 † 1914)
ép. 1869
ÉLISABETH,
princesse de WIED
(1843 † 1916)

ANTOINE
(1841 † 1866)

FRÉDÉRIC
(1843 † 1904)
ép. 1879
LOUISE
de TOUR et TAXIS
(1859 † 1944)

MARIE
(1845 † 1912)
ép. 1867
PHILIPPE,
comte de
FLANDRES
(1837 † 1905)

GUILLAUME, prince de HOHENZOLLERN
(1864 † 1927)
ép. 1889
MARIE-THÉRÈSE,
princesse de BOURBON-SICILES
(1867 † 1909)
↓

FERDINAND Ier
roi de ROUMANIE
(1865 † 1927)
ép. 1893
MARIE, princesse de
GRANDE-BRETAGNE
(1875 † 1938)

CHARLES-ANTOINE ⟵ ép. 1894 ⟶ JOSÉPHINE de BELGIQUE
(1868 † 1919) (1872 † 1958

CAROL II, roi de ROUMANIE
(1893 † 1953)
ép. 1918
1er JEANNE LAMBRINU
(1896 † 1953)
Mariage annulé en 1920
ép. 1921
2e princesse HÉLÈNE de GRÈCE
(1896 † 1982)

ÉLISABETH
(1894 † 1956)
ép. 1921
GEORGES II,
roi des HELLENES
(1890 † 1953)
S.P.

MARIE
(1900 † 1961)
ép. 1922
ALEXANDRE Ier
roi de
YOUGOSLAVIE
(1888 † 1934)
↓

NICOLAS
(1903)
ép. 1931
1er JEANNE
DUMITRESCU-DOLETTI
(1909 † 1963)
ép. 1967
2e THÉRÈSA
FIGUEIRA DI
MELLO (1913)
S.P.

HÉLÈNE
(1909)
ép. 1931
1er ANTOINE,
archiduc
d'AUTRICHE TOSCANE
(1901)
ép. 1954
2e STEPHEN
ISSARESCU
(1906)
Du 1er lit

archiduc STEFAN
de HABSBOURG-TOSCANE
(1932)

MIRCEA
(1913 † 1916)

du 1er lit

CAROL-MIRCEA
(1920)
HÉLÈNE-HENRIETTE
NAGAVITZINE
(1925)

PAUL de HOHENZOLLERN
(1949)

du 2e lit

MICHEL Ier, roi de ROUMANIE
(1921)
ép. 1948
princesse ANNE
de BOURBON-PARME
(1923)

MARGUERITE
(1949)

HÉLÈNE
(1950)
ép. 1983
ROBIN MILLS

IRÈNE
(1953)
ép. 1984
JOHN KREUGER

SOPHIE
(1957)

MARIE
(1964)

7

Les roses et les épines du trône de Bulgarie (1879-1946)

Bien des siècles avant la conquête de Constantinople par les Ottomans et l'effondrement de l'Empire byzantin, la Bulgarie, peuplée de Tartares slavisés depuis le Ve siècle, avait été érigée en Etat national et était entrée en conflit avec les empereurs romains d'Orient. Un premier Etat bulgare fut constitué par le tsar Boris Ier, au IXe siècle, et porté à son apogée par le tsar Siméon Ier, son fils. Cet Etat bulgare, vigoureux et combatif, était mal supporté par les Byzantins qui y voyaient un dangereux rival dans les Balkans. Les empereurs Nicéphore Phocas et Jean Tsimiscès finirent par avoir raison de l'ambitieuse Bulgarie à la fin du Xe siècle et réduisirent le tsar Boris II au rang de simple dignitaire impérial. Incorrigibles, les Bulgares se soulevèrent au début du XIe siècle mais furent écrasés par l'empereur Basile II, nommé depuis le Bulgarochtone, c'est-à-dire le « Tueur de Bulgares ». Un second Etat bulgare se constitua au XIIe siècle en raison de l'affaiblissement de l'Empire byzantin, mais cet Etat, fondé par la dynastie des Assenides à Tirnovo, fut lui-même anéanti par les Serbes en 1330. Ainsi, lorsque la Serbie fut vaincue par les Ottomans à Kossovo en 1389, la Bulgarie disparut avec elle.

Les Bulgares, géographiquement proches de Constantinople, subirent avec rigueur le joug turc. N'ayant ni les montagnes serbes ou monténégrines, ni le Danube ou les Carpates pour freiner l'invasion, et étant par ailleurs moins vifs et moins souples de caractère que les Grecs, ils furent soumis à une occupation sévère. Un grand nombre d'entre eux furent islamisés sous la contrainte et des dizaines de milliers de jeunes gens, enrôlés de force, durent porter l'uniforme des Janissaires. Le nom même de Bulgarie fut supprimé et remplacé par celui de Roumélie qui signifie « pays des roumis ou chrétiens ». Cette dureté des Turcs à l'encontre des Bulgares fait présumer que les sultans, parfaitement informés des déboires des empereurs byzantins, voulurent écraser un peuple trop enclin à relever la tête.

La culture bulgare ne fut pas davantage soutenue par l'Eglise orthodoxe, tolérée par les Turcs, qui imposa le grec à tous les pratiquants du pays, réduisant ainsi la langue bulgare à un idiome secondaire et parlé surtout dans les régions excentrées. Pendant ces siècles d'obscurantisme, seuls des bandits patriotes, nommés Haïdouks, maintinrent la flamme de la résistance en attaquant les troupes ou les fonctionnaires turcs isolés dans le pays. Au milieu du XVIIIe siècle, un chef de maquisards du nom de Pasvanoglou avait même établi son fief dans la région de Vidin et prétendait traiter d'égal à égal avec le sultan. Mahmoud Ier envoya une armée de cent mille hommes pour mettre fin à cet embryon d'Etat national.

A la différence des autres nations balkaniques, la Bulgarie occupée, ou plutôt la Roumélie, ne perçut pas les échos de la Révolution française et ceux des tonnantes campagnes napoléoniennes. Elle resta donc à l'écart des convulsions qui commençaient à agiter la Serbie, la Grèce ou la Moldo-Valachie et les poussaient à s'affranchir du joug ottoman. Il est vrai aussi que, contrairement aux peuples de ces nations, les Bulgares n'avaient pas encore une conscience bien nette de leur identité historique. Ballottés entre les Turcs qui les opprimaient et les hellénisants qui les méprisaient, ou en tout cas méprisaient leur culture, ils avaient oublié leurs racines. C'est seulement à la fin du XVIIIe siècle, en 1762 exactement, qu'un moine du Mont Athos, Païsi, écrivit en langue bulgare une *Histoire du peuple, des tsars et des saints bulgares* qui sonna, culturellement parlant, le réveil de la nation. Mais ce réveil, en raison d'un engourdissement multiséculaire, fut lent. Au début du XIXe siècle, l'évêque Sofroni commença à prêcher en bulgare et fit paraître en 1806 un livre de mémoires dans cette langue. En 1835, la première école bulgare fut ouverte à Gabrovo et, en 1839, une imprimerie utilisant l'alphabet bulgare fonctionna à Salonique.

Cinq ans après, grâce à une imprimerie identique installée en Roumélie, le premier journal en langue bulgare vit le jour.

Le réveil politique fut plus lent encore. C'est la Russie qui, progressant dans les provinces moldo-valaques, découvrit le peuple bulgare dont les communautés étaient nombreuses sur le territoire de l'actuelle Roumanie. Occupant même une partie de la Roumélie en 1838 à l'occasion de l'une des innombrables guerres russo-turques, les Russes furent surpris des similitudes existant entre les Bulgares et leur propre nation dans les domaines linguistique ou religieux. Cette prise de conscience de l'identité culturelle, annonciatrice du panslavisme dominateur de la fin du XIXe siècle, amorça une réflexion stratégique liée à la situation géographique du territoire bulgare, possible base de départ d'une reconquête terrestre de Constantinople par la Russie. La défaite des Russes en Crimée en 1855 accéléra le processus de maturation de la stratégie impérialiste des tsars dans cette région des Balkans. Un comité bulgare fut constitué à Odessa sous la protection d'Alexandre II, et ce comité travailla à fortifier le sentiment national bulgare et à l'intégrer dans les plans de la Russie.

L'occasion d'intervenir en Roumélie fut donnée aux Russes par une querelle religieuse. Les Bulgares, prenant conscience de l'oppression culturelle qu'avait subie leur peuple de la part du clergé grec, voulurent bientôt une Eglise orthodoxe nationale autocéphale, c'est-à-dire autonome du patriarcat de Constantinople. Le patriarche refusa cette prétention que le tsar encourageait. En 1870, le sultan Abdul-Aziz Ier, lassé de ces querelles entre chrétiens, et ne voulant surtout pas donner au tsar un nouveau motif d'intervention, autorisa la création d'une Eglise orthodoxe bulgare. Pour les Russes, c'était là un immense succès diplomatique et, pour les Bulgares, la première pierre de l'édification d'un Etat national.

A partir de 1875, le soulèvement des Slaves du Sud en Bosnie et en Herzégovine ébranla l'Empire ottoman. Un an plus tard, les Bulgares, travaillés par les Russes, se révoltèrent contre la Sublime Porte. Les Turcs réagirent avec une violence inouïe. Prétextant qu'ils ne pouvaient réduire les Bulgares avec des troupes régulières qui, de fait, étaient bloquées en grand nombre en Bosnie, ils lâchèrent sur le territoire de la Roumélie des bandes de brigands à leur solde du nom de Bachi-Bouzouks. Ceux-ci ne firent pas de quartier. Selon les sources, soixante-huit à cent villages furent détruits et 12 000 à 40 000 personnes furent massacrées. Le sultan Abdul-Hamid II gagna à ces horreurs le titre peu enviable de « Sultan rouge » et l'image des femmes bulgares enceintes et éventrées bouleversa l'opinion civilisée.

La résurrection de la Bulgarie

Le tsar Alexandre II ne pouvait rester sans réaction devant ces massacres et l'émoi de la communauté internationale. Se voulant le protecteur des chrétiens orthodoxes — beau prétexte d'intervention dans les Balkans que Staline reprendra à son compte sous une forme à peine édulcorée au milieu du XXe siècle —, il déclara la guerre au sultan en 1877. Ayant conclu une alliance avec le prince Carol Ier de Roumanie dont le pays était lui-même autonome de la Porte depuis 1856, il dirigea une armée russo-roumaine contre l'Empire ottoman qui fut attaqué par voie terrestre. La guerre fut un succès et, en décembre 1877, la forteresse de Plevna, l'une des clés du système de défense des Turcs, tomba aux mains des alliés russo-roumains.

Les troupes russes ayant poursuivi leur marche vers Constantinople dont elles découvraient déjà les coupoles flamboyantes qui avaient tant fait rêver leur tsarine Catherine II, les Puissances, inquiètes de voir tomber les Détroits aux mains du tsar, réagirent. Elles imposèrent l'arrêt des hostilités et Alexandre II, craignant de voir toute l'Europe se dresser contre les ambitions de la Russie, signa la paix de San Stefano avec le sultan en mars 1878. Cette paix faisait la part belle aux Bulgares puisque les Turcs consentaient à la création d'une Grande Bulgarie s'étendant du Danube à la mer Egée, et de la

Macédoine à la mer Noire. C'était un Etat considérable, le plus important des Balkans sur le plan territorial, et la pièce maîtresse de la Russie sur l'échiquier balkanique puisque désormais, par Grande Bulgarie interposée, les Russes avaient accès à la Méditerranée orientale. Cette perspective était à l'époque, rappelons-le, le cauchemar de l'Angleterre qui voulait protéger le canal de Suez et la route des Indes.

Les Puissances décidèrent de soumettre le Traité de San Stefano à l'approbation d'une conférence internationale. Ce fut l'un des sujets inscrits à l'ordre du jour du Congrès de Berlin qui s'ouvrit en juin 1878. Les Puissances réduisirent les prétentions du tsar et refusèrent d'avaliser la création de la Grande Bulgarie. La Macédoine et la Thrace furent restituées à la Turquie, tandis que le territoire proprement bulgare était scindé en deux parties : au nord, la Bulgarie avec Sofia pour capitale qui devenait un Etat autonome sous suzeraineté nominale du sultan ; au sud, la Roumélie, qui restait province ottomane.

A l'évidence, ces dispositions ne pouvaient satisfaire personne. Le tsar était vexé et les Bulgares, dont le territoire était arbitrairement divisé, firent immédiatement de la réunification nationale le but de leur politique extérieure. Il avait été prévu à Berlin que, comme la Roumanie en 1856, la Bulgarie aurait un prince chrétien recevant l'investiture de la Porte. Le choix de ce prince, on s'en doute, agita les chancelleries qui, en désaccord, laissèrent en définitive l'administration de la Bulgarie à une commission russo-bulgare en attendant l'élection d'un prince. Le résultat ne se fit pas attendre et le prince Dondoukov, commissaire russe, appuyé par les troupes de son pays, gouverna la Bulgarie en véritable potentat. Les Bulgares, sachant ce qu'ils devaient à la Russie, acceptèrent le fait accompli.

Cette situation déplut aux Puissances dans la mesure où elle aboutissait à la mainmise des Russes sur le nouvel Etat, ce que, justement, le Congrès de Berlin avait voulu éviter. De plus, en Bulgarie même, un sentiment national se développa qui, acceptant l'alliance et la protection du « grand frère russe », rejetait en revanche la mise sous tutelle du pays. Après un sommeil de plusieurs siècles, le peuple bulgare retrouvait sa fierté nationale et son goût de l'indépendance. En 1879, à Tirnovo, une assemblée nationale vota une constitution libérale prévoyant une chambre unique élue au suffrage universel. Réalistes, les constituants précisèrent toutefois que seuls les hommes sachant lire et écrire pourraient participer aux consultations électorales. La population étant analphabète à 80 %, cela réduisait singulièrement la portée du suffrage universel.

Il avait été décidé également à Tirnovo d'accélérer l'élection d'un prince souverain pour abréger le « règne » de Dondoukov qui, lui, n'était pas pressé d'abandonner une place si lucrative. Plusieurs candidats furent pressentis, parmi lesquels le prince Waldemar de Danemark, fils du roi Christian IX de Danemark et frère de Georges Ier de Grèce. Mais les Russes, après avoir conclu un accord secret avec la Prusse, suggérèrent aux Bulgares la candidature d'un officier allemand, le prince Alexandre de Battenberg, qui était aussi le neveu de la tsarine Maria Alexandrovna, née de Hesse-Darmstadt, épouse d'Alexandre II. C'est donc ce candidat qui fut élu, peut-être avec l'argent du tsar qui permit d'acheter quelques consciences.

Une culotte de peau couronnée

Le choix fut exécrable. Officier rigide, sans formation politique, d'opinion franchement antilibérale, Alexandre, se sachant soutenu par les militaires et les fonctionnaires russes en poste en Bulgarie, se heurta, dès son accession au trône, à la représentation populaire. Les conflits avec le parlement de Sofia, le Sobranié, furent nombreux et conduisirent à une dissolution de la Chambre à la fin de 1879. Les Bulgares, entêtés, envoyèrent en 1880 au parlement une même majorité libérale qui rendit la vie dure au gouvernement personnel et réactionnaire du prince.

L'année 1880 se passa donc en conflits politiques intérieurs alors que l'édification d'un Etat moderne eût dû occuper tous les esprits soucieux du bien public. Les choses s'envenimèrent tellement qu'en avril 1881 le prince Alexandre Ier, horrifié par l'assassinat de son oncle le tsar Alexandre II qui s'était produit quinze jours auparavant à Saint-Pétersbourg, et craignant peut-être de subir le même sort, organisa un coup d'Etat. Donnant la mesure de son patriotisme, le prince forma un ministère conservateur dirigé... par deux généraux russes ! Le général Sobolew et le général Kaulbars gouvernèrent donc le pays dans un climat politique surchauffé qui rendit impossible tout décollage économique de la principauté. Les services publics eux-mêmes ne fonctionnaient plus que par un système de réquisitions militaires. Au parlement, tous les députés s'unirent contre le gouvernement des généraux qui n'avaient pas su se concilier les hommes politiques autochtones. En septembre 1883, à la suite d'une séance parlementaire particulièrement houleuse, les généraux russes donnèrent leur démission en criant aux Bulgares : « Vous n'êtes que des cochons, des canailles et des menteurs ! »

Alexandre Ier, pour sauver sa couronne, opéra un rapide rétablissement, et fit appel à un ministère de coalition libéro-conservateur. Pour se dédouaner devant l'opinion, il affirma aussi que le coup d'Etat d'avril 1881 n'avait été entrepris par lui qu'à la demande expresse du tsar Alexandre III, révélation qui fit bondir de fureur le vindicatif autocrate russe. Pendant un certain temps, le prince, échaudé par ses déboires intérieurs, et inquiet de la colère du tsar qui avait juré sa perte, se tint sagement à son rôle constitutionnel. Il laissa les gouvernements gouverner et le parlement légiférer, ce qui, au demeurant, était dans la nature des choses. Il se fit tout petit et sembla vouloir le rester. C'était, hélas, sans compter sur l'ironie du destin.

La Roumélie en armes

Depuis 1878, la Roumélie, qui correspond aujourd'hui à la Bulgarie méridionale, était restée, de par la volonté des Puissances, une province ottomane. Cette situation, naturellement, ne satisfaisait pas sa population qui rêvait d'un rattachement à la principauté de Bulgarie. Pourtant, le sultan, conciliant parce que affaibli, y avait mis les formes. Il avait nommé pour cinq ans un gouverneur chrétien en Roumélie, le Grec Vogoridès, alias Aléko Pacha, et ne s'était pas offusqué de voir ce gouverneur s'entourer de fonctionnaires d'origine bulgare. Le résultat fut excellent puisque la Roumélie, grâce à Aléko Pacha, bénéficia alors d'une administration efficiente, cent fois supérieure à celle que la Bulgarie connaissait au même moment. Un second gouverneur, cette fois-ci un bulgare, Kresnovitch dit Gavril Pacha, remplaça le précédent en 1883. La situation politique évolua dès lors très rapidement et, en septembre 1885, à la suite d'une conspiration rocambolesque, un officier bulgare, le major Panitza, destitua le gouverneur et proclama l'union de la Roumélie à la Bulgarie.

Ce coup de force irrita les Grandes Puissances, y compris la Russie. Le tsar, qui ne voulait plus entendre parler du prince Alexandre de Bulgarie, s'opposa farouchement à l'union des deux pays. C'était adopter ainsi une politique résolument contraire à celle suivie par la Russie depuis 1878 et qui, à la vérité, n'était dictée que par le souci d'Alexandre III d'éviter à tout prix qu'Alexandre de Bulgarie ne devienne plus puissant qu'il n'était. Les diplomates européens, selon leur habitude, organisèrent une conférence pour trancher la question. Cette fois, pourtant, ils furent pris de court par le prince Alexandre qui, comprenant que dans cette affaire il pouvait redorer son blason aux yeux de l'opinion publique bulgare, se proclama unilatéralement « Prince de la Bulgarie du Nord et du Midi ». Ecumant de rage, le tsar ordonna à tous les Russes, civils et militaires, de quitter sans délai le territoire bulgare. Cette mesure de rétorsion — dans son esprit, c'en était une — fut saluée par les nationalistes bulgares comme une véritable libération, et les indécents cris de joie qui saluèrent à Sofia le départ des troupes russes furent perçus jusqu'aux rives de la Neva.

Le tsar contre-attaque

Alexandre III tenta de régler ses comptes avec le prince de Bulgarie par Serbie interposée. La diplomatie russe fit comprendre aux Serbes qu'ils ne pouvaient accepter un agrandissement territorial de la Bulgarie sans exiger une compensation. Milan Ier de Serbie, qui voulait fêter dignement sa toute nouvelle couronne royale, se lança dans l'aventure et déclara la guerre aux Bulgares. Mal lui en prit. Après des succès serbes dus, en grande partie, à l'effet de surprise, les Bulgares se ressaisirent. Le prince Alexandre Ier, décidément meilleur soldat qu'homme politique, prit avec compétence le commandement de l'armée. En novembre 1885, il remporta la bataille de Slinitza et repoussa les Serbes jusque dans leur pays. La guerre avait coûté 12 000 hommes et se soldait par une paix blanche sanctionnée, en février 1886, par le deuxième Traité de Bucarest. La Serbie ne perdait rien, mais nul n'osa plus dans la région contester l'union de la Bulgarie et de la Roumélie.

Le prince Alexandre rentra en vainqueur à Sofia, mais ce triomphe excita encore un peu plus le courroux de la Russie. Tandis que le prince, malgré l'opposition des Puissances, proclamait solennellement l'union bulgare, le pays se divisa en deux camps : les radicaux et les libéraux. Les radicaux soutenaient le principe de l'indépendance nationale et refusaient toute intervention étrangère alors que les libéraux, soutenus par la Russie, souhaitaient conserver des liens privilégiés avec Saint-Pétersbourg. Le chef du parti libéral, Zankov, qui était lui-même un agitateur appointé par les Russes, fit tout ce qui était en son pouvoir pour déstabiliser le prince et le gouvernement légal, alors aux mains des radicaux.

A l'hostilité déclarée des libéraux s'ajouta une opposition antigouvernementale dans l'armée et dans le clergé orthodoxe. En août 1886, cette conjonction des extrémismes prorusses aboutit à un coup d'Etat militaire fomenté par les officiers des Armes spéciales et les élèves de l'Ecole militaire de Sofia. Alexandre Ier, tiré de son lit, et le revolver sur la tempe, fut contraint d'accepter le fait accompli et de partir à l'étranger.

Porté au pouvoir par les putschistes, Zancov, dans une proclamation au peuple, condamna l'attitude antislave du prince déchu.

Toutefois, le coup d'Etat échoua. Inquiets des proclamations russophiles des nouveaux dirigeants, les nationalistes bulgares se soulevèrent et firent une contre-révolution. Leur chef, Stefan Stamboulov, rappela Alexandre Ier qui revint de son bref exil. Mais le tsar ne voulait pas en rester là. Il était prêt à accepter la contre-révolution bulgare et ses dirigeants, mais ne voulait absolument plus entendre parler d'Alexandre sur lequel, décidément, il faisait une fixation paranoïaque. Dès lors, il ne restait plus que la solution de l'abdication pour sortir de l'impasse et le prince s'y résolut en septembre 1886. Exilé pour la seconde fois, et définitivement cette fois, Alexandre Ier de Bulgarie fit une seconde carrière sous le nom de comte von Hartenau. Devenu général de l'armée austro-hongroise, il mourut en 1893, plusieurs années après que son mariage avec une cantatrice eut fait quelque bruit dans le Gotha. Alexandre ne laissa qu'un fils qu'il avait prénommé Assen en souvenir de cette dynastie des Assenides qui avait régné sur la Bulgarie au Moyen Age. Ce prénom, délibérément choisi, permet de supposer qu'Alexandre conservait l'espoir d'un retour de fortune. Le destin, là encore, fut cruel. Le comte Assen von Hartenau, son fils, mourut sans postérité.

Clémentine de Médicis

Stefan Stamboulov, en qualité de régent, dirigea la Bulgarie après le départ d'Alexandre Ier. Petit, inculte, autoritaire et brutal, il fut pourtant le premier homme d'Etat de valeur de la Bulgarie moderne. Gouvernant le pays d'une poigne de fer, il maintint dans le même temps la Russie à distance respectable, refusant toute ingérence extérieure dans les affaires bulgares. Lorsque le tsar Alexandre III lui adressa le général Kaulbars pour le rappeler à l'ordre, Stamboulov, sans égard, le renvoya à son maître. Ce fut la rupture diplomatique. Pour se venger, le tsar fit de nouveau obstacle à l'élection au trône de Bulgarie du malheureux prince Waldemar de Danemark — dont on se demande toujours ce qu'il avait bien pu lui faire — et qui, pourtant, avait réuni la majorité des suffrages au parlement de Sofia. Ne pouvant plus intervenir dans les affaires bulgares, le tsar souhaitait néanmoins que le futur prince de Bulgarie soit à sa convenance, ce qui, à l'évidence, ne devait pas être le cas du prince Waldemar qui, chose plus étonnante encore, était son beau-frère.

Devant l'obstruction de la Russie, le choix du monarque fut délicat. Il ne gêna cependant pas la marche du gouvernement qui, soutenu par une majorité nationaliste au Sobranié, poursuivait son œuvre bénéfique de reconstruction nationale. Stamboulov chargea une commission parlementaire de parcourir l'Europe à la recherche d'un prince, mais les commissaires, froissés dans leur amour-propre patriotique, durent constater que les candidats ne se bousculaient pas. Craignant sans doute le sort d'Alexandre Ier, et ne voulant pas jouer le rôle de victimes expiatoires entre le marteau russe et l'enclume bulgare, les princes européens déclinèrent courtoisement la proposition qu'on leur faisait et continuèrent à prendre les eaux à Spa ou à Marienbad.

Par bonheur, il y avait, dans les familles royales européennes une princesse pleine d'ambition pour son dernier rejeton. Cette princesse, Clémentine de Saxe-Cobourg-Gotha, était en réalité l'une des filles du roi Louis-Philippe Ier et de la reine Marie-Amélie de Bourbon-Siciles. Clémentine avait épousé à Saint-Cloud, en 1843, le prince Auguste de Saxe-Cobourg-Gotha et lui avait donné quatre enfants en cinq ans. Treize ans plus tard, curieusement, elle avait accouché d'un petit garçon qui avait le nez aussi long que celui de son père était court. Ce petit garçon, qui devint naturellement le préféré de Clémentine, fut prénommé Ferdinand en souvenir de l'infortuné Ferdinand-Philippe, duc d'Orléans et prince royal des Français, frère aîné de Clémentine, mort dans un stupide accident en 1840. La princesse, qui avait le goût de l'intrigue de son père Louis-

Philippe et de son grand-père Philippe-Egalité, particularité qui lui valait dans les cours le surnom de « Clémentine de Médicis », cherchait par tous les moyens à faire de son Ferdy chéri, devenu un jeune homme timide et délicat, un souverain régnant. La commission parlementaire bulgare et la princesse Clémentine ne pouvaient, dans ce contexte, que se rapprocher et s'entendre. C'est ce qu'il advint. Pour ne pas faire de peine à sa mère adorée, Ferdinand accepta et, le 7 juillet 1887, après un vote favorable du Sobranié, devenait prince de Bulgarie.

Ferdinand le Raffiné

Assez laid à cause d'un nez excessivement proéminent, mais de belle prestance et ayant hérité des superbes yeux bleu clair des Orléans, Ferdinand avait vingt-six ans au moment de son accession au trône de Bulgarie. Intelligent, extrêmement cultivé, amateur de parfums, de jolies fleurs et aussi, dit-on, de beaux garçons, le prince possédait déjà, en quelque sorte, les qualités qu'on prête volontiers à un empereur byzantin de la décadence ou à un pacha oriental. Aussi surprenant que cela puisse paraître, il prit son nouveau rôle à cœur et, pour séduire et comprendre son peuple, fit immédiatement l'apprentissage de la langue bulgare. Assisté de sa mère, qui l'avait suivi à Sofia et qui était son véritable mentor, le prince conquit rapidement l'estime de ses sujets. Le fait que le tsar ait refusé de le reconnaître ne pouvait, du reste, qu'irriter un peu plus les patriotes bulgares. Ceux-ci étaient d'ailleurs flattés d'avoir pour monarque un homme allié à la Cour d'Angleterre et à la Cour de Belgique, les souverains de ces pays étant, par le prince consort Albert et par le roi Léopold Ier, ses cousins. Du côté Orléans, il était également apparenté à la Cour d'Espagne, à celle du Portugal, à celle du Brésil et, bien évidemment, à la Maison de France, alors représentée par le comte de Paris en exil en Angleterre. Pour un prince bulgare, ce n'était pas si mal, et l'astucieux Stamboulov imaginait d'avance ce que ces prestigieux liens dynastiques pouvaient apporter à son pays trop neuf dans une Europe trop vieille.

Préoccupé de devenir un bon Bulgare, Ferdinand laissa d'ailleurs Stamboulov gouverner à sa guise, ce qui ne pouvait que favoriser les relations bienveillantes qu'entretenaient les deux hommes. Il est vrai aussi que la sévérité du régime instauré par le président du Conseil était singulièrement tempérée par la bonté et la charité de la princesse Clémentine, toujours prête à intercéder pour l'une ou l'autre des victimes de Stamboulov, et que, dès lors, la popularité de la monarchie en fut accrue. Il n'est pas sans intérêt d'observer qu'il s'agit là d'un cas assez rare dans l'histoire et, qu'à l'exception peut-être de Blanche de Castille, le rôle des mères abusives de jeunes souverains a constamment été critiqué. Or, en l'espèce, Clémentine, après avoir obtenu ce qu'elle convoitait pour son fils préféré, mit tout en œuvre pour permettre au prince de se faire rapidement adopter par ses sujets et prit elle-même une attitude résolument probulgare — signe encore de la souplesse héréditaire des Orléans — qui la fit aimer de tous.

Mais une dynastie ne vaut que si elle est assurée. Clémentine, en bonne mère, en mère avisée, et en mère prudente aussi, sans doute, si l'on songe aux bruits ayant couru sur les penchants sexuels particuliers de Ferdinand, s'enquit de trouver une épouse convenable à son fils. Elle trouva, et elle trouva bien, en la personne de la très catholique et très pieuse princesse Marie-Louise de Bourbon-Parme, nièce de la reine des Français Marie-Amélie et arrière-petite-fille de Charles X. La nouvelle princesse de Bulgarie que Ferdinand, décidément fils soumis, agréa sans difficultés, apportait ainsi à la monarchie bulgare un bon sang français qui devait faire de sa dynastie, en dépit de son nom officiel, la dynastie la plus française des Balkans à la fin du XIXe siècle et au début du XXe siècle.

Mariés en 1893, Ferdinand et Marie-Louise eurent quatre enfants : le prince Boris, né en 1894 ; le prince Cyrille, né en 1895 ; la princesse Eudoxie, née en 1898 ; enfin la princesse Nadejda, née en 1899. Lorsque naquit l'aîné, Boris, prince de Tirnovo, Ferdinand voulut le faire baptiser dans la religion orthodoxe pour mieux naturaliser la dynastie. Le pape Léon XIII s'y opposa et trouva en la princesse Marie-Louise une alliée résolue qui déclara à son époux qu'une abdication serait préférable à ce baptême. C'était sans compter sur la princesse Clémentine qui estimait de son côté que ce geste avait une portée politique de première importance et qu'il convenait de passer outre au veto du pape. Ferdinand passa outre et fut excommunié — la même mésaventure arriva pour les mêmes motifs au prince héritier de Roumanie — mais le petit Boris devint orthodoxe. A l'exception de cette crise grave mais passagère, la princesse Marie-Louise fut une épouse soumise et ne se préoccupant pas de politique. Son seul centre d'intérêt fut la religion catholique et, de ce point de vue, elle refusa absolument son intégration à la Bulgarie. Il n'est pas certain, du reste, qu'elle se soit sentie le moins du monde bulgare, considérant sans doute que cette couronne était bien peu de chose en regard de celles, autrement plus prestigieuses, coiffées jadis par ses ancêtres Bourbons. Marie-Louise mourut en 1899 des suites de la naissance de son quatrième enfant, la princesse Nadejda.

La chute de Stamboulov

Au fur et à mesure que Ferdinand Ier s'initiait aux affaires, il supportait de plus en plus mal l'omnipotence de son président du Conseil qui, en raison de ses capacités réelles d'administrateur et de politique, était surnommé le « Bismarck bulgare ». L'ennui est que ce Bismarck-là devenait de plus en plus autoritaire et que le pays, souffrant de cet autocratisme qui s'appuyait sans vergogne sur une police efficace et des tribunaux répressifs dévoués au gouvernement, commença à remuer. Des conspirations se nouèrent qui, quoique rapidement déjouées et réprimées dans le sang, menacèrent le président du Conseil et, par contrecoup, le prince lui-même. Des membres de l'opposition rencontrèrent alors Ferdinand et lui firent aisément comprendre qu'il serait désastreux que la monarchie liât son sort à celui de Stamboulov. Le prince qui, tel un souverain de la Renaissance, avait un certain penchant pour les complots et les conjurations, comprit le message qu'on lui faisait passer et travailla à la ruine du chef de son gouvernement. Il fut encouragé aussi dans cette voie par les diplomates russes dont le trop nationaliste Stamboulov était la bête noire. Ferdinand, rancunier de nature, se souvenait opportunément qu'à cause de Stamboulov le tsar avait refusé de reconnaître son accession au trône de Bulgarie et que, pour ne pas déplaire à l'irascible Alexandre III, un certain nombre de puissances avaient fait de même. Cette situation avait d'ailleurs été à l'origine d'un incident entre Ferdinand de Bulgarie et son oncle, le duc d'Aumale. Alors que les deux hommes se croisaient sur un boulevard de Paris, le duc d'Aumale, dont la vue était un peu faible, ne salua pas son neveu. Froissé, Ferdinand le lui fit remarquer le soir même. Aumale répondit alors avec cet esprit français inégalable et irrémédiablement perdu aujourd'hui : « Je suis comme l'Europe, je ne te reconnais pas. »

En mai 1894, Ferdinand remercia Stamboulov et confia le pouvoir à un gouvernement conservateur dans lequel le très russophile Zankov qui, en août 1886, avait organisé un putsch contre le prince Alexandre Ier, trouva sa place. Stamboulov, mauvais perdant, attaqua son souverain par voie de presse, ce que le monarque ne lui pardonna pas. Après avoir gouverné le pays d'une main de fer, l'homme d'Etat déchu fut dépouillé de ses biens et laissé sans défense devant une colère populaire que le prince ne fit rien pour détourner. Le 15 juillet 1895, dans des circonstances obscures, Stamboulov fut attaqué dans une rue de Sofia et mortellement blessé à coups de sabre. On affirma que Ferdinand n'était pas étranger à cet attentat et qu'il l'avait même commandité. La réalité fut sans doute moins noire, mais il est certain qu'à partir du moment où la protection d'un homme politique aussi violemment contesté n'était plus assurée, le drame était inévitable dans un pays neuf où les passions partisanes atteignaient un seuil paroxysmique. En tout état de cause, Ferdinand n'eut pas un mot de regret lors de la disparition tragique de celui qui, pourtant, avait favorisé son élection en 1887 et dont le travail acharné avait, pendant huit ans, permis l'édification d'un Etat moderne.

Comme par miracle, la chute puis la mort de Stamboulov réchauffèrent les relations russo-bulgares. Nicolas II, qui avait succédé à son père Alexandre III en 1894, procéda à la reconnaissance officielle de Ferdinand qui, par gratitude, demanda au tsar d'être le parrain de son fils Boris. Les délégations russes retrouvèrent le chemin de Sofia où Ferdinand inaugura sur la place du Parlement une statue du tsar Alexandre II qui avait été à l'origine de la résurrection de la nation bulgare en 1878. La Bulgarie redevenait ainsi, sur l'échiquier balkanique, la pièce maîtresse de la stratégie russe.

Le renard et le balancier

S'il se contenta de jouer loyalement son rôle constitutionnel, rôle assez effacé au demeurant lorsque l'arbitrage princier n'était pas sollicité, Ferdinand, en revanche, s'investit totalement dans la politique extérieure. Fin psychologue, n'ayant aucune illusion sur la nature humaine, il adorait les négociations secrètes et les tractations occultes qui lui permettaient de mettre en valeur toutes ses qualités innées de séduction et de persuasion, de finesse et de ruse. Ces traits feront de lui, pourtant prince occidental d'origine, l'exemple type du souverain balkanique astucieux et retors.

Ferdinand avait parfaitement compris que la Bulgarie, de par sa position géographique au cœur des Balkans, serait un allié convoité des deux grandes puissances qui, à la fin du XIXe siècle, rivalisaient dans cette région : l'Autriche-Hongrie et la Russie. Cet avantage, et les perspectives qu'il offrait ouvraient un champ d'action illimité à la diplomatie personnelle du prince. Ainsi, de la chute de Stamboulov à la première décennie du XXe siècle, la Bulgarie oscilla-t-elle en permanence entre Vienne et Saint-Pétersbourg afin de parvenir au but que son souverain s'était fixé : l'indépendance totale et la royauté.

De fait, la principauté de Bulgarie était, depuis 1878, un Etat autonome mais non indépendant. En pratique, cela signifiait que le sultan de Constantinople demeurait le suzerain d'un prince de Bulgarie qui, sans lui rendre l'hommage au sens médiéval du terme, se devait tout de même de respecter non seulement le rang protocolaire du sultan, mais encore de déférer aux vœux de la Sublime Porte sur des sujets aussi variés que le statut administratif de la Roumélie au sein de la principauté ou celui des rapports délicats entre l'Eglise orthodoxe bulgare et le Patriarcat de Constantinople. S'il est vrai que depuis 1878 le sultan avait toujours fini par donner satisfaction aux aspirations des nationalistes bulgares, il n'en demeure pas moins que ce statut de sujétion, pour théorique qu'il fût en réalité, devait être psychologiquement lourd à supporter pour un peuple au patriotisme développé.

Le prince joua donc de l'antagonisme austro-russe pour se libérer de la tutelle de la Porte. L'Autriche et la Russie, voulant chacune la mort de l'Empire ottoman pour s'en approprier les dépouilles, se neutralisaient l'une l'autre, et cela aboutissait à un statu quo qui n'était évidemment pas du goût de Ferdinand et qui ne faisait pas ses affaires. A plusieurs reprises, il vit l'empereur d'Autriche et le tsar de Russie se rencontrer pour, jaugeant leurs forces respectives, décider d'un commun accord de ne rien changer à la situation balkanique. Ainsi, en 1896-1897, le partage de la riche Macédoine ottomane fut-il reporté à la grande colère des Bulgares, des Serbes et des Grecs qui rêvaient tous d'en annexer une portion.

Soupesant le poids de l'Autriche et de la Russie, Ferdinand qui, depuis 1895, flirtait outrageusement avec le tsar, comprit, à l'aube du XXe siècle, que les ambitions balkaniques de François-Joseph offraient à son pays d'intéressantes perspectives alors que la Russie, empêtrée dans la guerre russo-japonaise et dans une agitation révolutionnaire inquiétante, se désengageait provisoirement des affaires européennes. Sans aucun scrupule, le prince tourna casaque et, jetant aux rebuts de l'Histoire l'amitié russo-bulgare, se rapprocha secrètement de Vienne. Ferdinand le Raffiné devenait ainsi « Ferdinand le Renard », ou, mieux encore, « Foxy Ferdy » comme l'appelait sa malicieuse cousine Marie de Roumanie.

La Bosnie pour un royaume

En 1908, pour célébrer dignement le 60e anniversaire du règne glorieux de François-Joseph, le ministre autrichien Aloïs Lexa von Aerenthal résolut de faire à son souverain un présent peu ordinaire mais de qualité en offrant à l'empire des Habsbourg un nouveau territoire. Le choix du prévenant ministre se porta sur la province de Bosnie-Herzégovine, officiellement ottomane mais qui, en vertu d'un accord international, était sous mandat autrichien depuis 1878. Aerenthal décida, sans rien demander à personne, d'annexer purement et simplement ce territoire qui était également revendiqué pour des motifs historiques et stratégiques par la Serbie. Ce fut le premier coup de force diplomatique qui ébranla la vieille Europe au début du XXe siècle. La Serbie mobilisa et appela à son aide la Russie, sa protectrice naturelle. L'Autriche sollicita et obtint le soutien de l'Allemagne qui, pourtant, n'avait même pas été informée au préalable de l'annexion. Le tsar Nicolas II était prêt à entrer en guerre, ce qui lui aurait permis, pensait-il, d'effacer le désastre de la guerre russo-japonaise de 1905, mais ses alliés français lui firent entendre raison. La France, en effet, estimait ne pas être prête militairement et certains de ses dirigeants ne renonçaient pas à parvenir à un accord avec Guillaume II sur l'Alsace-Lorraine comme il y en avait eu sur le Maroc. Rêveries fumeuses qui conduiront à ce que l'on sait. Cette abstention entraîna la reculade de la Russie et permit à l'Allemagne qui, elle non plus n'était pas au maximum de son potentiel offensif, de parfaire son armement.

La Bulgarie fut mêlée étroitement à l'affaire de Bosnie-Herzégovine. Pour réussir son coup, l'Autriche-Hongrie avait besoin d'un allié sûr dans les Balkans afin de neutraliser la Serbie en cas de conflit généralisé. C'est donc la Bulgarie qui fut choisie par Vienne pour jouer ce rôle. Ferdinand, après un entretien secret avec François-Joseph quelques jours avant l'annexion, avait accepté d'être le second couteau de l'Autriche pour peu qu'en échange de ses bons et loyaux services on lui permît de se faire roi et de rompre ses liens avec la Porte. La promesse fut très ponctuellement tenue. Le 5 octobre 1908, en effet, au moment même où à Vienne, dans une proclamation solennelle, François-Joseph faisait connaître à ses peuples que désormais l'empire comptait une province de plus et qu'il étendait ses droits de souveraineté sur la Bosnie-Herzégovine, à Sofia, Ferdinand s'attribuait le titre royal et rompait ses relations avec Constantinople dont il se déclarait dorénavant indépendant. En devenant roi, le renard se faisait lion.

Le 12 octobre 1908, le roi — ou plutôt le tsar comme il se plaisait à dire, irritant ainsi volontairement ou pas les oreilles russes — Ferdinand Ier de Bulgarie fit une entrée triomphale dans sa bonne ville de Sofia. Une cérémonie militaire grandiose se déroula devant un peuple enthousiaste et le général Koutinchev, gouverneur militaire de la capitale, lut le texte de la déclaration d'indépendance sur le front des troupes. Un Te Deum fut chanté par le métropolite au cours d'une gigantesque cérémonie religieuse en plein air où l'on intronisa le nouveau roi. Pour donner un impact plus grand encore aux événements, Ferdinand, en compagnie de son état-major et des hauts dignitaires du pays, se rendit avec solennité à Tirnovo sur les ruines de l'ancien palais des souverains assenides Pierre Ier et Assen Ier qui avaient régné à la fin du XIIe siècle et au début du XIIIe sur la Bulgarie médiévale.

Un revirement inattendu

Ferdinand avait très vite compris que toute cette affaire pouvait lui aliéner la sympathie de la Russie, vexée de se voir préférer par lui l'alliance autrichienne. Le nouveau roi craignait aussi que le tsar Nicolas II, suivant ainsi l'exemple de son père

Alexandre III, ne nuisît directement aux intérêts de la dynastie bulgare. Le souvenir de l'élimination brutale de son prédécesseur immédiat, Alexandre Ier de Battenberg, hantait l'esprit de Ferdinand qui savait pertinemment que l'Autriche, ayant rempli ses engagements à son égard, n'irait pas au-delà et n'interviendrait certainement pas pour le maintenir sur le trône en cas de coup dur.

Ayant procédé à cette analyse rapide et pertinente de la situation, Ferdinand décida d'obtenir le pardon du tsar et attendit l'occasion de prendre une initiative en ce sens. Le destin vint une fois de plus à son secours puisqu'au début de l'année 1909, l'oncle de Nicolas II, le grand-duc Wladimir Alexandrovitch, mourut subitement. Ferdinand, qui n'avait aucun lien de parenté ni d'amitié avec l'illustre défunt, se précipita toutes affaires cessantes à ses funérailles. Il joua si parfaitement la comédie de la désolation que Nicolas II, homme de cœur naïf, fut confondu par tant de douleur et oublia sa récente rancune. Il serra l'inconsolable Bulgare dans ses bras et passa l'éponge sur ses errements passés. Foxy Ferdy, triomphant, rentra à Sofia sans omettre d'aller saluer au passage son voisin, le roi Carol Ier de Roumanie, que la Russie voulait détacher de l'Autriche et de l'Allemagne. Ferdinand fut reçu fort courtoisement à Bucarest par des Roumains qui, pourtant, se méfiaient des Bulgares comme de la peste, et séduisit tous ses interlocuteurs. Marie de Roumanie, alors épouse du prince héritier Ferdinand, traça à l'occasion de cette visite un superbe portrait de son cousin Saxe-Cobourg : « Le sang français qui coulait dans ses veines faisait de lui un incomparable causeur. Ses reparties étaient brillantes, son ironie légère, inimitable, et pleine d'à-propos. Esprit observateur, fin, caustique, il s'abandonnait souvent à la volupté de se moquer de lui-même, plaisantant sur son physique, ses idiosyncrasies, ses goûts, ses préférences et ses aversions, ce qui donnait lieu à d'interminables causeries spirituelles et lui permettait de prodiguer ses sarcasmes. »

Quoique profondément déçu lui-même par l'attitude cavalière de l'Autriche qui, au moment de l'annexion de la Bosnie-

Herzégovine, n'avait pas cru devoir l'informer de ses intentions, Carol Ier, loyal allié de François-Joseph, informa Vienne de la visite et des propos de Ferdinand de Bulgarie. Le rapport dut déplaire à la Hofburg puisque François-Joseph décida de refuser au tsar des Bulgares l'ordre de la Toison d'or qu'il lui avait cependant promis. Ferdinand fut ulcéré : « On me refuse la Toison d'or après vint et un ans de règne, et d'un règne qui, certes, n'a pas été facile car je ne suis pas de ceux qui sont nés avec la couronne attachée au cordon ombilical. » Il est vrai que ses retournements continuels, véritables contorsions diplomatiques, étaient irritants et donnaient à l'action du roi Ferdinand un caractère fluctuant, difficilement décryptable à l'extérieur. Mais il faut tout de même avouer que cette diplomatie, condamnable du point de vue moral, avait une réelle efficacité dans la mesure où la Bulgarie, sans coup férir, et en conservant l'amitié de l'ombrageuse Russie, avait obtenu une indépendance espérée depuis trente ans par toute la nation.

La défaite du Croissant

La Russie, de par le revirement de Ferdinand en 1909, restait maîtresse du terrain balkanique. Elle pouvait compter désormais sur l'alliance serbe et monténégrine, sur la neutralité roumaine, sur la sympathie grecque et sur l'amitié renouvelée de la Bulgarie. Forte de ces atouts, la diplomatie tsariste, qui était restée sur son échec de 1908 consécutif à l'affaire de Bosnie-Herzégovine, mijota sa revanche. Serge Sazonov, ministre des Affaires étrangères de Nicolas II, travailla à réconcilier et à unir tous les Etats chrétiens des Balkans pour les lancer contre l'Empire ottoman et lui arracher les dernières provinces qu'il possédait encore en Europe et qui allaient de la mer Adriatique à la mer de Marmara. Il s'agissait, plus précisément, de l'Albanie, de la Macédoine et de la Thrace. Ces territoires formaient d'ailleurs une sorte de barrière qui isolait la Grèce du Monténégro, de la Serbie et de la Bulgarie.

Circonvenus par les Russes, tous les souverains de ces pays furent séduits par l'idée d'une alliance militaire balkanique qui leur permettrait de bouter définitivement les Turcs du continent. La Serbie et le Monténégro lorgnaient la Macédoine septentrionale et l'Albanie ; la Grèce rêvait d'annexer la Macédoine méridionale et le port de Salonique ; la Bulgarie, enfin, s'intéressait également à la Macédoine orientale et à la Thrace, territoires qui, d'ailleurs, avaient été attribués à la Grande Bulgarie par le Traité de San Stefano de 1878, annulé par le Congrès de Berlin ultérieurement. On voit immédiatement que des difficultés considérables pouvaient naître au sujet de la Macédoine, province que trois Etats se disputaient et dont il serait délicat d'opérer la partition.

Faisant taire ces divergences, les nations chrétiennes des Balkans s'unirent et, en octobre 1912, précédées par l'action intempestive du petit Monténégro, entrèrent en guerre contre l'Empire ottoman. Ce fut la première guerre balkanique qui, on l'a oublié, servit de banc d'essai aux Grandes Puissances dans la mesure où la Turquie était armée par l'Allemagne tandis que la Serbie et la Grèce l'étaient par la France et la Bulgarie par la Russie. Il n'est donc pas excessif de dire que c'est un véritable duel entre les usines Schneider du Creusot et les usines Krupp d'Essen qui se déroula en octobre-novembre 1912 et qui vit la défaite terrestre de l'armée ottomane à Kir Kilissé, Komanovo et Salonique.

Après la prise d'Andrinople en mars 1913, les Turcs, qui avaient tenté de prolonger la guerre, durent s'incliner. Des préliminaires de paix furent signés à Londres en mai et sanctionnèrent la perte de tous les territoires ottomans d'Europe, à l'exception toutefois de la Thrace orientale et de Constantinople.

Un héritage disputé

Successeurs de l'Empire ottoman pour la quasi-totalité de ses possessions balkaniques, les vainqueurs de 1913 connurent les mêmes déboires et les mêmes désillusions que suscitent parfois les querelles d'héritage dans les meilleures familles. Les Grecs et les Bulgares se heurtèrent pour occuper la Thrace et le littoral de la mer Egée. Quant aux Serbes et aux Monténégrins, déçus par la décision des Grandes Puissances de faire de l'Albanie un Etat souverain, ils se rabattirent sur la Macédoine sur laquelle ils affirmèrent des prétentions exorbitantes face aux Grecs et aux Bulgares. Tout cela échauffa les esprits pendant plusieurs semaines et, de nouveau, des bruits de botte se firent entendre en dépit des efforts désespérés de la Russie pour maintenir l'Entente balkanique.

De son côté, Ferdinand de Bulgarie, dopé par le triomphe de ses armes, n'était guère disposé aux concessions. Par ailleurs, les frontières orientales de son pays se trouvant désormais à cent cinquante kilomètres environ de Constantinople, il conçut le projet de s'emparer de l'antique Byzance pour coiffer la couronne impériale à la barbe des Russes et des Grecs. La politique extérieure bulgare, dont il était le principal artisan, ayant constamment été couronnée de succès depuis 1908, le roi sombra dans une véritable mégalomanie qui lui fit adopter une attitude agressive vis-à-vis de ses alliés. S'étant débarrassé de son président du Conseil Guechov, trop enclin peut-être à accepter les solutions de compromis, il le remplaça par Danev qui n'était guère au courant des affaires. Profitant de l'inexpérience de son gouvernement, Ferdinand manigança d'obscures manœuvres avec son état-major et, passant au-dessus de la tête du président du Conseil, donna son feu vert au général Savov pour que l'armée bulgare, sans déclaration de guerre préalable, attaque préventivement les Serbes en Macédoine et les Grecs dans la région de Salonique.

L'agression bulgare, perpétrée dans la nuit du 28 au 29 juin 1913, fut à l'origine de la seconde guerre balkanique mais ne donna pas les résultats escomptés par son initiateur. Contrairement à ce que le roi de Bulgarie avait prévu, son armée fut stoppée tant du côté serbe que du côté grec après quelques jours de flottement dus à l'effet de surprise. Il fallut retraiter au moment même où la Roumanie, à son tour, entrait en guerre contre la Bulgarie afin de conquérir la forteresse de Silistrie sur le Danube et d'étendre son littoral sur la mer Noire. Pour couronner le tout, les Turcs, voyant la situation catastrophique des Bulgares, libérèrent Andrinople qui redevint ottomane. L'arrogance des militaires bulgares et le manque absolu de réalisme du roi Ferdinand avaient, en un mois, conduit le pays à une défaite inexorable sur tous les fronts.

Le 28 juillet 1913, la Bulgarie vaincue sollicita un armistice. Le 10 août, la paix était sanctionnée par le troisième Traité de Bucarest qui attribuait la Macédoine septentrionale et centrale à la Serbie, la Macédoine méridionale à la Grèce ainsi qu'une partie de la Thrace, la Dobroudja méridionale et la place forte de Silistrie à la Roumanie. La Bulgarie conservait néanmoins une fenêtre maritime sur la mer Egée avec une zone côtière de cent kilomètres et le port de Dedeagatch.

La défaite entraîna la chute du cabinet Danev qui fut immédiatement remplacé par le cabinet Radoslavov, tandis que Ferdinand, lui, sauvait sa couronne. Refusant de reconnaître ses erreurs, il rejeta la responsabilité de la défaite sur son état-major et prétendit que l'intervention pourtant très tardive de la Roumanie avait été un coup de poignard dans le dos empêchant l'armée bulgare de rétablir la situation. C'était bien excessif dans la mesure où, au moment de l'intervention roumaine, les jeux étaient déjà faits. Si l'intervention roumaine, réduite dans la réalité à une promenade militaire, eut un effet dévastateur, ce fut essentiellement sur le plan psychologique car elle démontrait aux Bulgares, et particulièrement aux combattants, que leur pays était complètement isolé dans les Balkans. Cette campagne antiroumaine se développa tellement en Bulgarie que la reine Eléonore, née princesse de Reuss, seconde épouse de Ferdinand Ier depuis 1909, déclara à qui voulait l'entendre : « Si nous avions une nouvelle et vraie guerre avec la Roumanie, je serais capable de m'atteler moi-même à un canon. »

Le renard manque de flair

Brouillé avec François-Joseph d'Autriche depuis l'affaire de la Toison d'or, en froid avec Guillaume II d'Allemagne qui, pour plaisanter, lui avait donné à Brunswick une grande claque sur le postérieur alors qu'il se penchait à une fenêtre, Ferdinand, lors du déclenchement de la Première Guerre mondiale, aurait dû, en bonne logique, rejoindre le camp des Alliés. Ceux-ci, et notamment les Français, insistaient beaucoup, à Paris comme à Sofia, et parfois avec un certain manque de tact, sur les origines françaises de Ferdinand dont le grand-père maternel, on le sait, n'était autre que Louis-Philippe Ier. Les responsables français de la IIIe République oubliaient un peu vite que le roi Louis-Philippe avait été chassé par une révolution en 1848 et que ses descendants avaient été proscrits du territoire français en 1886. Il est vrai, cependant, que la France républicaine reçut dans cette tentative le soutien des princes d'Orléans qui intervinrent directement et discrètement auprès de leur cousin bulgare pour tâcher de le convaincre de choisir le bon camp.

Ferdinand, selon son habitude, louvoya. Négociant avec les uns et les autres, il donnait aux uns et aux autres des assurances de sa bonne foi et de sa bonne volonté. Longtemps les Anglais crurent que la Bulgarie finiraient par s'engager aux côtés de l'Entente et demandèrent à la reine Marie de Roumanie, Anglaise de naissance, de s'entremettre dans ce but et de favoriser un rapprochement roumano-bulgare. Le roi de Bulgarie, en effet, pour justifier son attentisme, prétendait craindre des réactions hostiles de la Roumanie dont on ne savait pas non plus de quel côté elle finirait par basculer. En réalité, les Alliés ne virent pas que la réflexion de Ferdinand s'appuyait sur un désir de revanche et sur une ambition. Le désir de revanche était tout entier contenu dans la volonté d'effacer les conséquences désastreuses pour la Bulgarie du troisième Traité de Bucarest. De ce point de vue, et sans même parler de la Roumanie dont on pouvait penser qu'elle rallierait l'Entente à plus ou moins brève échéance, les Bulgares ne pouvaient que constater que leurs adversaires serbes et monténégrins de 1913 se trouvaient, en août 1914, dans le camp allié. L'obstacle pour un ralliement de leur pays à ce même camp était donc de taille. Mais à côté de ce désir de revanche, il y avait aussi une grande ambition personnelle de Ferdinand. Depuis longtemps, en effet, le roi de Bulgarie voulait restaurer l'Empire byzantin et coiffer la couronne de Constantinople. Or, cette ambition, ce rêve un peu fou, ne pouvait qu'être contrecarrée par la Russie qui revendiquait également la possession de Constantinople et le contrôle des Détroits.

Lorsqu'en mars 1915 les alliés franco-britanniques apportèrent leur appui en cas de victoire aux revendications russes sur Constantinople, le coup fut rudement ressenti par Ferdinand. Aussi, après avoir tenté de savoir si les Anglais étaient sincères et songeaient sérieusement à mettre les Russes en possession d'une ville que, pourtant, tout au long du XIXe siècle, ils avaient tenu à préserver de leurs griffes, le roi de Bulgarie, qui n'avait sans doute pas obtenu sur ce point des apaisements suffisants, décida de se tourner vers les Empires centraux. Sans doute ceux-ci ne pouvaient-ils pas lui promettre Constantinople puisque l'Empire ottoman combattait à leurs côtés, mais au moins lui assuraient-ils que la Bulgarie pourrait annexer toute la partie serbe de la Macédoine et même, dans l'hypothèse où la Roumanie et la Grèce choisiraient le camp de l'Entente, qu'elle pourrait retrouver les frontières de San Stefano, c'est-à-dire celles de la Grande Bulgarie.

Au moment de la défaite de juillet 1913, le roi Ferdinand avait dit à ses troupes : « Repliez vos glorieux étendards en attendant des jours meilleurs. » Le 14 octobre 1915, la Bulgarie déploya à nouveau ses étendards et déclara la guerre à la Serbie. Ferdinand Ier, après un an et demi d'hésitation, avait finalement choisi son camp : le mauvais.

Les adieux à la scène d'un artiste incomparable

Déjà assaillie au nord par les armées austro-hongroises, la malheureuse Serbie, affaiblie par des mois de guerre atroce, dut se défendre contre l'attaque déclenchée par les Bulgares sur sa frontière méridionale, en Macédoine. Les Français, postés à Salonique, tentèrent d'intervenir, mais les armées de celui que désormais la presse alliée appelait « Ferdinand le Fourbe » les forcèrent à se replier. Abandonnée à son sort, la Serbie fut écrasée dans un étau infernal et les débris de ses troupes, sous la conduite du roi Pierre et du prince Alexandre, se réfugièrent à Corfou après un exode apocalyptique à travers les montagnes albanaises.

La défaite serbe jeta l'opprobre sur le roi de Bulgarie qui, dès lors, fut considéré par les Alliés comme l'homme à abattre, au même titre que Guillaume II. Ferdinand, peu sensible à la haine qu'il suscitait et à la réprobation générale de ses parents Saxe-Cobourg-Gotha qui, de George V d'Angleterre à Albert Ier de Belgique, se battaient dans le camp adverse, alla plus loin encore dans la collaboration avec les Empires centraux en acceptant que l'armée bulgare, renforcée par des troupes allemandes, fût mise sous le commandement du maréchal prussien August von Mackensen. Cette étrange décision, véritable abdication militaire, fut d'une tragique efficacité puisqu'à l'automne 1916 elle permit l'écrasement de la Roumanie, entrée en guerre aux côtés des Alliés en août de la même année. En participant activement à l'invasion de la Roumanie, attaquée d'ailleurs par la Bulgarie sans déclaration de guerre préalable, Ferdinand ne pouvait ignorer que c'est à un autre membre de la famille de Saxe-Cobourg, sa cousine Marie de Roumanie, qu'il faisait tort. Très bizarrement, tout se passait donc à cette époque comme si le roi de Bulgarie voulait rompre les ponts avec ses parents pour se compromettre un peu plus avec un empereur allemand qu'il n'aimait pas et avec un empereur d'Autriche qui avait assez peu de considération pour lui. On peut se demander alors si Ferdinand était parfaitement conscient de ses actes ou si, abandonnant la réalité du pouvoir civil et militaire à d'autres, il n'était pas devenu une sorte de marionnette entre les mains d'un Mackensen et d'une mission allemande chargés de le surveiller étroitement.

Cette hypothèse est plausible si l'on observe que Ferdinand

qui, pourtant, aimait la parade et les effets de manche guerriers, s'est fort peu manifesté pendant les graves événements de 1915-1916. Hormis la remise de drapeaux ou de décorations, il ne semble pas être intervenu d'une manière directe dans la conduite des opérations militaires. On peut voir aussi dans cette attitude un nouveau et subtil calcul lui permettant, en cas de défaite des Empires centraux, de rejeter les responsabilités sur la clique politico-militaire inféodée aux Allemands. Quoi qu'il en soit, il reste à sa charge que l'agression contre la Serbie en 1915 et contre la Roumanie en 1916 était la suite logique de cet esprit de revanche de la seconde guerre balkanique qu'il avait personnellement contribué à répandre dans l'opinion et dans l'armée.

C'est, du reste, cet aspect des choses qui prévalut chez les Alliés lorsque l'Armée d'Orient, sous le commandement de Franchet d'Esperey, lança enfin une offensive vigoureuse contre la Bulgarie en septembre 1918. L'armée bulgare, après une résistance de dix jours, fut culbutée par les forces franco-serbes qui enlevèrent Sokol et Dobropolié, et pénétrèrent sur le territoire bulgare. Le gouvernement de Sofia sollicita un armistice qui fut signé le 28 septembre. Ferdinand, sachant qu'il ne pouvait s'attendre à aucune mansuétude de la part des vainqueurs, préféra prendre les devants et couper court à une destitution déshonorante en renonçant à la couronne le 3 octobre 1918 en faveur de son fils aîné, le prince Boris, major-général dans l'armée, qui devenait ainsi le roi Boris III de Bulgarie. Ferdinand déclara à son fils : « Je suis désormais votre sujet mais je reste le père de Votre Majesté », puis s'adressa à son peuple en lui affirmant qu'il avait voulu, en abdiquant, donner le premier l'exemple du sacrifice. Il quitta Sofia pour se retirer en Allemagne, à Cobourg et, chose étrange, son départ fut salué par les Bulgares avec une profonde émotion. En dehors de quelques régiments bolchevisés qui voulurent proclamer la république, l'immense majorité du peuple regarda son ancien souverain comme la victime d'un sort injuste. En définitive, le grand artiste avait réussi sa sortie. Les Alliés, qui pensaient se trouver en face d'un vieux roi chargé de tous les crimes, rencontrèrent un jeune prince innocent comme l'agneau. L'escamotage était parfait et peut être considéré comme la dernière pirouette d'un comédien talentueux.

Le royaume amputé

Prénommé Boris en souvenir des princes de la Bulgarie médiévale, Boris Ier et Boris II, qui régnèrent respectivement aux IXe et Xe siècles, le roi Boris III avait vingt-quatre ans lors de l'abdication de son père. Cette jeunesse le mit personnellement à l'abri de la vindicte des Alliés qui n'exigèrent pas l'abolition de la monarchie, mais n'empêcha pas la Bulgarie de payer lourdement la note de la défaite. Le Traité de Neuilly de septembre 1919 réduisit considérablement les frontières du pays qui, surtout, se voyait déposséder par la Grèce de sa façade maritime sur la mer Egée. La Bulgarie n'était plus désormais une nation méditerranéenne et devait se contenter de faire caboter sa flotte sur la mer Noire. C'est sans doute cette amputation qui fut le plus douloureusement ressentie par l'opinion car elle mettait fin aux rêves d'hégémonie dans les Balkans. La Serbie et la Roumanie, quant à elles, retrouvaient leurs frontières de 1913, encore renforcées en Macédoine et en Dobroudja à titre de compensation pour les agressions bulgares de 1915 et 1916. Le pays dut licencier une partie de l'armée et payer de lourdes indemnités de guerre, à la Roumanie notamment, en raison du fait que les Bulgares avaient participé au pillage éhonté des richesses économiques roumaines en 1916-1918.

La sévérité du Traité de Neuilly provoqua des difficultés considérables. La charge fiscale s'accrut sur un peuple qui, quoi que l'on dise, n'avait pas souffert de la guerre dans sa chair comme le peuple serbe ou le peuple roumain. Des mécontentements se firent naturellement jour, exacerbés encore par les blessures d'amour-propre consécutives à l'abaissement du pays face à ses voisins balkaniques, le Royaume S.C.S. et la Grande Roumanie, qui devenaient les puissances dominantes de la région. C'est dans ce contexte d'insatisfaction générale que fut porté au pouvoir en 1919 le parti agrarien et son chef, Alexandre Stamboulisky. Leader charismatique du puissant monde paysan bulgare, Stamboulisky était un homme courageux, aux idées progressistes et au physique d'Hercule de foire. Il s'était opposé à l'entrée en guerre de la Bulgarie en 1915, et, en 1918, avait été l'un des rares à demander l'abdication de Ferdinand. Il prit donc les rênes du gouvernement et dirigea en dictateur le pays traumatisé par la défaite et ruminant déjà des idées de revanche.

Comme Ferdinand son père l'avait fait avec Stamboulov au début de son règne, Boris III, inexpérimenté et craignant sans cesse qu'on ne lui jette au visage les responsabilités de la monarchie dans l'effondrement de 1918, s'effaça sagement devant son président du Conseil. Stamboulisky sut gré au roi de cette réserve. Il ne s'attaqua pas à la dynastie et se consacra entièrement à remettre la Bulgarie sur les rails. Le travail accompli fut d'ailleurs exemplaire. A l'intérieur, l'ordre fut maintenu avec une poigne de fer qui cassa les reins à un parti communiste actif songeant déjà à intégrer la Bulgarie dans une « Union des Etats Slaves Paysans » contrôlée par Moscou. Des lois agraires favorables à la petite propriété furent promulguées et le prolétariat reçut la garantie du travail obligatoire. A l'extérieur, faisant taire les revanchards, Stamboulisky chercha à gagner la confiance des Alliés et de ses voisins balkaniques en ne remettant pas en cause les stipulations du Traité de Neuilly. Il entretint des relations correctes et loyales avec la Roumanie et le Royaume S.C.S., allant même jusqu'à réprimer vigoureusement les extrémistes bulgares de Macédoine qui, franchissant irrégulièrement la frontière, allaient perpétrer des attentats en territoire yougoslave. La « dictature verte », selon l'expression du temps, fut donc bénéfique à la Bulgarie, mais l'autocratisme intransigeant de son chef ne pouvait manquer, à la longue, de susciter des rancœurs et des haines.

Coups d'Etat et tragédies

Ecartées du pouvoir, la bourgeoisie et l'armée rongeaient leur frein. D'abord se tenant comme le roi dans une prudente réserve, elles avaient laissé Stamboulisky gouverner à sa guise un pays qui, sans lui, aurait pu sombrer dans le bolchevisme. Puis, le temps passant, et surtout le spectre de la révolution écarté, elles songèrent à réagir. Curieusement, elles devinrent ce faisant les alliées objectives d'un parti communiste sans cesse persécuté par le président du Conseil et qui avait donc juré sa perte. En juin 1923, un complot de droite appuyé sur des éléments de l'armée chassa Stamboulisky du pouvoir. Sofia étant investie par des régiments insurgés, le chef du gouvernement ne put résister et fut arrêté. Les putschistes, dirigés par Alexandre Tsankov, furent impitoyables. Stamboulisky, incarcéré comme un vulgaire brigand, fut torturé et fusillé après avoir été contraint de creuser sa tombe. L'atteinte à la démocratie était d'une extrême gravité mais le roi, pourtant, laissa faire. S'il n'avait pas les moyens de résister au coup d'Etat, ce qui est vraisemblable, du moins aurait-il pu intercéder pour sauver la vie d'un homme qui avait empêché la monarchie de s'écrouler en 1918.

Cette abstention coupable retomba sur la tête du roi. Désormais placé dans la ligne de mire des agrariens qui lui reprochaient sa passivité devant le coup d'Etat et surtout au moment de ce qu'il faut bien appeler l'assassinat de leur chef, et attaqué par les communistes qui l'accusaient, eux, d'avoir collaboré pendant quatre ans avec Stamboulisky, Boris III se trouva dans une position particulièrement précaire. La période 1923-1925 fut l'une des plus troublées de l'histoire bulgare. Les communistes tentèrent de déstabiliser le pays en y organisant des attentats et des opérations de commandos visant même, parfois, des casernes. Le gouvernement Tsankov répliqua en instaurant une véritable terreur blanche pendant laquelle toutes les libertés publiques furent bafouées et qui, assure-t-on, aurait fait plus de 20 000 victimes.

Pendant la semaine de Pâques 1925, les communistes s'en

prirent directement à la personne du monarque. Le 14 avril, sa voiture fut mitraillée par des partisans dans un défilé montagneux. Ayant eu la vie sauve par miracle, Boris III fut de nouveau la cible des terroristes le 16 avril 1925, à Sofia. Tandis qu'une messe de funérailles était célébrée en l'église Sveta Nedelia à la mémoire d'un ministre assassiné, une bombe explosa à quelques mètres du fauteuil royal. Là encore, Boris fut miraculeusement épargné, mais 128 personnes trouvèrent la mort.

Ces deux drames incitèrent plus encore le souverain à rester dans l'expectative. Se tenant prudemment à l'écart au lieu de tenter de renouer les fils de l'union nationale, il laissa la situation se dégrader et la Bulgarie sombrer dans le cycle infernal des attentats et de la répression sans apparemment rien faire pour favoriser une réconciliation des tendances opposées. Cet attentisme faillit être destructeur pour la monarchie. En 1929, un groupe de jeunes officiers et d'intellectuels, sous la direction du capitaine Velchev, constitua le Zveno, c'est-à-dire « l'Alliance », organisation favorisant ouvertement l'instauration en Bulgarie d'une république progressiste et autoritaire qui, au fond, aurait pu être la dictature de Stamboulisky moins la royauté.

Le professeur couronné

Il n'est pas inutile, pour tenter d'expliquer le comportement de Boris III, de décrire la personnalité d'un homme qui jusqu'ici a été soit dénigré en raison de sa prétendue sournoiserie, soit ridiculisé à cause du goût puéril — et qu'il tenait d'ailleurs de son père — de conduire lui-même les locomotives de la compagnie bulgare des chemins de fer. C'est l'historien René Ristelhueber qui a sans doute tracé l'un des meilleurs portraits du roi Boris, comme la reine Marie le fit en son temps pour Ferdinand Ier : « Petite et mince, la silhouette du roi donnait l'impression de légèreté et d'agilité. Son visage d'un ovale allongé, un peu aplati aux tempes, était couronné d'un crâne bombé, prématurément chauve. Ce qui frappait en lui, outre son nez busqué assez bourbonien, c'était les petits yeux gris-vert qui animaient sa figure au teint pâle. Très mobiles, ils furetaient sans arrêt. Regard fuyant, disait-on, parce qu'il ne fixait jamais. Regard en tout cas plein d'esprit et de finesse, dont une bouche aux lèvres minces, soulignée d'une courte moustache, augmentait l'ironie. Son caractère fait de souplesse et de subtilité répondait à cette apparence. Il avait emmagasiné des connaissances encyclopédiques allant de la botanique à la mécanique, pour ne rien dire de celles qui sont le lot habituel des hommes d'Etat, ni de son étonnant talent de polyglotte. Soucieux de popularité, il se plaisait à plaire et à exercer sur ses visiteurs sa rare séduction. Personnage assez énigmatique en somme et fort complexe. »

Très féru de sciences physiques et naturelles, le roi Boris de Bulgarie fut docteur honoris causa des universités de Sofia, Berlin, Rome et Varsovie, particularité extrêmement rare chez les monarques européens du début du XXe siècle. Dès lors, et bien qu'il fût capitaine de l'armée bulgare en 1912-1913, diplômé de l'Ecole militaire de Sofia, attaché à l'état-major du général Ludendorff en 1914, enfin major-général en 1918, c'est malgré tout le côté intellectuel, voire professoral, qui domine chez ce soldat exemplaire. Ce caractère le prédisposait sans doute à préférer l'étude et la recherche à l'action politique. Si l'on y ajoute un sentiment d'infériorité par rapport à un père excentrique et brillant, et un amour dévorant et nostalgique pour une mère attentive morte alors qu'il n'avait que cinq ans, on disposera d'un faisceau d'éléments psychologiques permettant de comprendre l'attitude expectante du roi de Bulgarie de 1923 à 1930. Privé trop tôt de l'affection de sa mère, la princesse Marie-Louise, assez éloigné des goûts byzantins de son père, n'ayant que des rapports distants avec sa marâtre la reine Eléonore, le jeune Boris, d'un naturel timide, s'enferma dans une solitude studieuse qui, naturellement, ne pouvait que marquer d'une influence profonde les premières années de son règne.

Boris sort de sa léthargie

Il semble bien que ce soit le mariage qui ait métamorphosé le roi de Bulgarie. Privé de la tendresse d'une mère et de l'autorité bienveillante d'une grand-mère comme Clémentine d'Orléans, Boris III combla cette absence de femmes dans sa vie personnelle en épousant à Assise, en Italie, le 25 octobre 1930, la princesse Jeanne de Savoie, troisième fille du roi Victor-Emmanuel III. Agé de trente-six ans, le roi célibataire, timide et réservé, convolait avec une jeune femme de vingt-deux ans, belle, raffinée et d'une grande culture. Ce mariage, dont l'un des artisans fut le délégué apostolique en Bulgarie, Angelo Roncalli, futur pape Jean XXIII, fut évidemment d'abord un acte diplomatique dans la mesure où il permettait à l'Italie mussolinienne de prendre pied dans une monarchie balkanique et de contrer ainsi l'influence française sur les cours de Belgrade ou de Bucarest. Mais ce fut aussi un mariage d'inclination car la princesse Jeanne ressentit d'emblée pour son époux un sentiment d'affection et d'admiration. Certes, Boris n'avait rien de la beauté et de l'éclat d'un prince charmant, mais il possédait un sérieux rassurant en même temps qu'une fragilité profonde qui ne pouvait que toucher une femme de cœur. Ce mariage, auquel assista l'ex-roi Ferdinand, vieilli et claudicant, revenu pour l'occasion de son exil de Cobourg, fut, contrairement aux promesses formelles de Boris à Monseigneur Roncalli, recommencé à Sofia selon le rite orthodoxe. Si le pape Pie XI en fut irrité, l'événement contribua néanmoins à redonner à la monarchie bulgare un lustre qui, depuis la défaite de 1918, lui faisait singulièrement défaut. Il permit aussi au roi de Bulgarie, rassuré par la présence à ses côtés d'une femme solide et ravissante, de devenir enfin un souverain plus attentif au sort de son pays et surtout plus impliqué dans la gestion de l'Etat.

Il en avait d'ailleurs bien besoin cet Etat, soumis depuis la chute de Stamboulisky à la valse des gouvernements plus ou moins autoritaires, plus ou moins fascisants qui, de Tsankov à Liaptchev, durent faire face au soulèvement révolutionnaire de Mihailov en Macédoine en 1928 puis, surtout, à partir de

1929, à la grande crise économique. En 1931, le roi Boris réagit devant l'anarchie ambiante en favorisant l'émergence du Bloc Populaire d'Alexandre Malinov qui, regroupant les démocrates, les libéraux, les radicaux et les agrariens, accéda au pouvoir. La nouvelle équipe tenta une stabilisation économique de la Bulgarie en même temps qu'elle redonnait au pays une vie démocratique à peu près décente. Malheureusement, la coalition, trop large, finit par éclater et l'expérience qui avait soulevé tant d'espoirs s'acheva dans les conflits de personne et les querelles partisanes.

Le 19 mai 1934, Boris III encouragea un coup d'Etat pour renverser le gouvernement de transition incapable de faire face à la situation intérieure. Il suspendit la constitution et, s'appuyant provisoirement sur le mouvement social populaire de Tsankov, sur le Zveno et sur une partie de l'armée, influença directement les affaires dont il avait confié la direction à Kimon Gueorguiev. Tout au long de l'année 1935, le roi travailla à éliminer les ministres proches de Zveno, et donc suspects de républicanisme, et eut successivement pour présidents du Conseil Platchko Zlatev, Andrei Tochev et Gueorguei Kosseivanov. Ce dernier fut un bon choix. Homme pondéré, doué d'un solide bon sens et d'une connaissance approfondie des affaires internationales, Kosseivanov, sans jamais s'opposer au roi, gouverna le pays avec sagesse et efficacité. Si sagement et si efficacement du reste que Boris III, au printemps de 1938, estima que la situation intérieure permettait de rétablir la constitution. Toutefois, marqué par le climat ambiant de l'Europe des années 30, Boris, qui avait pris goût aux affaires, ne se contenta pas de son rôle strictement constitutionnel. Il continua de peser sur la politique du pays tandis que les consultations électorales étaient constamment faussées par une présence policière et militaire étouffante.

L'ombre du fascisme

Le mariage royal de 1930 avait placé la monarchie bulgare dans l'orbite de l'Italie. A cette époque, l'Italie vivait sous la botte du fascisme et le roi Victor-Emmanuel III était réduit au rôle de fantoche à peine représentatif par son omniprésent président du Conseil, Benito Mussolini. Le Duce avait voulu le mariage du roi de Bulgarie avec une princesse italienne dans le but de disposer d'un pays allié dans les Balkans tant pour favoriser les ambitions italiennes dans cette région de l'Europe que pour contrecarrer les influences françaises et anglaises qui s'exerçaient, les unes sur la Yougoslavie et la Roumanie, les autres sur la Grèce. Dans cette conjoncture, le gouvernement de Sofia suivait fidèlement la politique étrangère de Rome et Boris III ne fit rien pour infléchir cette tendance. Ainsi, il déclina la proposition que le roi Alexandre Ier de Yougoslavie lui avait faite en 1933 d'adhérer à la Petite Entente parce que cette structure diplomatique était trop proche du Quai d'Orsay et, en 1934, refusa de se joindre à l'Entente balkanique qui unissait un grand nombre d'Etats de la région et qui aurait pu permettre, si la Bulgarie y avait été intégrée, de résister à l'impérialisme des régimes totalitaires de l'Allemagne et de l'Italie. En adoptant cette attitude isolationniste vis-à-vis de ses voisins balkaniques, la Bulgarie montrait au monde qu'elle n'avait toujours pas accepté la défaite de 1918 et le Traité de Neuilly, et permettait aux Allemands et aux Italiens, profitant de la division des Balkans, d'intervenir en position d'arbitres au moment même où la France et l'Angleterre se désengageaient de cette partie du continent.

A partir du moment où Boris III intervenait lui-même directement dans les affaires depuis 1934-1935, la responsabilité de l'échec des tentatives de rapprochement avec ses voisins ne pouvait que lui être imputée. Sans doute, dira-t-on, un pacte de non-agression fut signé en juillet 1938 entre l'Entente balkanique et la Bulgarie, mais on peut s'interroger sur la sincérité des Bulgares qui, en définitive, grâce à ce pacte, purent réarmer en dépit des clauses du Traité de Neuilly. Si l'on ajoute à cela que l'Allemagne, depuis l'accession d'Hitler à la chancellerie en 1933, restaurait son influence en Bulgarie et parvint même à contrôler le commerce extérieur du pays à la fin des années 30, on comprendra que le roi Boris, sans doute avec le soutien de son opinion publique, entraînait lentement la Bulgarie dans un système d'inféodation à Berlin et à Rome, c'est-à-dire dans un piège mortel. Il est encore extrêmement difficile aujourd'hui de dire si le roi agissait en fonction d'un plan concerté avec les Etats totalitaires afin de restaurer un jour la Grande Bulgarie ou si, adoptant la politique finassière de son père, il louvoyait à vue, cherchant à tirer profit de toutes les situations diplomatiques. Rencontrant le roi Edouard VIII d'Angleterre au cours de l'été 1936, il lui fit cette curieuse déclaration qui brouille un peu plus les cartes : « Ma femme, la reine Jeanne, est italophile, mes ministres sont germanophiles, mon peuple est russophile et moi-même je suis neutre. » On conviendra que cette notion de neutralité était bien floue dans le climat international de l'époque et que la position ambiguë de la Bulgarie, assez identique à celle adoptée par Ferdinand Ier en 1914-1915, ne pouvait que jeter le soupçon sur la franchise du roi Boris.

L'engrenage

La Seconde Guerre mondiale qui éclata en septembre 1939 trouva effectivement une Bulgarie neutre. Mais cette neutralité fut sérieusement ébranlée lorsque le roi, en février 1940, renvoya le sage et prudent Kosseivanov pour le remplacer par le germanophile Bogdan Filov. Au printemps de 1940, le Deuxième Bureau français envoya secrètement à Sofia le comte de Paris pour sonder les intentions réelles du roi. Cette démarche était absolument identique à celle que la IIIe République avait tentée auprès de Ferdinand Ier par l'entremise des princes d'Orléans au début de la Première Guerre mondiale. Le comte de Paris, cousin de Boris III par un ancêtre commun, le roi Louis-Philippe Ier, trouva la capitale bulgare complètement noyautée par les agents de l'ambassade d'Allemagne. Le roi, au cours d'une conversation privée au palais royal, lui confia qu'il n'aimait pas les Allemands mais qu'il était étroitement surveillé par eux et contraint de céder à leurs volontés. Cette réflexion ne peut manquer, là encore, de rappeler l'attitude de Ferdinand Ier qui, n'aimant guère Guillaume II, finit tout de même par se battre à ses côtés.

En tout état de cause, l'étrange neutralité de la Bulgarie fut profitable au pays puisqu'en septembre 1940, sous « l'amicale » pression d'Hitler, la Roumanie dut lui céder la Dobroudja méridionale qu'elle avait acquise en 1913, perdue en 1918 et récupérée en 1919. Cette cession, théoriquement « librement consentie » par la Roumanie, fut l'une des causes de la chute du roi Carol II. La neutralité bulgare apparaissait ainsi dans sa véritable nature qui était en réalité une alliance déguisée avec le Reich. Sans doute, Boris III flaira-t-il le danger puisqu'en novembre 1940, en visite à Berlin, il refusa d'adhérer au pacte tripartite, mais on ne peut que s'étonner que cette adhésion ait été en définitive signée par Filov le 1er mars 1941 à Vienne et que le roi, à cette occasion, soit fait Grand-Croix de l'ordre du Mérite de l'Aigle allemand. De la sorte, l'Allemagne retrouvait au sein des Balkans cette plate-forme militaire stratégique qu'elle avait déjà utilisée de 1915 à 1918. C'est d'ailleurs à partir de cette position que la XIIe armée allemande de Von List put déferler en toute sécurité sur la Yougoslavie puis sur la Grèce tandis que les avions de la Luftwaffe, stationnés sur les aérodromes bulgares, participaient au bombardement de Belgrade.

Le royaume de Bulgarie reçut la récompense de sa complicité avec le IIIe Reich. Hitler le remercia en lui offrant les dépouilles de la Grèce et de la Yougoslavie vaincues, à savoir la Macédoine et la Thrace. Désormais la Grande Bulgarie était reconstituée sous la protection des légions hitlériennes.

Le piège se referme sur le roi

En juin 1941, l'agression de l'Allemagne contre l'U.R.S.S. sema le trouble en Bulgarie. Le peuple bulgare n'avait jamais oublié ses liens historiques avec une Russie qui, au XIXe siècle, avait grandement contribué à sa libération de la tutelle ottomane. Par ailleurs, le parti communiste bulgare, extrêmement actif et qui avait fermé les yeux sur l'alliance germano-bulgare en raison du pacte Molotov-Ribbentrop de 1939, se réveilla pour appeler à la résistance contre le Reich. Le roi Boris et son président du Conseil Filov se retrouvèrent dans une position délicate. Boris refusa de déclarer la guerre à l'U.R.S.S. comme le lui demandait Hitler mais, en compensation, dut accepter de signer le pacte antikominform et appliquer dans son pays des mesures antisémites. En décembre 1941, le gouvernement bulgare, sur l'ordre exprès du Führer, franchit un nouveau pas en déclarant la guerre à l'Angleterre et aux Etats-Unis.

Tout au long de 1942, un équilibre précaire fut maintenu à Sofia entre l'Allemagne, présente militairement dans le pays, et l'U.R.S.S. dont les représentants diplomatiques surveillaient les moindres gestes de Boris et de Filov. Dans l'opinion, un basculement se produisit lors du débarquement allié en Afrique du Nord et, surtout, au moment de la bataille de Stalingrad. La magnifique résistance des Russes, puis leur victoire, furent saluées par un grand nombre de Bulgares. Les actes de sabotage se multiplièrent et deux hauts responsables de l'armée, collaborateurs des Allemands, le général Loukov et le colonel Pantev, furent mortellement blessés dans un attentat. Sentant que la situation évoluait rapidement en faveur des Alliés, le roi entreprit de nouer des contacts secrets avec des diplomates américains en poste à Constantinople. Cette affaire parvint aux oreilles d'Hitler qui convoqua Boris à Berchtesgaden. Le roi fit la sourde oreille mais, à la troisième sommation, dut optempérer.

Nul ne sait ce qui se passa dans le nid d'aigle du Führer le 14 août 1943. L'entrevue fut sans doute d'une rare violence car Hitler, qui savait user d'un charme certain quand il voulait séduire un interlocuteur, était capable de colères incontrôlables lorsqu'il sentait qu'on lui résistait ou qu'on lui cachait la vérité. Il n'est qu'à voir l'état de transe qui s'emparait de lui lors de ses discours publics pour imaginer ce que cela pouvait donner en privé face à un interlocuteur récalcitrant. Boris dut vraisemblablement affronter ce type de colère hystérique lorsqu'il tenta de louvoyer ou lorsque Hitler lui mit sous les yeux la preuve de ses contacts secrets avec les Américains. Quoi qu'il en soit, c'est un homme complètement abattu qui sortit de ce mystérieux et dramatique entretien pour regagner la Bulgarie. Hitler le fit reconduire par avion à Sofia où il mourut quatorze jours plus tard.

La mort de Boris III est une énigme non encore élucidée. On a prétendu que le roi avait succombé dans l'avion qui le rapatriait, empoisonné par les services secrets allemands qui auraient insufflé un gaz toxique dans son masque à oxygène. On a soutenu également qu'il était mort plusieurs jours après son retour de Berchtesgaden d'une thrombose de l'artère gauche du cœur, d'une pneumonie double et d'une congestion cérébrale. Cette version des faits étant, il faut le préciser, la version officielle donnée par le gouvernement Filov. Enfin, selon d'autres sources encore, le pilote allemand fit faire au roi, entre Berchtesgaden et Sofia, un vol à très haute altitude qui provoqua un malaise cardiaque puis la mort quelque temps après.

Ce qui est certain aujourd'hui, c'est que le roi n'est pas mort dans l'avion ou immédiatement après l'atterrissage, mais environ deux semaines après son retour. Dès le lendemain de son arrivée en Bulgarie, il s'était rendu dans sa résidence d'été de Tzarska Bistritza où il avait entrepris d'escalader une montagne, le pic Mussala. Revenu au palais royal de Sofia le 23 août 1943 dans l'après-midi, il avait éprouvé de vives douleurs et confié à ses proches : « Je ne me suis jamais senti aussi mal. Est-ce possible que ces gens m'aient donné un poison à retardement ? » Pris de vomissements, il était entré assez vite en agonie et avait rendu le dernier soupir le 28 août.

La reine Jeanne, qui savait que la rencontre de Berchstesgaden avait été « terrible », eut toujours la conviction que son mari n'était pas mort de mort naturelle. Agé de quarante-neuf ans, sportif accompli, toujours en excellente santé, Boris ne pouvait, selon sa famille, disparaître aussi brutalement. Cette opinion est sans doute respectable mais on peut rétorquer aussi que depuis 1918 les épreuves n'avaient pas été ménagées au souverain qui, peut-être prématurément usé, aurait été facilement achevé par le stress résultant de sa rencontre avec Hitler ou des menaces proférées contre lui. En tout état de cause, si l'on retient la version de l'assassinat, on doit admettre qu'elle n'est pas neutre dans la mesure où elle réhabilite Boris III aux yeux de la postérité. En effet, son élimination physique par les Allemands ne s'expliquerait alors que par la résistance qu'il aurait opposée à Hitler ou le refus qu'il aurait réitéré, par exemple, d'engager l'armée bulgare dans la guerre contre l'U.R.S.S.

Un roi en culottes courtes

Les funérailles de Boris III eurent lieu le 5 septembre 1943 en la cathédrale Saint-Alexandre-Nevsky de Sofia. L'émotion populaire fut immense et le gouvernement déclara que le roi était mort pour la patrie et avec le désir de remplir jusqu'au bout son devoir de soldat, belles paroles mais qui, en vérité, ne nous renseignent guère sur les causes du décès. Le corps du monarque fut ensuite transporté par train spécial au monastère de Rila où eut lieu l'inhumation.

De son mariage avec la reine Jeanne, Boris avait eu deux enfants : la princesse Marie-Louise, née en 1933, et le prince Siméon, né en 1937 et ainsi prénommé en l'honneur de Siméon le Grand, roi de Bulgarie au Xᵉ siècle. C'est donc ce petit garçon de six ans qui succéda à son père en août 1943 sous le nom de Siméon II. Ne pouvant régner effectivement, il fut placé sous la régence de son oncle, le prince Cyrille de Bulgarie, second fils de Ferdinand Iᵉʳ, du président du Conseil Filov et du général Mikhov, ministre de la Guerre. Ce système de régence collégiale, le pire qui soit dans une monarchie, fut sans doute inspiré par les précédents roumain et yougoslave de 1927 et 1934. Que l'expérience roumaine ait été particulièrement calamiteuse ne semble pas avoir dissuadé les constituants bulgares. En tout cas, Hitler dut également trouver le système mauvais puisqu'il émit le souhait, c'est du moins ce que prétend le journaliste Arnaud Chaffanjon, d'exercer lui-même la tutelle du jeune roi. Devant cette prétention exorbitante de l'ogre de Berchtesgaden, la reine Jeanne prit peur et s'enfuit avec ses enfants pour ne revenir en Bulgarie qu'après la rupture de l'alliance allemande. Si cette affaire est exacte, il faut avouer qu'elle pose un certain nombre d'interrogations. S'agissait-il d'un repentir actif du Führer visant à réparer la disparition du roi Boris dont il se sentait responsable, ou, plus prosaïquement, en adoptant ce jeune prince Saxe-Cobourg qui était alors le plus ravissant petit garçon du monde, cherchait-il une paternité de substitution ? Rappelons seulement qu'après la Seconde Guerre mondiale, deux dictateurs, Salazar au Portugal et Franco en Espagne, agirent d'une façon identique à l'égard d'un prince royal. Si Salazar ne parvint pas à ses fins avec le prince Duarte de Bragance, en revanche Franco fit du prince Juan Carlos de Bourbon son héritier après l'avoir arraché à sa famille et avoir supervisé étroitement son éducation.

Le règne — si l'on peut dire — de Siméon II s'inscrivit tout entier dans la période d'effondrement progressif du Reich et d'avancée constante de l'Armée rouge. Le Conseil de Régence resta fidèle à l'alliance allemande tandis que les partisans communistes, encouragés par les succès militaires soviétiques, multipliaient les actions terroristes à l'intérieur du pays. Le véritable chef de la Régence était Bogdan Filov qui, dominant sans peine le prince Cyrille qui n'avait aucun penchant pour les affaires publiques, s'efforçait de donner des gages à une Allemagne dont les troupes se comportaient en Bulgarie comme une armée d'occupation. Filov, usé et compromis, finit par démissionner et fut remplacé par Bogilov alors que l'Armée rouge atteignait les frontières de la Roumanie. Bogilov tomba à son tour et Bagrianov forma un nouveau gouvernement dans une pagaille indescriptible. La Roumanie étant désormais presque entièrement investie par les Soviétiques qui, depuis août 1944, étaient devenus les alliés du roi Michel, Bagrianov, devant le péril imminent, exigea le retrait de l'armée allemande du territoire bulgare et amorça des négociations avec les Anglais et les Américains.

Il était déjà trop tard. Le 2 septembre 1944, Constantin Mouraviev, successeur de l'éphémère Bagrianov, voulut déclarer la guerre à l'Allemagne. Il en fut empêché par son ministre de la Guerre Ivan Marinov qui était un agent soviétique. Le but de cette manœuvre était d'éviter que la Bulgarie, devenant in extremis l'alliée des vainqueurs de l'Allemagne, n'échappât à l'occupation de l'Armée rouge. Le 5 septembre, l'U.R.S.S. lança un ultimatum à la Bulgarie qui, pourtant, avait toujours refusé à Hitler l'envoi de contingents sur le front de l'Est, et viola les frontières du pays.

Le rideau rouge tombe

Le 11 septembre 1944, Kimon Gueorguiev, leader d'un front populaire formé autour du Zveno, signa l'armistice avec l'Union soviétique. La Bulgarie, occupée par une Armée rouge forte de 200 000 hommes, suivit désormais le destin de ses voisins d'Europe orientale, à l'exception de la Grèce sauvée par un sursaut de fermeté de Churchill. Le gouvernement de gauche de Gueorguiev, bien que n'étant pas communiste, facilita la mainmise des Soviétique sur le pays et contribua, par sa complicité ou sa naïveté, à l'étouffement de la démocratie. Le 2 février 1945, les trois régents qui avaient été emprisonnés en septembre 1944 furent passés par les armes pour collaboration. Si Filov et Mikhov payèrent le prix d'une partie qu'ils avaient perdue, en revanche, le malheureux prince Cyrille, qui ne demandait rien à personne et qui assuma la régence parce qu'il ne pouvait faire autrement, fut une victime de la haine antimonarchiste répandue dans l'extrême gauche bulgare. Les régents furent les premiers d'une longue liste de fusillés qui, en 1946, atteignit 17 000 victimes.

Les Américains s'inquiétèrent de cette situation et commencèrent à réagir. Ils exigèrent que des élections libres soient organisées sur l'ensemble du territoire bulgare. Ce fut naturellement un vœu pieux. Le Front patriotique de Gueorguiev remporta 85 % des voix en novembre 1945. Si les non-communistes étaient encore majoritaires, leur vitalité idéologique et leur combativité ne pouvaient se comparer à celles des partisans communistes soutenus par des syndicats fortements structurés et une Armée rouge omniprésente. Le 8 septembre 1946, Gueorguiev organisa une consultation électorale sur les institutions. Les historiens communistes ont pu écrire sans rire : « L'opposition n'osa pas se déclarer en faveur de la défense de la monarchie. » De fait, la république obtint 92,7 % des suffrages. Ce chiffre est bien sûr ridicule car si les Bulgares pouvaient reprocher à la monarchie d'avoir fait de mauvais choix diplomatiques et militaires en 1915 comme en 1941, il faut bien convenir que l'alliance avec l'Allemagne leur avait permis à chaque fois de reconstituer la Grande Bulgarie du Traité de San Stefano, vieux rêve de l'immense majorité du peuple bulgare.

La reine mère Jeanne et le petit roi Siméon II, revenus en Bulgarie après que le péril hitlérien eut été écarté, quittèrent définitivement le pays. Ils s'installèrent en Egypte où, depuis son abdication, vivait le roi Victor-Emmanuel III d'Italie, grand-père maternel de Siméon II. En octobre 1946, de nouvelles élections législatives furent organisées en Bulgarie. Le parti communiste obtint cette fois la majorité absolue.

Ire Maison princière de Bulgarie
Battenberg

LOUIS II
grand-duc de HESSE

- LOUIS III
  grand-duc de HESSE
  ↓
- ALEXANDRE
  maréchal de l'armée autrichienne
  ép. 1851 morganatiquement
  comtesse JULIE HAUCKE
  titrée comtesse de BATTENBERG
  d'où cinq enfants, dont :
  - ALEXANDRE de BATTENBERG
    (1857 † 1893)
    devenu prince ALEXANDRE Ier de BULGARIE
    (1879 † 1886)
    ép. 1889 morganatiquement
    JEANNE LOISINGER, cantatrice, (1865 † 1951)
    - ASSEN
      (1890 † 1965)
      comte de HARTENAU
      ép. 1934
      BERTHE HUSSA
      S.P.
    - ZVETANA
      (1893 † 1935)
      ép. CHARLES BOISSEVAIN
      (1893 † 1946)
- MARIE
  ép. ALEXANDRE II
  Tsar de Russie
  ↓

IIe Maison princière et Ire Maison royale de Bulgarie Saxe-Cobourg-Gotha

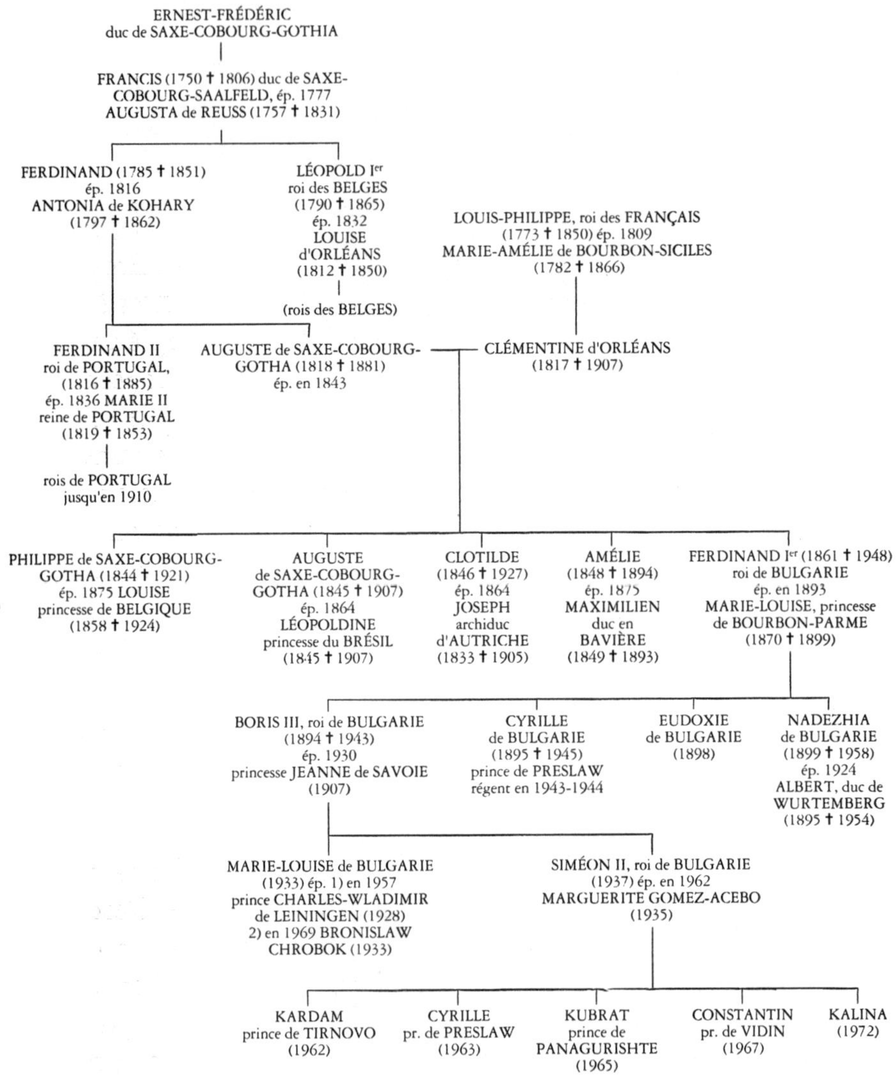

8

Le fez couronné d'Albanie (1913-1946)

Colonisée par les Grecs puis par les Romains, l'Albanie, partie méridionale de l'Illyricum antique, fut intégrée à l'Empire d'Orient après la partition de l'Empire romain au IVe siècle. Pays montagneux et difficilement accessible, il fut peuplé à une époque lointaine par une race probablement indo-européenne que Ptolémée appelait les Albanoï. Cette race forma le socle ethnique d'un pays que son relief rendait extraordinairement impénétrable et qui, dès lors, n'intéressa vraiment les colonisateurs de toutes origines que pour sa façade maritime où des ports encaissés offraient un abri sûr pour les navires de commerce cabotant dans l'Adriatique.

La Bulgarie et la Serbie médiévale tentèrent tour à tour, à partir du IXe siècle, de s'emparer de ce territoire qu'elles possédèrent effectivement quelque temps, l'une après l'autre, le soustrayant ainsi à l'autorité directe de Byzance. Ce ne fut, là encore, qu'un moment très fugace de l'Histoire puisque, au XIVe siècle, les envahisseurs ottomans commencèrent d'affluer. L'Empire serbe, auquel l'Albanie avait été annexée, fut vaincu et le territoire albanais menacé également de conquête. C'est ce qu'il advint, en effet, dans un premier temps, mais, au milieu du XVe siècle, un officier albanais du nom de Georges Kastrioti, enrôlé dans l'armée ottomane sous le nom d'Iskander Bey, prit la tête de la résistance. Il fut victorieux des troupes de Mourad II et de Mahomet II et, en 1444, les Albanais reconnaissants le proclamèrent prince. Constamment invaincu, Iskander Bey, devenu Skanderbeg dans la tradition nationale, mourut en 1468 sans qu'un chef de sa stature pût le remplacer à la tête du pays. Dès lors, les Ottomans reprirent leur progression et, en

1480, conquirent définitivement l'Albanie à l'exception d'une partie de la côte de l'Adriatique qui demeura sous le contrôle de la Sérénissime République de Venise après l'avoir été sous celui des princes angevins de Naples.

L'Albanie, colonie ottomane, suivit le destin du Monténégro auquel elle s'apparente d'ailleurs d'une manière frappante sur le plan physique. Pays de montagnes difficilement franchissables, elle releva de la Sublime Porte tout en ayant des pachas qui, profitant de l'éloignement et de l'inaccessibilité de leur territoire, devinrent pratiquement autonomes. Cela n'empêcha pas les Albanais de se convertir en masse à l'islam, fait assez rare dans les Balkans, à l'exception de l'exemple bosniaque, pour être souligné. Ces conversions furent-elles volontaires ou forcées ? C'est une question à laquelle il est impossible de répondre. Relevons simplement qu'après avoir subi la colonisation grecque, la colonisation romaine, le christianisme du Bas-Empire, l'orthodoxie byzantine avec ses particularismes grecs, bulgares ou serbes, et le catholicisme des Vénitiens, les Albanais avaient peut-être quelque excuse de ne pas être très assurés de leur foi nationale.

Il n'y eut donc pas en Albanie de mouvement d'émancipation fondé sur l'orthodoxie, comme ce fut le cas dans la plupart des autres pays balkaniques où la religion resta, pendant les siècles de domination ottomane, le foyer culturel et national des pays chrétiens submergés par les Turcs. Les seules velléités d'autonomie vinrent de pachas locaux, comme ceux de Scutari au XVIIIe siècle, ou encore comme le fameux gouverneur de Janina, Ali, qui, au début du XIXe siècle, en se rebellant contre le sultan, provoqua la guerre d'indépendance de la Grèce. Ces tentatives d'initiative personnelle se soldèrent par des échecs, la masse du peuple répugnant pour des motifs religieux à rejeter l'autorité du sultan qui était aussi khalife de l'Islam.

Ainsi, tout au long du XIXe siècle, alors même que les Etats balkaniques, l'un après l'autre, accédaient à la reconnaissance internationale après avoir recouvré leur liberté, l'Albanie demeura province ottomane. Par ailleurs, sa situation géographique excentrée en faisait un territoire moins convoité que les autres provinces qui relevaient encore de la Porte : la Macédoine et la Thrace. Toutefois, le jeune royaume de Serbie, en quête depuis son indépendance d'un accès à la mer lui permettant de se désenclaver politiquement et de respirer économiquement, finit par s'intéresser à l'Albanie. Lorsque l'Autriche-Hongrie barra à la Serbie la route de l'Adriatique en administrant la Bosnie-Herzégovine en 1878 puis en l'annexant en 1908, la situation se trouva complètement bloquée et les Serbes n'eurent plus objectivement d'autres perspectives que de songer à s'approprier l'Albanie.

La Première Guerre balkanique de 1912, qui visait expressément à chasser la Turquie de ses dernières provinces européennes, devait, dans l'esprit de ses initiateurs, aboutir au partage de la Macédoine entre Serbes, Grecs et Bulgares, à celui de la Thrace entre Grecs et Bulgares, enfin à celui de l'Albanie entre Serbes et Monténégrins essentiellement, les Grecs se réservant toutefois la région de Janina. Les choses se passèrent comme prévues pour la Thrace et la Macédoine, encore que les difficultés du partage conduisirent les Etats balkaniques à s'affronter militairement en 1913. Pour l'Albanie, en revanche, un grain de sable fit tout échouer. Ce grain de sable fut jeté dans les rouages par l'Autriche-Hongrie qui ne voulait à aucun prix voir la Serbie, par l'annexion de l'Albanie, accéder à l'Adriatique, éternelle hantise qui frisait parfois le délire paranoïaque chez les diplomates et militaires autrichiens. Cette attitude agaçait d'ailleurs prodigieusement le kaiser Guillaume II, pourtant allié de François-Joseph, qui avait un jour déclaré sèchement à ses interlocuteurs viennois « qu'il ne consentirait jamais à sacrifier des soldats allemands pour sauver un troupeau de chèvres albanaises ».

Entêtés, les Autrichiens, lors de la Conférence de Londres qui, en 1912-1913, essaya de stabiliser la situation dans les Balkans, mirent leur veto à l'annexion de l'Albanie par la Serbie et le Monténégro. En dépit du soutien du tsar Nicolas II qui condamnait l'étouffement de la Serbie, le siège de Scutari dut être levé par l'armée monténégrine, et l'armée serbe fut contrainte d'évacuer l'Albanie du Nord qu'elle occupait. Les

Grandes Puissances, s'alignant sur la position autrichienne, firent pression sur les Serbes et les Monténégrins en faisant bloquer par leurs navires les côtes de l'Albanie et du Monténégro. Le roi Nicolas Ier de Monténégro qui venait d'obtenir la capitulation de Scutari, signée par Essad Pacha, fut mortifié et la haine des Serbes pour les Autrichiens monta d'un cran.

En octobre 1913, les Grandes Puissances décidèrent que l'Albanie serait un Etat indépendant et fixèrent ses frontières. Seule la Grèce, grâce à l'appui britannique, put tirer son épingle du jeu en annexant le pachalik de Janina qu'elle convoitait. L'Albanie créée, un gouvernement provisoire composé d'anciens fonctionnaires civils et militaires ottomans s'installa à Valona sous le contrôle d'une commission internationale. Cette mise sous tutelle étrangère, connue dans l'histoire albanaise sous le nom de xénocratie, laissait mal présager de l'indépendance réelle du pays. Les Puissances ayant également décrété qu'il fallait un souverain au nouvel Etat, on chargea un député, Soureya Bey, de faire le tour des cours européennes pour dénicher l'oiseau rare qui accepterait de régner sur un pays d'une si grande pauvreté que la demeure des seigneurs locaux faisait figure de masure aux yeux des Occidentaux. Soureya Bey informa les éventuels postulants des critères exigés pour le choix du futur monarque : « Le prince doit connaître les méthodes de gouvernement dans les monarchies constitutionnelles. Il doit être simple dans ses habitudes et d'un commerce facile. On ne pourra lui accorder qu'une liste civile modeste. Quant à la religion, sans être absolument fixés, nous préférerions qu'il fût de religion protestante. Enfin, nous aimerions qu'il possédât une certaine fortune. » Si la condition de fortune peut faire sourire, elle était cependant de première importance dans la mesure où l'Etat albanais ne pouvait, dans l'immédiat au moins, s'engager dans des dépenses somptuaires. On admirera aussi la largeur d'esprit de ces musulmans réclamant un prince chrétien et si possible protestant. Le détail n'est pas sans intérêt puisque les musulmans ont toujours considéré les protestants comme moins zélés que les catholiques et les orthodoxes qui, en outre, risquaient de subir l'influence du pape ou du tsar. Il est possible également de voir là l'expression d'une sympathie à l'égard du protestant Guillaume II d'Allemagne qui, depuis son accession au trône, flirtait avec les Ottomans à la grande colère des princes chrétiens des Balkans et se présentait même souvent comme le protecteur de l'Islam.

La politique du Wied

C'est un officier prussien affecté à l'état-major de l'armée impériale, le prince Guillaume de Wied, qui fut en définitive agréé par les députés albanais et par les Puissances pour occuper le trône. Totalement inconnu, bien que descendant d'une ancienne lignée figurant en bonne place dans l'almanach de Gotha, Guillaume était âgé de trente-sept ans. Longiligne, moustachu et d'une extrême distinction, il avait jusque-là fréquenté plus assidûment les champs de courses que les couloirs des chancelleries. Cette couronne qui lui échut ne fut donc pas la conséquence de sa notoriété mais le résultat d'une opération dynastique menée par sa tante, la reine Elisabeth de Roumanie, née princesse de Wied. Elisabeth adorait son neveu et sa nièce Sophie de Schönburg-Waldenburg qui était l'une de ses favorites. Elle s'entremit pour que le jeune couple montât sur un trône européen et l'indépendance albanaise tomba à point pour permettre la réalisation de ce vœu.

Les Puissances se rallièrent au projet. En effet, Guillaume II et François-Joseph avaient froissé leur vieil allié le roi Carol Ier de Roumanie en ne prenant pas au sérieux ses avertissements lors des guerres balkaniques de 1912-1913, et tentaient désespérément depuis de réparer leur bourde. Circonvenu par sa femme, au détriment du prince Albert Ghika, également sur les rangs, Carol Ier avait avancé la candidature de Guillaume sans trop y croire et fut surpris de voir cette proposition agréée par tous. Guillaume, pour ne déplaire à personne et pour satisfaire sa femme qui rêvait d'une couronne, accepta le trône d'Albanie. L'historien Maurice Baumont écrira avec humour à propos de cet événement : « Les Puissances avaient choisi Guillaume de Wied parce qu'il appartenait à la famille de la reine Elisabeth de Roumanie, la poétesse Carmen Sylva dont Pierre Loti avait fait des descriptions enchanteresses auxquelles ne correspondaient guère les observations des diplomates qui la représentaient comme une excellente personne mais dont il valait mieux qu'elle ne s'occupât pas de politique. »

A Paris, l'annonce de l'avènement de Guillaume inspira les chansonniers qui persiflèrent la « politique du Wied » pratiquée par les Puissances en Albanie. En réalité, il ne s'agissait pas de vide mais d'un trop-plein d'intérêts extérieurs contradictoires.

Un trône chancelant

Guillaume Ier, prince d'Albanie — car c'était une principauté et non un royaume qui avait été fondée —, quitta Trieste en compagnie de sa femme sur un navire escorté par des vaisseaux de guerre italiens et autrichiens, et débarqua à Durazzo le 7 mars 1914. Bien accueilli par des notables en fez et en frac, le prince s'installa dans un ancien palais vénitien où une garde personnelle fournie et payée par les Puissances assura sa protection. Il nomma Turham Pacha président du Conseil et sembla ainsi inaugurer un véritable régime constitutionnel. Malheureusement, la lune de miel entre le monarque — qui ne parlait pas un traître mot d'albanais — et son peuple ne dura que quelques jours. Les Albanais furent assez vite incommodés par la présence autour du prince de conseillers et de militaires étrangers. Ce manque de tact, qui n'est pas sans rappeler celui commis par le roi Othon Ier de Grèce quatre-vingts ans plus tôt, apparut comme une provocation et fut la cause d'un malentendu que les Puissances attisèrent. En effet, les Italiens, soupçonnant les Autrichiens de circonvenir le prince et de vouloir mettre la main sur l'Albanie, n'hésitèrent pas à propager des rumeurs malveillantes auprès de la population musulmane.

C'est d'ailleurs très vraisemblablement à l'instigation de l'Italie que le général albanais Essad Toptani Pacha, qui s'était illustré lors du siège de Scutari par les Monténégrins et qui, paraît-il, aspirait lui-même au trône d'Albanie, se mit à la tête d'une opposition nationaliste et rompit avec le prince. Guillaume, mal conseillé par les Autrichiens, réagit brusquement en faisant arrêter et expulser Essad Pacha en mai 1914. Naturellement, ce coup de force fit monter la tension et les partisans d'Essad, qui se conduisaient maintenant en insurgés contre le pouvoir central, infligèrent une défaite militaire à la garde princière et marchèrent sur Durazzo. Guillaume Ier, cédant à la panique, se réfugia à bord d'un navire de guerre italien, le *Misurata*, qui avait été mis aimablement à sa disposition par le gouvernement de Rome. Il est probable que les Italiens nourrissaient l'arrière-pensée de rapatrier le prince à Trieste en espérant qu'il ne remettrait plus les pieds en Albanie.

Flairant peut-être le piège ou secrètement averti des intentions italiennes, Guillaume ne bougea pas des eaux territoriales albanaises et attendit que la situation se décante. De fait, les choses s'apaisèrent et les rebelles mirent bas les armes après que sur intervention du consul d'Italie le prince eut décidé de renoncer aux soldats et conseillers étrangers qui l'entouraient.

Guillaume Ier débarqua de nouveau à Durazzo en juin 1914 et, cette fois, laissa les Albanais s'arranger entre eux sans plus intervenir dans des affaires auxquelles, d'ailleurs, il ne comprenait goutte. En réalité, les influences autrichiennes et italiennes empêchaient le nouvel Etat de suivre une ligne cohérente, et chacun, à Vienne comme à Rome, supputait les chances qu'il avait de faire de l'Albanie un protectorat. Si l'Italie jouait la carte musulmane, donc indigène et nationale, l'Autriche ne renonçait pas, par prince interposé, à s'ingérer dans la vie du pays. Sa carte était toutefois mauvaise car Guillaume, réduit au rôle pitoyable d'exilé intérieur et enfermé dans son palais de Durazzo, était bien incapable de faire quoi que ce soit. Le professeur américain Sloane écrivit à cette époque : « L'Albanie peut tout juste être considérée comme une plaisanterie. » Hélas, il n'avait pas tort.

La plaisanterie cessa en raison du déclenchement de la Première Guerre mondiale. Guillaume Ier, en froid avec l'Autriche pour n'avoir pas voulu déclarer la guerre à la Serbie et au Monténégro — ce qui était tout à son honneur —, se vit supprimer sa liste civile financée essentiellement par Vienne et Berlin. N'ayant plus les moyens de subsister et voyant qu'il ne pouvait rien faire pour son malheureux pays d'adoption déchiré par des factions rivales manipulées par l'étranger, il quitta définitivement et apparemment sans regret l'Albanie au mois de septembre 1914 pour se réfugier en Roumanie. Il emmenait avec lui sa femme, la princesse Sophie, et son petit garçon, le prince héritier Charles-Victor, âgé d'un an, filleul de Carol Ier.

Les Wied sortirent ainsi discrètement de l'histoire albanaise pour n'y revenir jamais. Seul l'almanach de Gotha, en faisant suivre leurs noms de la titulature « ci-devant prince d'Albanie » et « ci-devant prince héritier d'Albanie », maintint longtemps encore le souvenir de leur éphémère couronne.

D'un Toptani à l'autre

Le départ de Guillaume Ier laissait le champ libre au général Essad Toptani Pacha. Avec l'appui de l'Italie, il s'empara du pouvoir et instaura une dictature qui garantissait les intérêts de ses protecteurs étrangers. La marine et l'armée italienne occupèrent la côte Adriatique et les points névralgiques du pays, faisant ainsi du territoire albanais, et pour la seconde fois depuis l'Antiquité, une véritable colonie romaine. Toutefois, les grandes nations étant ingrates de nature, les Italiens, pour s'attirer les bonnes grâces de leurs voisins balkaniques, proposèrent aux Serbes et aux Grecs de démembrer l'Albanie et de s'en partager les dépouilles. Ce beau projet, qui fut gardé secret pendant la guerre pour ne pas rendre la vie impossible à Essad Pacha, se trouva contrecarré lors de la Conférence de la Paix par les Alliés. Très attaché au principe du droit des peuples à disposer d'eux-mêmes, l'Américain Woodrow Wilson n'admit pas que l'on pût envisager de rayer l'Albanie de la carte de l'Europe pour satisfaire des appétits extérieurs. Les Italiens, qui voulaient obtenir d'importants territoires issus du démembrement de l'Empire austro-hongrois en Istrie, en Slovénie et en Croatie maritime, jugèrent prudent de ne pas insister. L'Albanie resta donc indépendante et l'armée italienne évacua le pays, ne conservant que l'île de Sasseno, fort bien placée stratégiquement à l'entrée du golfe de Valona.

L'évacuation italienne priva Essad Pacha de tout appui. Un soulèvement populaire éclata et le général dictateur fut assassiné à Durazzo en 1920. Un Conseil d'Etat composé de quatre régents le remplaça et exerça le pouvoir exécutif. Le terme « régent » dit assez que l'Albanie était toujours considérée comme une monarchie. Le pays n'ayant pas de tête, et la population étant divisée par les souvenirs de l'occupation italienne comme par les querelles religieuses — pour être très largement majoritaires, les musulmans n'étaient cependant pas la seule communauté du pays —, l'instabilité politique confina à l'anarchie et accrut encore la misère d'une nation dont la pauvreté était inimaginable. Dans ce contexte, le gouvernement italien, s'appuyant sur une présence industrielle et commerciale sans concurrence et qui donnait un semblant de vie économique à l'Albanie, reprit ses manœuvres visant à imposer au pays sa domination militaire et diplomatique.

Au même moment, émergeait en Albanie une personnalité nouvelle : un jeune général ambitieux du nom d'Ahmed Zogou. Ahmed était le fils de Xemal Pacha Zogou, gouverneur de Mati, et de Sadijé Toptani, elle-même parente d'Essad Pacha. Garçon intelligent et cultivé, il avait fait ses études au lycée de Galata Saraï, à Constantinople, et s'était battu pendant la Grande Guerre dans les rangs de l'armée autrichienne. Le soutien de sa famille, l'une des plus anciennes d'Albanie puisque remontant à un certain Zogou, grand chef de la province de Séli-Mati au XVe siècle, et l'appui des partisans d'Essad Pacha, encore nombreux dans l'armée, lui permirent d'accéder au poste de président du Conseil en 1922, à l'âge de vingt-sept ans, après avoir occupé pendant quelques semaines les fonctions de ministre de l'Intérieur. Ahmed Zogou se trouva toutefois en conflit avec l'un des régents, Monseigneur Fan Noli, évêque de Scutari, qui, d'origine italienne, se méfiait de ce jeune homme aux dents longues dont les états de service dans l'armée austro-hongroise étaient mal vus à Rome.

Noli fomenta un coup d'Etat et chassa Zogou qui trouva refuge en Yougoslavie. Le roi Alexandre Ier, qui suspectait avec juste raison une manœuvre de l'Italie dans le coup d'Etat albanais et qui était lui-même, depuis 1918, en constante rivalité avec Rome pour le partage des zones d'influence dans l'Adriatique, accorda sa protection à l'exilé. Grâce à l'argent de Belgrade et à son soutien diplomatique qui neutralisait la France et tous les Etats balkaniques alliés de la Yougoslavie, Ahmed Zogou réussit un retour en force en Albanie, en mai 1924. Triomphant, il chassa à son tour Noli et les autres régents du pouvoir, et décida de modifier la constitution. Le 21 janvier 1925, la forme républicaine du régime ayant été adoptée, Zogou, dans sa trentième année, fut élu pour sept ans président de la République albanaise.

L'Albanie pour une couronne

Le jeune président instaura la dictature et gouverna sans partage. Intelligent, il avait compris rapidement que son maintien au pouvoir ne dépendait pas, à long terme au moins, de la Yougoslavie empêtrée dans ses difficultés intérieures, mais de la toujours vigilante Italie. Celle-ci, du reste, s'étant donnée à un dictateur en octobre 1922, ne pouvait que s'entendre un jour avec le jeune et autoritaire président albanais, pour peu qu'il manifestât une certaine déférence pour les intérêts italiens. Zogou, sans scrupules excessifs, abandonna donc l'alliance yougoslave et se tourna vers l'Italie fasciste à laquelle, de rapprochement en rapprochement, il finit par s'inféoder.

En novembre 1926, puis en avril 1927, Tirana et Rome signèrent deux accords d'alliance qui, sur le plan militaire et sur le plan diplomatique, emprisonnaient littéralement l'Albanie. Par ailleurs, l'Italie ayant porté en 1925 à 50 % sa participation dans la Banque Nationale albanaise, on comprendra que, de nouveau, c'est un protectorat italien qui s'installait sans coup férir sur le pays. L'historien Roy McGregor Hastie, rappelant ce succès de Mussolini, dira : « L'Italie disposait, de la sorte, d'une tête de pont qu'elle pourrait utiliser si jamais la Yougoslavie et la France agissaient inconsidérément. »

Tranquillisé par la présence à ses côtés du grand ami et protecteur italien, le président Ahmed Zogou, reprenant ainsi le rêve interrompu d'Essad Pacha, convoita bientôt la couronne. Oubliant complètement le pauvre Guillaume Ier exilé à Neuwied, le président décida de restaurer la monarchie à son profit. Néanmoins, pour que la rupture avec la dynastie précédente soit plus radicale, il choisit le titre royal de préférence au titre princier. Le 25 août 1928, il convoqua une assemblée constituante afin de procéder à la modification de la constitution républicaine qu'il avait lui-même fait voter quelques années auparavant. Sans opposition, l'assemblée décida la restauration de la monarchie au profit du président de la République qui était invité à prendre le titre de « roi des Albanais ».

Sans se faire autrement prier, Ahmed Zogou prêta le serment constitutionnel le 1er septembre 1928 et monta sur le trône d'Albanie sous le nom de Zog Ier. Mussolini félicita chaleureusement le nouveau roi, tandis que la S.D.N. enregistrait à Genève la protestation d'un groupe de républicains albanais qui accusaient Zogou d'avoir violé la constitution et celle de Guillaume de Wied qui se permettait de rappeler à la haute instance internationale que c'est par le vœu des Grandes Puissances qu'il était monté sur le trône d'Albanie et qu'il n'avait jamais renoncé à ses droits.

On imagine bien que ces protestations n'impressionnèrent personne et que Zog Ier, tout à fait décidé à se maintenir sur le trône, s'employa très vite à affermir sa position et sa dynastie toute fraîche. C'était là, au demeurant, un bien grand mot puisque le monarque était célibataire. Conscient de cette faiblesse rédhibitoire dans une royauté, il se mit en quête d'une épouse et, avec le souffle qui le caractérisait, demanda la main de la princesse Jeanne de Savoie, fille du roi Victor-Emmanuel III d'Italie, celle-là même qui, avec la bénédiction de Mussolini et de Monseigneur Roncalli, devait épouser en 1930 le roi Boris III de Bulgarie. Tout fantoche qu'il fut, Victor-Emmanuel repoussa cette exorbitante prétention estimant sans doute, à juste titre, qu'il serait un peu fort de voir une princesse catholique de l'illustre Maison de Savoie devenir la femme d'un souverain musulman dont les ancêtres avaient été chefs de tribu. Condamné à rester célibataire un certain temps, Zog Ier se consacra à la modernisation de son pays, modernisation qu'il mena, cela va sans dire, grâce à l'aide financière de la bienveillante Italie dont les militaires, les ingénieurs et les industriels envahirent l'Albanie. D'un certain point de vue, et si l'on tient pour rien l'étouffement de la démocratie et le développement inouï de la corruption, ce fut pour l'Etat satellite albanais une période de progrès qui, véritablement, sortit le pays du Moyen Age pour le faire accéder au minimum de modernité de l'Europe du XXe siècle.

Dans les griffes du lion

Zog Ier ne se rendait pas compte qu'il devrait un jour rembourser les intérêts de la dette qu'il avait contractée auprès de son grand allié italien. Tout à son rêve monarchique, il refusait de voir que sa couronne de pacotille n'avait que fort peu de poids sur un échiquier européen où rivalisaient, sous les yeux des démocraties paralysées par leur lâcheté, le Führer de la Grande Allemagne et le Duce de la Grande Italie. Le royaume d'Albanie comptait ici pour rien et on le lui ferait voir sous peu.

Le 27 avril 1938, dix ans après sont accession au trône, le roi Zog convola avec la belle comtesse hongroise Géraldine Apponyi de Nagy-Apponyi. Bien que n'étant pas de sang royal, la jeune femme appartenait à une grande famille magyare qui avaient donné plusieurs chambellans à la cour de François-Joseph. Ce mariage avec une Hongroise — la Hongrie de l'amiral Horthy était alors une chasse gardée de l'Italie mussolinienne — reçut l'approbation du Duce qui délégua son gendre, le comte Galeazzo Ciano, qui était aussi son ministre des Affaires étrangères, pour le représenter à Tirana et pour servir de témoin au roi. Ne voulant pas être en reste, Hitler offrit au couple royal une splendide Mercedes que Zog et Géraldine inaugurèrent pour leur voyage de noces. Tout était donc pour le mieux dans le meilleur des mondes albanais, mais le monde tout court, lui, allait beaucoup moins bien.

Mussolini, quelle que fût sa sympathie pour Hitler, ne pouvait admettre — en tout cas admettait de plus en plus difficilement — que l'Allemagne s'accrût de nouveaux territoires en Europe, de l'Autriche à Memel en passant par les Sudètes, alors que l'Italie demeurait dans ses frontières de Versailles. Choqué par cette iniquité, il résolut d'y mettre fin. Il ne chercha pas longtemps sa proie : à moins de cent kilomètres des côtes italiennes, l'Albanie s'offrait à lui. Il décida de s'en emparer pour répondre à l'entrée des Allemands à Prague.

Le vendredi saint, 7 avril 1939, dix jours après que la reine Géraldine eut accouché d'un héritier, le prince Leka, la marine italienne et les remarquables troupes amphibies du Duce investirent le petit royaume. Les Albanais, habitués qu'ils étaient à voir des uniformes italiens, ne résistèrent pratiquement pas. Le roi Zog et sa famille s'enfuirent en Grèce à travers les montagnes tandis que les puissances occidentales laissaient s'accomplir ce forfait sans réagir. Interrogé par le Foreign Office sur l'attitude à adopter en la circonstance, le ministre britannique à Durazzo, Sir Andrew Ryan, fit un rapport défavorable à Zog Ier en le qualifiant, notamment, de « diplomate oriental de l'ancienne école », autrement dit un homme pour lequel il n'était pas envisageable de se brouiller avec les Italiens. Les Anglais, toutefois, et pour montrer qu'ils avaient du cœur sans doute, acceptèrent d'accueillir le roi d'Albanie à Londres, hospitalité qu'ils offrirent, il est vrai, après que le roi Georges II de Grèce leur eut fait clairement comprendre qu'il ne voulait pas de cet hôte encombrant chez lui.

Satisfait de son coup et surtout de l'absence de réaction internationale, le Duce offrit la couronne d'Albanie à son petit roi, Victor-Emmanuel III, qui était déjà empereur d'Ethiopie par la grâce du même Mussolini. Le roi d'Italie, à ce jeu-là, ne se rendait pas compte, lui aussi, qu'il finirait par se retrouver tout bonnement duc de Savoie.

Le royaume d'Albanie du Noir au Rouge

Bien que l'assemblée nationale albanaise ait entériné son accession au trône, Victor-Emmanuel n'alla pas se faire couronner à Tirana. Il se fit représenter en Albanie par un vice-roi qui, en 1939, fut Francesco Jacomoni puis, en 1943, le général Pariani. Le comte Ciano, quant à lui, oubliant qu'il avait été témoin au mariage de l'ex-roi Zog en 1938, tentait de mettre sur pied un gouvernement albanais de collaboration. L'armée italienne occupa entièrement le pays mais, à partir de l'invasion de l'U.R.S.S. par l'Allemagne en juin 1941, trouva en face d'elle une forte résistance des partisans communistes dirigés par un certain Enver Hodja.

Le Front de Libération Nationale Albanais fut si efficace que les Italiens — déjà refoulés et battus par les Grecs en Albanie même au début de 1941 — durent faire appel à l'aide des Allemands. En 1943, l'occupation allemande se substitua à l'occupation italienne avec son cortège d'horreurs. Communistes et hitlériens rivalisèrent d'atrocités tandis que l'ex-roi Zog, réfugié à Londres puis au Caire, était absolument incapable, contrairement à Pierre II de Yougoslavie ou à Georges II de Grèce, de réunir suffisamment de partisans pour constituer une résistance royale sur le sol albanais. Cet échec était le signe évident de l'absence d'un sentiment monarchique réel, conséquence inévitable d'un règne peu considéré.

A la libération, les communistes, seuls résistants organisés.

n'eurent aucun mal à s'imposer. En novembre 1944, Enver Hodja prit le pouvoir et ne le lâcha plus jusqu'en 1985. Aux élections de décembre 1945, le Front Démocratique obtint 93 % des suffrages. Comme il était le seul mouvement à présenter des candidats, cela facilita grandement le dépouillement du scrutin. Le 2 janvier 1946, la monarchie était officiellement abolie. On peut toutefois considérer que, dans les faits, elle l'était depuis l'invasion italienne d'avril 1939.

A Sinaïa, dans une Roumanie déjà gangrenée par les communistes, Guillaume de Wied, autrement dit Guillaume Ier d'Albanie, s'était doucement éteint le 18 avril 1945. Souverain d'opérette, peut-être, mais chef d'Etat reconnu en son temps par la communauté internationale, il avait vécu assez longtemps pour voir le destin tragique d'un pays moyenâgeux et sauvage qu'il avait rêvé, au temps de sa folle jeunesse, de transformer en paisible principauté allemande des bords du Rhin.

Maison princière d'Albanie

HERMANN de WIED

- GUILLAUME de WIED
  (1845-1907)
  ép. MARIE d'ORANGE-NASSAU
  (1841-1910)
  Plusieurs enfants dont :
  - GUILLAUME de WIED
    (1876-1945)
    Devenu prince GUILLAUME Ier d'Albanie
    (1913-1914)
    ép. SOPHIE de SCHÖNBURG-WALDENBURG († 1936)
    - MARIE-ELEONORE
      (1909-1956)
      ép. 1) ALFRED de SCHÖNBURG-WALDENBURG
      2) ION BUNEA
    - CHARLES-VICTOR
      Prince héritier D'ALBANIE
      (1913-1973)
      S.P.
- ELISABETH de WIED
  (CARMEN SYLVA)
  (1843-1916)
  ép. CAROL Ier de ROUMANIE
  (1839-1914)
  - MARIE
    (1870-1874)

Maison royale d'Albanie

ZOGU LE GRAND, né au village de Zogat (Kossovo)
(grand chef de la région Séli-Mati- au XVe siècle

|

ZOGU LE PETIT,
gouverneur de Mati

|

ABDULLAH BEY ZOGU,
gouverneur de Mati

|

AHMET PASHA ZOGU,
gouverneur de Mati

|

MAHMUT PASHA ZOGU,
gouverneur de Mati

|

XHELAL BEY ZOGU (Xhela Pasha Zogu),
gouverneur de Mati
ép. RUHIJE ALLTUNI

|

XHEMAL PASHA ZOGU
gouverneur de Mati
(1860 † après 1910)
ép. 1) 1880 MELEK ZOGU († 1884)
2) 1891 SADIJÉ TOPTANI
(1876 † 1934) reine mère
des ALBANAIS en 1928

DU 1er lit :
XHELAL BEY ZOGU (1881 † 1944)
prince Xhelal Zogu en 1928

Du 2e lit :

- Princesse ADILE (1894 † 1966) ép. EMIN BEY AGOLLI-DOSHISHTI d'où 3 fils et 2 filles
- ZOG Ier, roi des ALBANAIS en 1928 (1895 † 1961) ép. 1938 comtesse GERALDINE APPONYI de NAGY-APPONYI (1915)
  - LEKA, prince royal des ALBANAIS (1939) ép. 1975 SUSAN CULLEN-WARD (1941)
    - LEKA, prince des ALBANAIS (1982)
- Princesse NAFIJÉ (1900 † 1955) ép. 1922 S. Exc. CENA BEY KRYEZIU († 1927)
  - Prince TATI de KOSOVA (1923)
- Princesse SENIJÉ (1908 † 1969) ép. 1936 S.A.R. Prince MEHEMED ABID de Turquie
- Princesse MIZEJEN (1909 † 1969)
- Princesse RUHIJÉ (1910 † 1948)
- Princesse MAXHIDE (1911 † 1970)

9

Présent et futur des monarchies balkaniques

A l'exception de la monarchie grecque qui n'a disparu que dans les années 70, succombant sous les coups du régime des colonels avant d'être achevée par un référendum trop hâtif pour être absolument exempt d'ambiguïté, toutes les monarchies balkaniques se sont effondrées à la fin de la Seconde Guerre mondiale. Le rideau de fer tombé sur l'Europe orientale a rejeté dans l'oubli ces dynasties qui, avec bonheur parfois, avec douleur souvent, ont tout de même contribué à faire renaître au XIXe siècle des Etats que l'Europe chrétienne avait abandonnés à la domination ottomane depuis le XVe siècle.

Après la chute du mur de Berlin en 1989, l'histoire rattrapant l'actualité, l'opinion s'est à nouveau intéressée à ces rois et à ces reines qui, en leur temps, firent la première page des gazettes que nos grands-parents savouraient avec délectation. Tout à coup, en cette fin de siècle, le monde s'est repris à rêver de couronnes, de diadèmes, de grands cordons, de plaques et de crinolines, comme si cette résurrection du passé pouvait effacer un demi-siècle de stalinisme qui, comparé à cinq siècles d'occupation ottomane, fut une période autrement plus cruelle que toutes celles que les Balkans ont connues au cours de leur histoire mouvementée. A la différence des Turcs qui, contrairement à ce que l'on pense communément, furent bien souvent respectueux des croyances et des mœurs des nations chrétiennes asservies, les Soviétiques tentèrent de détruire la mémoire et l'âme des pays balkaniques par des moyens qu'il est inutile de rappeler car ils sont aujourd'hui connus de tous. A la fin du XXe siècle, par un immense bonheur qui s'apparente à une divine surprise, l'esprit a fini par triompher de la matière, et les peuples libérés, reprenant un souffle qu'ils retenaient depuis 1945, ont recommencé à vivre et à espérer.

Pour nombre de Balkaniques, le renouveau spirituel de leurs pays respectifs s'accompagne d'une tentative de résurrection d'un passé qui, mal connu parce que occulté longtemps, semble représenter un avenir radieux. Les anciennes dynasties régnantes ont-elles encore dans ce contexte un rôle à jouer ? C'est la question à laquelle il convient de répondre maintenant avec cette part de subjectivité qu'un historien honnête ne peut nier lorsqu'il s'agit d'évoquer le futur et non plus, cette fois, le passé.

Le royaume de Yougoslavie

Abandonnée par l'Angleterre, la monarchie yougoslave a été remplacée à Belgrade, de 1945 à 1980, par la dictature d'un homme qui, avec ruse et intelligence, a su jouer des contradictions internationales pour asseoir et consolider un pouvoir sans partage. Véritable potentat oriental, le maréchal Tito, refusant tout contact avec le roi Pierre II, s'est érigé lui-même en monarque autocrate pendant trente-cinq ans avant de laisser la place, non pas à un successeur mais, suprême orgueil d'un tyran qui se jugeait irremplaçable, à une direction collégiale. Les directions collégiales dans une république étant aussi calamiteuses que les régences collégiales dans une monarchie, le résultat fut, comme on le sait, probant. La Yougoslavie, reprise par ses vieux démons séparatistes, attisés d'ailleurs par des Etats européens pratiquant un jeu malsain et trouble, et n'ayant pas de chef charismatique ou de monarque indiscuté pour sauver son unité nationale, est devenue ce champ de bataille atroce que les écrans de télévision nous ont montré chaque soir pendant des années.

L'héritage des Karageorgevitch ainsi dilapidé, il appartient dorénavant à chaque Etat indépendant de la communauté des Slaves du Sud de se forger un destin que l'on espère, sans trop y croire encore, démocratique et social.

Les Karageorgevitch, représentés aujourd'hui par le prince Alexandre, fils et successeur légitime de Pierre II, ont conservé en Serbie un prestige étonnant. Les déplacements du prince dans son pays se déroulent toujours dans un climat d'enthousiasme populaire émouvant. Dès lors, d'aucuns se prennent à rêver d'une restauration royale qui redorerait le blason d'une Serbie dont l'image de marque ces dernières années a été, c'est le moins que l'on puisse dire, singulièrement ternie.

Sans prendre aucunement parti dans une querelle qui ne nous concerne pas, on peut observer que, dans ce contexte particulier et dans cette période de l'histoire de l'héroïque Serbie, une monarchie constitutionnelle serait un moyen comme un autre, et certainement pas le plus mauvais, d'instaurer une démocratie véritable.

Le royaume de Monténégro

Le peuple du Monténégro est un peuple vaillant qui mérite le respect de la communauté internationale. Cela étant, les Monténégrins ont montré, de 1914 à 1918, qu'ils partageaient — et qu'ils voulaient partager — le destin du peuple serbe dont, au demeurant, ils sont historiquement issus. Cette attitude a été la cause, rappelons-le, de la déchéance en 1918 de Nicolas Ier, seul roi de la dynastie Petrovitch Niegoch à ce jour.

Par ailleurs, évoquer l'hypothèse d'une restauration monarchique au Monténégro, pays qui, avec la Serbie, forme la république de Yougoslavie, serait admettre qu'une nouvelle fois la Serbie puisse être privée d'un accès à la mer Adriatique, situation qui, on le sait, a eu jadis les plus funestes conséquences.

Enfin, nul ne saurait oublier qu'Alexandre Ier Karageorgevitch, second roi yougoslave, était lui-même monténégrin de naissance et tenait également cette nationalité de sa mère, la princesse Zorka, fille de Nicolas Ier de Monténégro. Comment, dans ces conditions, pourrait-on envisager de dissocier deux peuples dont les origines et les intérêts sont si étroitement liés ?

Le royaume de Croatie

Le royaume de Croatie a été une création artificielle de l'Italie fasciste. Si artificielle, du reste, que Tomislav II a refusé de régner tout en ne renonçant pas publiquement au trône.

Le successeur du premier et dernier roi de Croatie est actuellement son fils le duc Amédée III d'Aoste, chef de la branche cadette de la dynastie italienne et ex-gendre du comte de Paris. On ne voit pas que ce prince, homme de qualité, ait songé à faire valoir ses droits sur une Croatie désormais indépendante. Il ne semble pas non plus qu'à Zagreb quelqu'un se soit souvenu qu'il y ait eu un jour un roi de Croatie. Il est vrai que ce serait rappeler au peuple croate que ses dirigeants politiques d'alors étaient si odieux et méprisables qu'un prince chrétien ne pouvait accepter de se déshonorer en occupant un trône soutenu par eux.

Le royaume de Grèce

Exilé depuis 1967 pour avoir tenté de s'opposer à un quarteron de colonels fascistes soutenus par la C.I.A., le roi Constantin II attend, dans sa résidence londonienne, que le peuple grec le rappelle. Cet homme de valeur, injustement traité par le sort et par de prétendus républicains qui se sont improvisés défenseurs des libertés publiques sans avoir jamais rien fait d'efficace et de sérieux contre la dictature, connaît parfaitement l'histoire de son pays et n'ignore donc pas que, depuis 1920, le balancier oscille constamment à Athènes de la république à la monarchie.

La famille royale de Grèce a résisté aux épreuves de l'exil quand on aurait pu craindre qu'elle ne se dissocie à l'exemple de Georges II et d'Elisabeth de Roumanie. Mieux encore, la ravisante Anne-Marie de Danemark, la plus jolie princesse des années 60, a donné au roi des enfants superbes qui ont suivi les deux premiers, nés sur le sol de la patrie grecque. La relève de la dynastie sera un jour assurée par le prince Paul, diadoque et duc de Sparte, qui, en 1995, a fait un mariage d'amour avec une citoyenne américaine fortunée, merveilleux pied de nez à une C.I.A. qui, en 1967, avait favorisé les adversaires galonnés de son père.

Heureux en ménage, chef de famille comblé, le roi Constantin souffre depuis près de trente ans de ne pouvoir fouler le sol de son pays. Une fois, il fut autorisé à rentrer pour assister aux funérailles de sa mère, la reine Frédérika, dont la personnalité contestée ne méritait certainement pas cette diabolisation dont elle a fait l'objet de la part de l'extrême gauche et de certains hommes de droite ambitieux pour qui le jeune roi, protégé par sa mère, était un obstacle vers le pouvoir suprême.

Depuis 1967, le monarque a subi toutes les avanies possibles et imaginables de gouvernements mesquins et inquiets de la popularité persistante de celui que les Grecs appellent affectueusement « Tino ». Le sordide débat sur les biens du roi a contribué notamment à donner de la Grèce républicaine une image peu reluisante, et il faudra bien qu'un jour le gouvernement d'Athènes se résolve enfin à régler dans la sérénité et avec équité ces querelles indignes d'un grand peuple.

Les Grecs ont voulu un roi en 1832, 1863, 1920, 1935 et 1946. Ils ont préféré la république en 1924 et en 1974. Qui peut affirmer aujourd'hui que cet extraordinaire match institutionnel soit achevé et que la fin de partie ait été définitivement sifflée ? Personne, assurément.

Le royaume de Roumanie

La Roumanie libre a, depuis 1989, des difficultés certaines à décoller économiquement et à faire passer à l'extérieur l'image qu'elle voudrait avoir d'un Etat démocratique ayant rompu tout lien avec le bolchevisme.

Une propagande savamment orchestrée et qui ne montre de

la Roumanie en Occident que des néo-communistes, des nostalgiques de Ceaucescu, des mineurs organisés en sections d'assaut et des orphelinats remplis d'enfants misérables ou débiles, ruine jour après jour la réputation de ce pays.

Dès lors, nostalgie de la vieille monarchie aidant, l'opinion publique se prend à espérer qu'une restauration royale, comme par un coup de baguette magique, remettrait le pays sur le chemin de sa grandeur passée.

Le chef de la dynastie roumaine est toujours le roi Michel Iᵉʳ qui a régné de 1927 à 1930, puis de 1940 à 1947. Le roi, âgé de soixante-quinze ans, souhaite retourner dans son pays et reprendre ses prérogatives constitutionnelles. Il en serait empêché, nous disent les médias, par de mauvais coucheurs ruminant des projets de reconquête communiste du pouvoir.

La restauration royale en Roumanie se heurte, en réalité, à plusieurs obstacles. D'abord, le roi a abdiqué en 1947 en reconnaissant solennellement que l'institution monarchique n'était plus adaptée à l'évolution du pays. Certes, il est revenu sur cette renonciation en affirmant qu'elle lui avait été extorquée, mais cette version des faits est de plus en plus contestée aujourd'hui dans le camp républicain. Ensuite, et plus gravement, le roi n'a pas d'héritier ou, plus précisément, n'a qu'une postérité féminine. Or, en vertu des lois constitutionnelles de la monarchie roumaine, « la couronne passe de mâle en mâle et par primogéniture dans la descendance du roi Ferdinand Iᵉʳ, les filles et leur descendance étant exclues à perpétuité ». Ainsi, en cas de disparition du souverain, la couronne de Roumanie devrait échoir à un obscur prince allemand, descendant de Guillaume de Hohenzollern-Sigmaringen, frère du roi Ferdinand Iᵉʳ de Roumanie mais n'ayant jamais été considéré comme membre de la dynastie roumaine. Cette perspective, avouons-le, ne ferait pas les affaires des pays européens qui estiment que l'emprise allemande sur les Balkans en cette fin du XXᵉ siècle est suffisamment forte pour ne pas l'accroître encore. Enfin, on doit objectivement convenir que si la monarchie roumaine fut prestigieuse sous Carol Iᵉʳ et sous Ferdinand Iᵉʳ, ce dernier règne ayant été illuminé par l'éblouissante personnalité de la reine

Marie, en revanche, à partir de 1930, les choses ont fort mal tourné. Le règne de Carol II fut déplorable par bien des côtés et le second règne de Michel Ier fut compromis dans une étrange cohabitation avec le fascisme et l'hitlérisme avant de s'engager dans une stupéfiante coexistence avec les communistes et leurs séides.

C'est donc au peuple roumain de faire ses choix dans la clarté et dans une parfaite connaissance du passé. Les routes conduisant à la démocratie ont traversé, c'est vrai, les terres de Ferdinand Ier le Loyal et de Marie la Grande qui les ont renforcées et embellies. Repasseront-elles, demain, sur les terres d'une monarchie restaurée ? L'avenir seul le dira, étant précisé que la priorité est peut-être moins aujourd'hui de modifier les institutions de la Roumanie que de consolider la démocratie en favorisant un redressement économique du pays.

Le royaume de Bulgarie

La Bulgarie est, du point de vue monarchique, le phénomène le plus surprenant de cette fin du XXe siècle.

En effet, alors que la dynastie de Saxe-Cobourg-Gotha s'est, à deux reprises, gravement trompée dans ses options diplomatiques et stratégiques, et que ces mauvais choix ont fait de la Bulgarie le seul Etat des Balkans à se retrouver constamment dans le camp des vaincus depuis 1914, la famille royale, dont le chef est le roi Siméon II, jouit toujours d'une grande popularité dans le pays.

Homme d'affaires international installé en Espagne, le roi Siméon II, qui est âgé de cinquante-neuf ans, a épousé une aristocrate espagnole, Marguerite Gomez-Acebo, qui lui a donné plusieurs enfants. L'aîné, Kardam, prince de Tirnovo, portera un jour les espoirs de la dynastie.

Depuis 1989, le roi a fait savoir que sans vouloir intervenir dans les affaires intérieures de la Bulgarie pour favoriser un changement de régime, il se tenait prêt à aider son pays par tous les moyens qu'on lui suggérerait. Ses compétences reconnues de chef d'entreprise libéral et performant ne peuvent naturellement que séduire un pays qui, comme tant d'autres en Europe orientale, se débat dans des difficultés économiques difficilement surmontables. Cette attitude et cette image ont sans doute contribué au succès triomphal de la visite effectuée par l'ancien souverain à Sofia en mai 1996.

On dit, et c'est sans doute une réalité, que le personnel politique bulgare, toutes tendances confondues, fait souvent le voyage de Madrid pour consulter secrètement le roi et évoquer avec lui l'avenir du pays. Si cela est, ce rôle de « conseiller occulte » s'apparenterait étonnamment à celui joué par le comte de Paris, cousin français du roi Siméon, sous les IVe et Ve Républiques.

Dans la mesure où l'économie prime le politique de nos jours et particulièrement dans les Balkans, il se pourrait que la monarchie bulgare, grâce aux compétences particulières de son chef dans ce domaine, ait un avenir. Mais il se pourrait aussi que le roi Siméon choisisse une autre voie que celle de la restauration. Certains princes d'Orléans, et le comte de Paris lui-même, ont rêvé un moment d'accéder démocratiquement à la présidence de la République. Cette démarche orléaniste ne surprendrait pas de la part d'un roi de Bulgarie descendant direct de Louis-Philippe Ier et ayant hérité de lui une remarquable faculté d'adaptation aux circonstances.

Le royaume d'Albanie

La monarchie albanaise n'a duré, si l'on cumule les règnes de Guillaume Ier et de Zog Ier, que douze ans à peine. Cette période de temps a été trop brève en vérité pour qu'un sentiment monarchique puisse se développer dans le pays.

Au demeurant, le règne de Guillaume Ier ne s'est signalé que par des rivalités internationales dont l'infortuné monarque a été victime, et celui de Zog Ier a été fortement influencé — le mot est faible — par Mussolini qui, après avoir favorisé l'accession du général Zogou au trône d'Albanie, l'a chassé comme un valet pour offrir sa couronne au roi d'Italie.

Dès lors, parler d'une alternative monarchique en Albanie relève du paradoxe ou de la plaisanterie. Pour mémoire, rappelons que le chef de la dynastie albanaise est le prince Leka, fils unique de Zog Ier. Ce personnage pittoresque a été refoulé d'Albanie en 1993 pour s'être présenté à la frontière avec un passeport au nom de « S.M. Leka Ier, Roi d'Albanie ». On peut en conclure, soit que les douaniers albanais sont de farouches républicains, soit qu'ils manquent singulièrement d'humour.

CARTOGRAPHIE

LES BALKANS DU CONGRÈS DE BERLIN (1878)

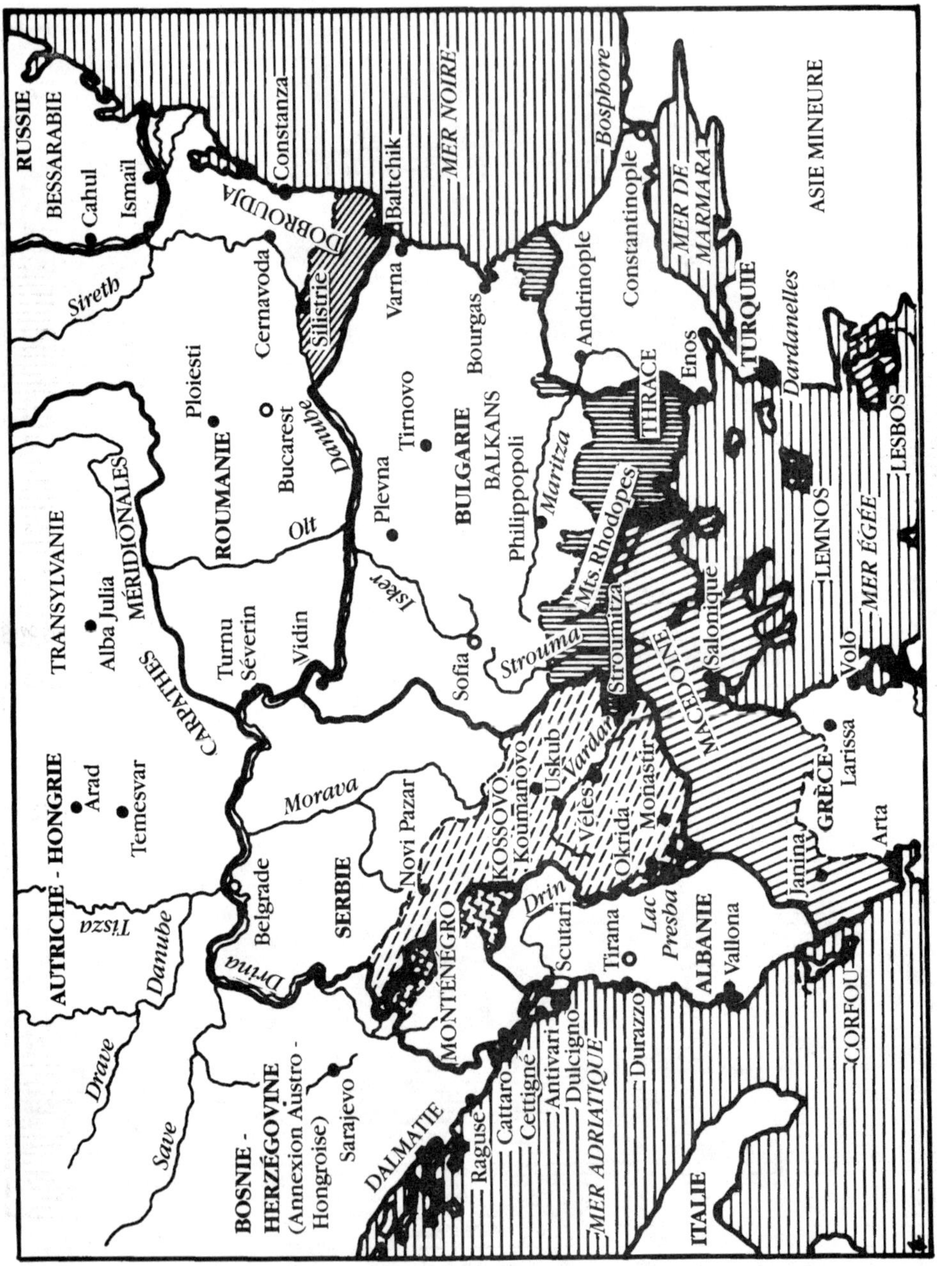

LES BALKANS DU IIIe TRAITÉ DE BUCAREST (1913)

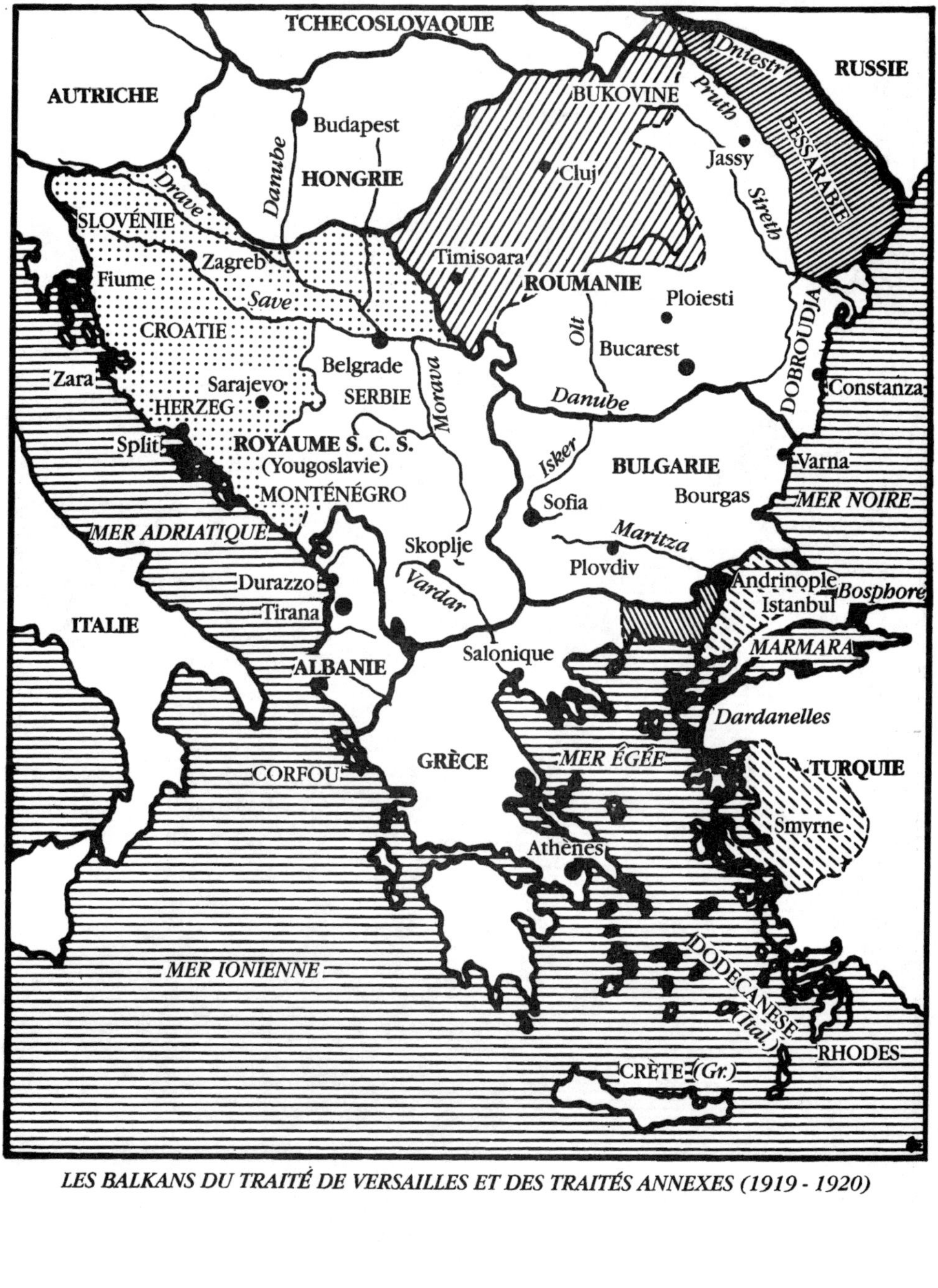

LES BALKANS DU TRAITÉ DE VERSAILLES ET DES TRAITÉS ANNEXES (1919 - 1920)

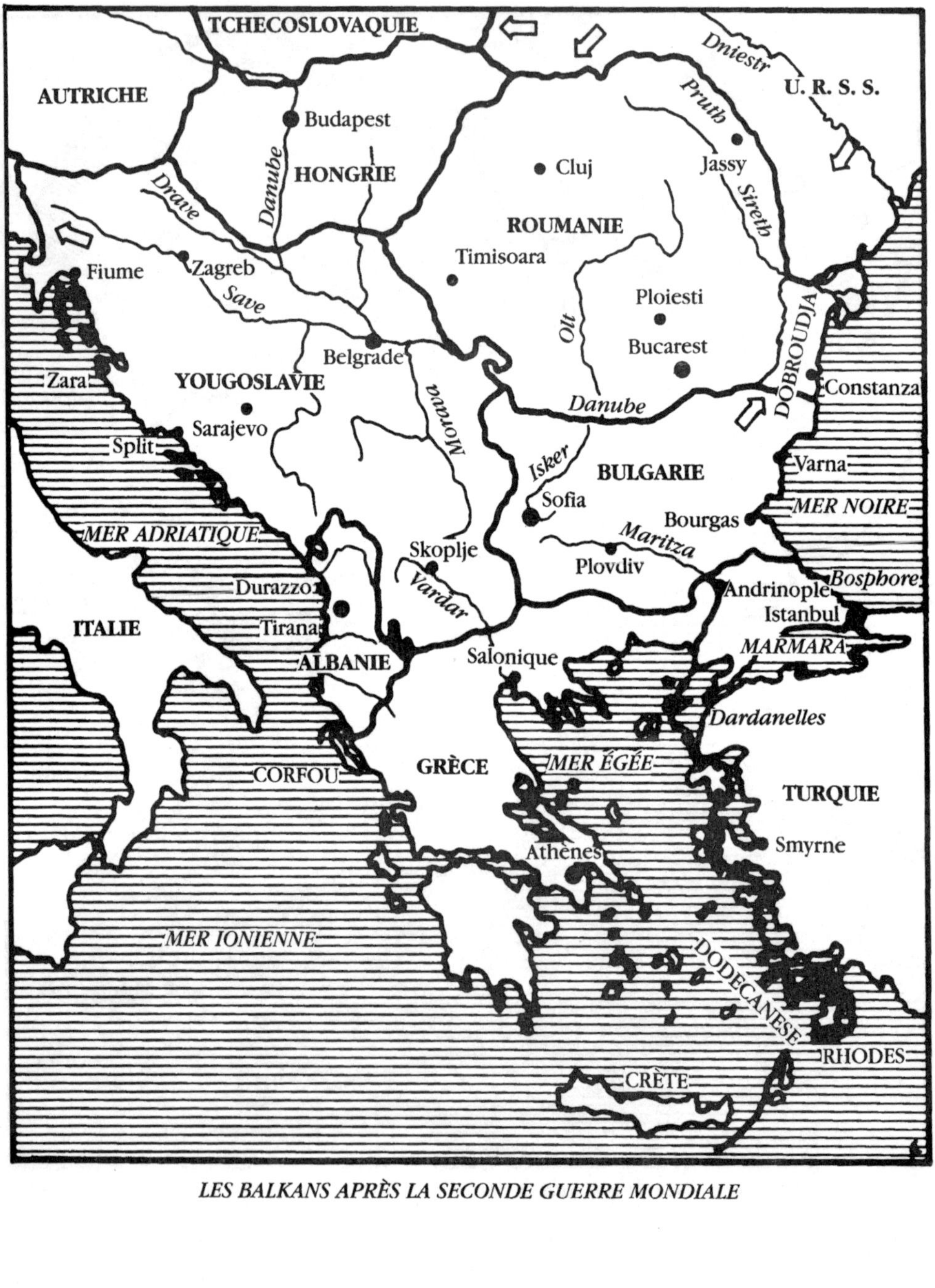

LES BALKANS APRÈS LA SECONDE GUERRE MONDIALE

BIBLIOGRAPHIE

Ouvrages généraux

BEAUMONT Maurice, *L'Europe de 1900 à 1914*, Sirey, 1966.
BERN Stéphane, *La monarchie dans tous ses états*, Balland, 1992.
CASTELLAN Georges, *Histoire des Balkans*, Fayard, 1991.
CHAFFANJON Arnaud, *Histoire des familles royales*, Ramsay, 1980.
CHURCHILL Winston, *La Seconde Guerre mondiale*, Plon, 1948-1954.
COSSERON Serge et FAVERJON Philippe, *L'Europe de 1815 à nos jours*, La Manufacture, 1991.
DE GAULLE Charles, *Mémoires de Guerre*, Plon, 1954-1959.
DUROSELLE Jean-Baptiste, *Histoire diplomatique de 1919 à nos jours*, Dalloz, 1971.
HENRI, Comte de Paris, *Mémoires d'exil et de combats*, Atelier Marcel Jullian, 1979.
IORGA Nicolas, *Histoire des Etats balkaniques*, Gamber, 1925.
KOHN Hans, *Le Panslavisme*, Payot, 1963.
LOUDA Jiri et MCLAGAN Michaël, *Les dynasties d'Europe*, Bordas, 1984.
LUKACS John, *La dernière guerre européenne*, Fayard, 1977.
MCGREGOR-HASTIE Roy, *Le jour du lion, vie et mort de l'Italie mussolinienne 1922-1945*, Albin Michel, 1965.
PUY DE CLINCHAMPS Philippe du, *Les grandes dynasties*, Presses Universitaires de France, 1965.
RENOUVIN Pierre, *Histoire des relations internationales de 1815 à 1945*, Hachette, 1958-1969.
RISTELHUEBER René, *Histoire des peuples balkaniques*, Fayard, 1950.
SEIGNOBOS Ch., *Histoire politique de l'Europe contemporaine*, Armand Colin, 1914.
VALYNSEELE Jean, *Les prétendants aux trônes d'Europe*, 1967.
WINDSOR duc de, *Histoire d'un roi*, Presses de la Cité, 1972.

Ouvrages par pays

Albanie

JARRAY G.L., *Les Albanais*, Alcan, 1920.
MOUSSET A., *L'Albanie devant l'Europe*, Delagrave, 1930.
POLLO S. et PUTO A., *Histoire de l'Albanie*, Horvath, 1974.

PUTO Arben, *L'indépendance albanaise et la diplomatie des Grandes Puissances*, Editions Nentori, Tirana, 1982.

Bulgarie

CASTELLAN Georges et TADOROV Nicolaj, *La Bulgarie*, Presses Universitaires de France, 1976.

DUJCEV Ivan, VELKOV Velizan, MITEV Iono et PANAYOTOV Lubomir, *Histoire de la Bulgarie*, Horvath, 1977.

GENTIZON P., *Le drame bulgare*, Payot, 1924.

GEORGES-DESBONS, *La Bulgarie après le Traité de Neuilly*, Librairie des Sciences Politiques et Sociales, Paris, 1930.

LAMOUCHE L., *La Bulgarie*, Rieder, 1923.

MADOL Hans-Roger, *Ferdinand de Bulgarie ou le rêve de Byzance*, Plon, 1933.

Grèce

CONTOGEORGIS Georges, *Histoire de la Grèce*, Hatier, 1992.

COSMIN S.P., *Dossiers secrets de la Triple Entente : Grèce 1914-1922*, Nouvelles Editions Latines, 1969.

CRANAKI Mimica, *Grèce*, Seuil, 1977.

MELAS Georges, *L'ex-roi Constantin*, Payot, 1921.

SVORONOS Nicolas, *Histoire de la Grèce moderne*, Presses Universitaires de France, 1972.

TSOUCALAS Constantin, *La Grèce de l'indépendance aux colonels*, Maspero, 1970.

VACALOPOULOS Apostolos, *Histoire de la Grèce moderne*, Horvath, 1975.

Roumanie

CARS Guy des, *Les rois de cœur*, Robert Laffont, 1965.

CASTELLAN Georges, *Histoire de la Roumanie*, Presses Universitaires de France, 1984.

FRANCK Nicolette, *La Roumanie dans l'engrenage*, Elsevier, 1977.

GAUTHIER Guy, *Missy, reine de Roumanie*, France Empire, 1994.

HOHENZOLLERN Paul de, *Carol II, roi de Roumanie*, Denoël, 1990.

LOUYOT Michel, *Roumanie*, Seuil, 1973.

MARIE DE ROUMANIE, *Histoire de ma vie*, Plon, 1937-1938.

MICHEL DE ROUMANIE, *Le règne inachevé*, Michel Lafon, 1992.

MIRON Constantin, DAICOVICIU Constantin, PASCU Stefan, *Histoire de la Roumanie des origines à nos jours*, Horvath, 1970.
PROST Henri, *Destin de la Roumanie*, Berger-Levrault, 1954.
SETON-WATSON R.W., *Histoire des Roumains*, Presses Universitaires de France, 1937.

Yougoslavie

DOMENACH Jean-Marie et PONTAULT Alain, *Yougoslavie*, Seuil, 1960.
FAURE-BIGUET J.N., *Le roi Alexandre de Yougoslavie*, Plon, 1936.
GARDE Paul, *Vie et mort de la Yougoslavie*, Fayard, 1992.
MOUSSET A., *Le royaume des Serbes, Croates et Slovènes*, Editions Bossard, 1926.
VOS Marcel de, *Histoire de la Yougoslavie*, Presses Universitaires de France, 1965.

Périodiques

L'Almanach de Gotha, 1854-1916.
L'Illustration, 1903-1943.
Point de vue, 1989-1995.
L'Express, 1967-1975 (articles sur la Grèce).
Le Point, 1972-1975 (articles sur la Grèce).

TABLE DES MATIÈRES

Cet ouvrage a été réalisé par la
SOCIÉTÉ NOUVELLE FIRMIN-DIDOT
Mesnil-sur-l'Estrée
pour le compte des Éditions France-Empire
en août 1996

Imprimé en France
Dépôt légal : septembre 1996
N° d'impression : 35393